中国数谷

3.0

大数据战略重点实验室 / 著

机械工业出版社
CHINA MACHINE PRESS

对贵州贵阳来说，大数据就是旗帜，大数据就是品牌，大数据就是未来。

贵州贵阳发展大数据是一项具有划时代意义的重大战略选择，经过近十年脚踏实地种"数"耕"云"，走出了一条不同于东部、有别于西部其他省市的发展新路，成为中国大数据发展的策源地、集聚区和筑梦场，孕育出了一个崭新的城市品牌叫"中国数谷"，发挥了首个国家大数据（贵州）综合试验区核心区的辐射带动和示范引领效应，彰显了贵州贵阳发展大数据的文化软实力和品牌竞争力，正在推动贵州贵阳的发展走向全国、走向世界。

图书在版编目（CIP）数据

中国数谷 3.0 / 大数据战略重点实验室著 . —北京：机械工业出版社，2024.3

ISBN 978-7-111-74953-0

Ⅰ.①中… Ⅱ.①大… Ⅲ.①信息产业 – 产业发展 – 研究 – 中国 Ⅳ.① F492.3

中国国家版本馆 CIP 数据核字（2024）第 043245 号

机械工业出版社（北京市百万庄大街 22 号　邮政编码 100037）
策划编辑：胡嘉兴　　　　　　责任编辑：胡嘉兴
责任校对：高凯月　李小宝　　责任印制：张　博
北京联兴盛业印刷股份有限公司印刷
2024 年 5 月第 1 版第 1 次印刷
145mm×210mm ·11.5 印张 ·3 插页 ·240 千字
标准书号：ISBN 978-7-111-74953-0
定价：65.00 元

电话服务　　　　　　　　　网络服务
客服电话：010-88361066　　机 工 官 网：www.cmpbook.com
　　　　　010-88379833　　机 工 官 博：weibo.com/cmp1952
　　　　　010-68326294　　金 书 网：www.golden-book.com
封底无防伪标均为盗版　机工教育服务网：www.cmpedu.com

编撰委员会

序　言
中国数谷的品牌化与国际化

　　古老而又充满朝气的中国接过了历史的接力棒，迎着人类数字文明的朝阳前进。位于中国大地西南的贵阳抢得大数据的先机，在近十年的发展中孕育出"中国数谷"品牌并日益彰显出其独特的价值和意义。回顾贵州贵阳发展大数据的历程，可以得出一个基本结论：贵州贵阳发展大数据是一项具有划时代意义的重大战略选择，贵州贵阳发展大数据走出了一条不同于东部、有别于西部的发展新路，贵州贵阳发展大数据已经成为欠发达地区后发赶超的文化品牌。必须肯定的是，贵州贵阳不仅成为中国大数据发展的战略策源地，而且成为引领全球大数据发展的重要风向标。我们不得不更多地关注它、研究它、把握它，因为我们每个人都身在其中，这也是我们必须对中国数谷肃然起敬，并且持续探寻的根本动因。"中国数谷"系列成果是大数据战略重点实验室持续跟踪研究贵州贵阳大数据发展，从智库视角系统总结贵州贵阳近年来开展大数据战略行动的理论成果，书写的是贵州贵阳守好"两条底线"，以创新为引领的对绿色崛起的高质量发展新路的探索，实质上是对贵州如何走出一条有别于东部、不同于西部其他省份发展新路要求的回应。

贵州贵阳经过近十年脚踏实地种"数"耕"云"，从试验走向示范，成为中国大数据发展的策源地、集聚区和筑梦场，孕育出一个新的品牌叫"中国数谷"。"中国数谷"已经成为贵州贵阳的代名词，大家想到贵州贵阳就想到了大数据，想到大数据就想到了"中国数谷"。"中国数谷"正在成为贵州贵阳发展大数据的品牌，这个品牌正在推动贵州贵阳的发展走向全国、走向世界。"中国数谷"品牌在国家大数据战略发展中亦做出了积极贡献，这个贡献正是以首个被国家批准的国家大数据（贵州）综合试验区为代表的巨大成就，这些成果正在推动贵州贵阳的大数据发展走向世界、走向国际。

创新发展"先行者"。贵州贵阳大数据从"无中生有""风生水起"到"落地生根""开花结果"，探索出一条有别于东部、不同于西部的后发地区跨越式可持续发展新路。大数据正驱动贵阳从中低端制造迈向中高端智造，从中低端消费迈向中高端新型消费，从中低端城市品牌迈向中高端品牌城市。从本质上看，大数据在重塑贵阳城市的核心竞争力和未来竞争力，正引领贵州贵阳走向未来。海外评论认为，贵阳是中国大数据发展的策源地，并正成为全球大数据发展的风向标。风向标就是，当很多城市的眼睛还在紧盯着当下的时候，有的城市已经在思考、探索和谋划未来。这就是贵州贵阳发展大数据的价值。

改革探索"试验田"。作为首个国家大数据综合试验区，近年来的创新实践证明，贵州大数据在国家赋予的七项试验实践中取得了明显成效，并正在领先和领跑全国。仅就大数据地方立法而言，贵州省和贵阳市已颁布实施六部大数据地方立法，并推动数据安全法上升为国家立法。贵州贵阳大数据的综合试验超越了地方利益和区域局限，着眼于为国家发展大局贡献智慧和方案，这种探索具有战略性、先导性和示范性。观察贵阳大数据的发展脉络，我们发现，贵阳是以"抓两头、促中间"为主线贯穿大数据发展，并引领和带动区域经济高质量发展。"抓两头"是一头抓数据中心建设，另一头抓数据应用，深化大数据政用、商用、民用；"促中间"是加快构建以大数据产业为核心的数字经济体系，充分发挥数据在推动大数据产业向数字经济转型中的关键作用。数字经济成为引领贵州经济高质量发展的新引擎，数字经济贡献率已经成为衡量经济高质量发展的重要标志。

全球影响"新高地"。近年来，贵州发布的系列大数据理论创新成果，一经推出就立即引起海内外的广泛关注和国际社会的强烈反响，不断向世界输出大数据发展的"贵州智慧"，不仅改变了世界对贵州的认识，也加速了贵州走向世界的脚步。贵州陆续推出的以《块数据》《数权法》《主权区块链》为标志的"数字文明三部曲"理论创新成果，以《数典》和《大数据百科术语辞典》（20卷）为标志的标准创新成果，以《中国数谷》为标志的品牌创新成果，先后被翻译成英、法、德、日、韩等多语种在国外出版发行并引起强烈反响，在推动大数据知识国际传播，提升我国大数据领域的国际话语权和规则制定权等方面做出积极而独特的贵州贡献。

　　建设数字中国是数字时代推进中国式现代化的重要引擎，是构筑国家竞争新优势的有力支撑。加快数字中国建设，对全面建设社会主义现代化国家、全面推进中华民族伟大复兴具有重要意义和深远影响。对贵州贵阳来说，大数据就是旗帜，大数据就是品牌，大数据就是未来。"中国数谷"正以新的姿态、新的动力、新的面貌持续向品牌化和国际化纵深发展。"中国数谷"作为贵州大数据发展的标志性创新品牌，已成为我国创新体系和创新力量的重要组成部分，引领数字中国建设的大数据时代下的全球创新发展，肩负起构建人类命运共同体的科技创新使命。

大数据战略重点实验室主任

2023 年 3 月 于数谷贵阳

目　　录

绪　　论
从抢先机到抢新机　再创数字经济新优势

2015 年 8 月 31 日，国务院发布《促进大数据发展行动纲要》（国发〔2015〕50 号），明确提出推进贵州等大数据综合试验区建设。2016 年 2 月 25 日，国家发展改革委、工业和信息化部、中央网信办批复同意贵州省建设首个国家大数据综合试验区。建设国家大数据（贵州）综合试验区是国家做出的重大战略决策，是一项具有全局意义的国家战略和国家试验。近年来，贵州省在党中央、国务院的坚强领导和国家相关部委的大力支持下，深入贯彻落实习近平总书记关于实施国家大数据战略的重要讲话精神和视察贵州重要讲话精神，把大数据作为后发赶超的战略引擎，以建设国家大数据综合试验区为抓手，在数据资源管理与共享开放、数据中心整合、数据资源应用、数据要素流通、大数据产业集聚、大数据国际合作、大数据制度创新等方面开展系统性试验，先后获批建设 48 项与大数据紧密相关的国家级试点示范，贡献了数字中国建设的"贵州智慧""贵州方案"。

国家大数据（贵州）综合试验区建设具有引领示范意义。国家大数据（贵州）综合试验区建设，在先行先试探索中不断取得新突破、新成效，走出一条有别于东部、不同于西部其他省份的后发地区跨越式可持续发展新路，对全国其他地区数字化发展具有重要的借鉴意义。一是习近平总书记对贵州实施大数据战略行动给予充分肯定、大力支持和殷切期望。习近平总书记2015年在贵州调研时指出，贵州发展大数据确实有道理；2018年、2019年，连续两年向在贵州举办的中国国际大数据产业博览会发来贺信；2021年在贵州考察调研时，要求贵州在实施数字经济战略上抢新机。总书记的重要指示，饱含着对贵州实施大数据战略行动的充分肯定、大力支持和殷切期望。二是高质量建设国家大数据（贵州）综合试验区，打造了一批大数据先进产品，培育了一批大数据骨干企业，建设了一批大数据众创空间，培养了一批大数据产业人才，有效推动相关制度创新和技术创新，数字经济发展按下"快进键"、跑出"加速度"，经济社会发展取得重大成就。三是试验区建设取得了可借鉴、可复制、可推广的实践经验，发挥了试验区的辐射带动和示范引领效应，走出了一条经济发展与生态保护的双赢之路。

国家大数据（贵州）综合试验区建设取得的重大成效。作为全国首个国家大数据综合试验区，贵州把综合试验区建设与大数据战略行动统筹推进，开展大量创新试验任务，实现从"风生水起"到"落地生根"再到"集聚乘势"的精彩"三级跳"。一是开展数据资源共享开放试验，实施政府数据共享工程、政府数据开放工程，建设"一云一网一平台"，建立健全数据共享开放制度规范，有效破除数据资源壁垒，实现数据"聚通用"。二是开展数据中心整合利用试验，建成贵州·中国南方数据中心示范基地、贵安超算中心和全国一体化算力网络国家枢纽节点，建设了国家级互联网骨干直联点、国际互联网数据专用通道和国家电子政务云数据中心南方节点等数据枢纽体系。三是开展大数据创新应用试验，深挖大数据政用、民用、商用价值，提升政府治理能力，提升民生服务水平，推动经济转型升级。四是开展大数据产业聚集试验，建设国家大数据产业发展集聚区，实施"千企改造""万企融合"大行动，构建数字经济发展生态体系。五是开展大数据资源流通试验，成立全国首家大数据交易所，制定数据流通交易标准规范，培育壮大数据要素市场。六是开展大数据国际合作试验，举办中国国际大数据产业博览会，推进数典工程建设，提升对外开放水平。七是开展大数据制度创新试验，推动战略创新、理论创新、指数创新、立法创新、标准创新和机制创新，形成引领发展的制度创新体系。八是开展数据治理与安全试验，开展大数据及网络安全攻防演练，建设国家大数据安全靶场，打造大数据安全产业示范区和大数据及网络安全示范城市，不断全面提升大数据及网络安全防护能力和水平。

国家大数据（贵州）综合试验区建设形成可借鉴、可复制、可推广的实践经验。通过构建以大数据产业为核心的数字经济体系，贵州实现了生态保护与经济发展相辅相成、互为补充，绿色经济占地区生产总值比重的不断提升，数字经济增速连续七年排名全国第一，大数据已成为世界认识贵州的一张新名片；试验区辐射带动作用和示范引领效应不断凸显，形成了国家大数据发展的贵州经验。一是坚持国家大数据战略与贵州创新性发展相结合，走出一条经济发展与生态保护的双赢之路。二是坚持信息基础设施建设与打造数字政府相结合，推进国家治理体系和治理能力现代化。三是坚持数字治理与民生服务相结合，提升人民群众获得感、幸福感、安全感。四是坚持大数据与实体经济融合发展相结合，构建以大数据产业为核心的数字经济体系。五是坚持理论创新引领制度创新、实践创新和技术创新，成为大数据发展的战略策源地和发展风向标。六是坚持体制机制创新与试错容错相结合，持续优化营商环境培育壮大数字生态。七是坚持统筹发展和安全，树立底线思维，强化数据安全保障，确保创新试验顺利推进。

聚焦"数字经济发展创新区"战略定位，与时俱进打造贵州大数据发展2.0升级版。2022年初国务院印发《关于支持贵州在新时代西部大开发上闯新路的意见》，赋予贵州"数字经济发展创新区"的战略定位。围绕这一战略定位，贵州不断加快推动数字产业、数字融合、数字基建、数字治理、数字生态这"五个"创新。一是加快数字产业创新，打造数据中心、智能终端、数据应用三个千亿级主导产业集群，推动云服务"首位产业"、数字产品制造业、新兴数字产业、数据流通服务产业、创新发展平台经济、贵阳大数据科创城等六大产业协同发力，实现大数据电子信息产业发展壮大，数字经济核心产业整体竞争力提升。二是加快数字融合创新，以"万企融合"为抓手，以工业领域为重点，推动数字赋能"四化"，加快企业"上云用数赋智"，创新培育数字化转型支撑服务生态，实现数字经济与实体经济深度融合，促进传统产业全方位、全链条数字化转型升级。三是加快数字基建创新，以"东数西算"为牵引，加快布局数据中心、算力网、5G等新一代数字基础设施，着力建设全国一体化算力网络国家枢纽节点，打造面向全国的算力保障基地。四是加快数字治理创新，创新政务数据治理，打造数字化公共服务场景，积极申建数字政府建设国家试点，着力构建全国领先的政务云平台支撑体系、公共数据治理体系，打造一批有影响力的数字化示范应用场景，推动数字政府建设。五是加快数字生态创新，围绕完善大数据法规制度、加快数字技术创新、打造一流人才发展环境、强化数据安全保障、扩大交流合作等，营造数字经济发展良好环境，打造开放、健康、安全的数字生态，构建国内首选的大数据创业创新"实验田"环境。

国家大数据（贵州）综合试验区贯彻落实党中央、国务院决策部署，坚持国家大数据战略与贵州创新性发展相结合，经济社会发展各项事业大踏步前进、取得历史性成就，走出了一条经济发展与生态保护的双赢之路，为数字中国建设探索了新路径、积累了新经验。如果说过去贵州大数据发展"抢先机"，实现了从"0到1"的突破，那么，未来贵州大数据发展"抢新机"，一定能实现从"1到N"的裂变！我们将坚定不移举旗帜，持之以恒抓落实，全省齐心协力、凝聚合力、干字当头，使出"闯"的干劲、拿出"抢"的状态、展现"新"的面貌，以永不懈怠的精神状态、一往无前的奋斗姿态，努力干成一番新事业，干出一片新天地，开创百姓富、生态美的多彩贵州新未来，续写贵州新时代长征路上高质量发展的精彩篇章。

第一章

开展大数据理论创新

打造大数据战略策源地

思想是行动的先导，理论是实践的指南，开展思想理论创新，就是抢占未来话语权。不断实现大数据创新发展的指导思想与时俱进，是创造贵州大数据发展奇迹的重要法宝。贵州大数据发展的过程，是一个不断解放思想、开展理论创新的过程。立足新起点，我们依然需要坚持与时俱进，以解放思想来深化改革，以理论创新来引领实践，奋力在实施数字经济战略上抢新机。从昨天走到今天，从历史走向未来，贵州大数据发展的思想之光、理论强音，将贯穿数字贵州建设实践的始终。《块数据》《数权法》《主权区块链》等系列理论创新成果是"中国数谷"在大数据领域理论创新的标志性成果，被誉为重构数字文明新秩序的"三大支柱"。其中，《块数据》研究的是数据融合的问题，《数权法》研究的是共享问题，《主权区块链》研究的是科技向善的问题，它们既是研究未来生活的宏大构想，也是研究未来文明的重大发现。数字贵州建设，更美好的时代已经到来，更辉煌的画卷正在铺展！

第一节　理论创新引领伟大实践

　　回顾中国共产党的百年奋斗历程不难发现，"观念先导""思想解放""理论创新"是贯穿始终的命题，是我们党强化自身建设的重要内容，也是党永葆先进性的关键支撑。而"理论联系实际"，用创新理论指导实践发展，更是全党和全国人民的共识。历史表明，每当革命斗争和现代化建设处于重大转折时期，人们总是期待有新的观念和理论来指导人们去开拓新局面，每当经济社会发展取得辉煌成绩时，也总忘不了浓墨重彩地记下具有先导意义的先进思想、创新理论的一份功劳。贵州大数据发展具有鲜明的时代特色、理论特色、实践特色，面对新一轮科技革命与产业变革，贵州把握住了先机和新机，将大数据作为培育发展动力、破除发展困境、谋求竞争优势的战略选择，坚定不移地实施大数据战略行动，走出了一条创新驱动发展、数据驱动创新的后发地区跨越式可持续发展新路。

一、欠发达地区更需要实施创新驱动发展战略

党的十八大以来，理论和实践的创新突破有力推进了社会主义现代化建设，成功推进和拓展了中国式现代化。二十大报告更是集中体现了我们党理论创新、实践创新的新成果。2016年7月，习近平总书记在宁夏考察时指出："越是欠发达地区，越需要实施创新驱动发展战略"，"欠发达地区可以通过东西部联动和对口支援等机制来增加科技创新力量，以创新的思维和坚定的信心探索创新驱动发展新路"。习近平总书记的这一重要论述，从战略和全局高度为欠发达地区发展把脉定位，使欠发达地区更加清醒地认识到自身在全国发展大局中的责任担当和前进方向。

偏居西南一隅，地处平均海拔近1200米的云贵高原之上的贵州，受交通、信息闭塞的困扰，旅游、气候等优势资源长期得不到有效开发，导致历史上的贵州成为最容易被人们遗忘的省份。贵州，在人们的印象中似乎总是与妙趣横生的喀斯特地貌、层叠错落的开屯梯田、戴红缨珠帽的少数民族少女、激荡味觉灵魂的酸汤鱼、驰名中外的茅台酒和"老干妈"联系在一起……外人对贵州的认知，仿佛除了"夜郎自大"和"黔驴技穷"这两个成语外，就只剩下"天无三日晴，地无三尺平，人无三文银"的调侃了。作为内陆，它没有沿海发达；作为高原，它没有西藏神秘；作为民族地区，它又没有云南风情万种。总之，贵州是一块说不清、道不明而又近在咫尺的神秘土地，或多或少有点"怀才不遇"的境遇。

2015年6月，习近平总书记在贵州视察时强调，要"守住发

展和生态两条底线，培植后发优势，奋力后发赶超，走出一条有别于东部、不同于西部其他省份的发展新路"。贵州有人文情怀、自然风光等的大美，也有水能、矿产、生物资源等的大富，但欠发达、欠开发是贵州的基本省情，贫困落后是贵州的主要矛盾，加快发展是贵州的根本任务。发展和生态是须臾不能松劲的两件大事，需要贵州破解"富饶的贫困"悖论。如果不能转换发展思路，走出一条不同以往，甚至不同于任何地区发展模式的创新发展新路子，贫穷、落后的标签恐怕一时难以撕掉。

在贵州力求突破，却难寻发展机遇的档口，一个充满变革的大数据时代缓缓走来，这对于一直渴求机遇的贵州而言，是一个难得的机遇。大数据才刚刚进入大众的视线，便立刻引起贵州的注意，被视作"换道超车"的引擎。在中国大数据革命爆发前夕，贵州表现出前所未有的前瞻性，成为第一个走上探索道路的勇者。2014年被视为贵州大数据发展的元年，是因为2013年底中国电信、富士康、中国联通、中国移动数据中心落地贵安，2014年2月25日贵州省人民政府印发《关于加快大数据产业发展应用若干政策的意见》《贵州省大数据产业发展应用规划纲要（2014—2020年）》两个重要文件，3月1日贵州·北京大数据产业发展推介会在北京举行，这些标志着贵州正式拉开了大数据发展的序幕。

发展大数据是贵州"换道超车"的机遇，是创业之旅，同样也是挑战。相对于贵州发展大数据具有的优势而言，贵州大数据发展的不足更容易受到关注。基础差、市场弱、人才缺、可持续发展难度大等问题的存在，使贵州发展大数据看起来像是一个伪命题。因此，许多人对贵州大数据发展产生了"不确定"的态度，一部分人对此持观望的态度，另一部分人甚至还发出了质疑之声。但贵州在踏上大数据征程之后，迅速将大数据作为全省发展"三大战略"之一，贵州成为全国最早从省委、省政府的层面立体推动大数据发展战略的省份。可以说，贵州发展大数据是一种战略部署，任何行动一旦上升为战略，它必将起到引领全局、覆盖全面、贯穿始终的强大作用。如此明确之战略定位和如此强大之战略定力，是前所未有的。经过两年多的探索，2016 年 2 月国家发展改革委、工业和信息化部、中央网信办联合发函批复，同意贵州建设全国首个国家大数据综合试验区。

2015 年 11 月 11 日，中共贵州省第十一届委员会第六次全会审议通过《中共贵州省委关于制定贵州省国民经济和社会发展第十三个五年规划的建议》，决定实施大数据战略行动，把大数据作为"十三五"时期贵州发展全局的战略引擎，更好地用大数据引领经济社会发展，服务广大民生，提升政府治理能力。2017 年 4 月 16 日，贵州省第十二次党代会正式提出，要全力实施大扶贫、大数据、大生态三大战略行动，以大扶贫补短板，以大数据抢先机，以大生态迎未来，三大战略行动目标一致、指向明晰、有机融合。

2022 年 4 月 25 日，中国共产党贵州省第十三次代表大会在贵阳召开，确立了围绕"四新"主攻"四化"主战略和"四区一高地"主定位，为全省大数据、数字经济发展定下了主基调、指明了主路径。"在新时代西部大开发上闯新路，在乡村振兴上开新局，在实施数字经济战略上抢新机、在生态文明建设上出新绩"是总书记从战略和全局高度对贵州做出的战略指引,"新型工业化、新型城镇化、农业现代化、旅游产业化"是总书记针对贵州实际给予的路径指导。围绕"四新"主攻"四化"主战略和"四区一高地"主定位是贵州深刻领会习近平总书记视察贵州重要讲话精神、综合各方面意见和建议、顺应新阶段贵州发展需要做出的重大决策。国发〔2022〕2号文件明确贵州建设西部大开发综合改革示范区、巩固拓展脱贫攻坚成果样板区、内陆开放型经济新高地、数字经济发展创新区、生态文明建设先行区,这是党中央、国务院在新起点上赋予贵州省的全新战略定位。

贵州守住"两条底线"就是要实现从"美而穷"到"美而富"的飞跃,而这个飞跃中那大胆的一跃,就是创新驱动发展、数据驱动创新。通过抓数据中心和抓数据应用,加快构建以大数据产业为核心的数字经济体系,网络的数据流、信息流在这里奔腾激荡,古老与现代、历史与未来在这里交汇融合,数字经济成为引领经济高质量发展的新引擎,贵州成为中国当下极具活力的省份,地区生产总值增速连续10年位居全国前列,数字经济增速连续七年位居全国第一,创造出令人称赞的"贵州奇迹"。如今,谈大数据必谈贵州,谈贵州必谈大数据,大数据为贵州带来耳目一新的变革,将贵州从边缘位置推到聚光灯下,成为众人关注的焦点。

二、理论特色：从实践中得来又指导实践发展

英国经济学家凯恩斯曾说:"观念足以改变历史的轨迹。"观念具有主观性、实践性、历史性、发展性等特点,树立正确的观

念，树立发展的观念、进步的观念，才能够促进社会的进步。因此，贵州实施大数据战略行动，首先靠的是解放思想，以更新观念、更大气魄、更实作风大胆闯、大胆试、大胆干，走前人没有走过的路子，做前人没做过的事情，立前人没立过的新规，坚决办好发展大数据这个最大实事，扬长避短、扬长克短、扬长补短。

2014年以来，贵州利用大数据助力经济建设、社会建设、文化建设和生态建设，并取得重大成就，进入了增长速度最快、发展质量最好、城乡面貌变化最大、人民群众受惠最多的时期。贵州大数据发展的过程，就是始终坚持解放思想、坚决冲破一切妨碍发展的思想观念的过程，就是坚决改变一切束缚发展的做法和规定的过程，就是坚决革除一切影响发展的体制机制弊端的过程。如何在实施数字经济战略上抢新机，贵州靠的就是新一轮思想大解放，在不断解放思想中开辟发展新境界，以思想大解放引领发展大突破。

一个地处内陆的省份，贵州为什么敢为天下先、能为天下先？究其根本就是解放思想走在了前沿。贵州各级政府，在相关文件中不断把转变观念作为重要内容加以强调，要始终坚持解放思想、更新观念，适应实践的发展，通过实践来检验一切。观念理念一新，发展局面则为之一变。把数字贵州建设放在数字中国、数字世界的视野中，突破狭窄视野和思维定式，赢得的是发展先机，打开的是发展局面。以思想大解放引领发展大突破，确立符合贵州大数据实际的发展思路，立足实际想办法、破难题、探新路，始终走在数字中国建设的前列！

　　贵州抢先站在了大数据的风口上，正在走一条未知之路，这条路没有指示牌，也不可回头，面对的考验之大、风险之强，都是前所未有的。大数据时代的思想解放落到实处就是要理论创新，理论是实践的集合，同时理论的创新也离不开思想的解放，如果理论永远只从实践中总结而来，那么理论将永远滞后，无法取得创新性、先进性和启迪性，更无法指导实践取得新的进步。理论作为实践思想的系统总结与科学体现，思想解放见之于客观实践，就是理论创新的过程。

　　进入大数据时代，法律与算法、伦理和技术开始同构秩序，进化与异化、真相与真理依然扑朔迷离。人与技术、人与经济、人与社会的关系面临前所未有的解构和重构，挑战与机遇并存，欣喜与忧虑交织。在旧的秩序被打破，新的规则尚未完全建立时，人们难免出现无所适从的心理状态，难免产生无法回避的社会焦虑。因此，在痛惜旧秩序被打破的同时，我们应该张开双臂迎接新时代的到来。

　　大数据战略重点实验室研究推出的《块数据》《数权法》《主权区块链》"数字文明三部曲"，为我们重新审视这个世界提供了一个全新的视角，这是一把我们所有人都期待的钥匙，它将打开数据文明的未来之门。必须肯定的是，贵州和贵阳不仅正在成为中国大数据发展的战略策源地，而且正在成为引领全球大数据发展的重要风向标。这个战略策源地和重要风向标的显著标志，就是贵州和贵阳以大数据理论创新引领规则创新、标准创新和实践创新。

三、实践特色：在解决新问题中不断与时俱进

创造性实践是理论创新的不竭源泉，新的理论又会指导新的实践。用中国人民喜闻乐见的形式、世界人民容易接受的方式把贵州所走道路背后的理论依据、理论意蕴、理论逻辑、理论追求讲清楚、说明白，这样才能更好地吸引全球、全国的大数据企业、要素凝聚在数字贵州建设大潮中，也能更好地赢得各地的理解与尊重，彰显数字贵州的理论特色。在这个过程中，贵州创造性地解决了许多新问题、新挑战，提出了许多新思想、新论断，数字贵州建设的理论依据愈发充分、思想逻辑愈益清晰，我们坚定不移深入实施大数据战略行动的步伐将更加自信、更加理直气壮。

贵州发展大数据是前无古人的伟大事业，是在实践中不断探索前进的伟大事业。贵州大数据发展取得的辉煌成就不是从天上掉下来的，也不是别人恩赐施舍的，而是来自全国人民、全省人民的实践和创造，是用勤劳、智慧、勇气干出来的。贵州大数据的实践是有原则、有方向、有定力的实践。贵州始终坚持开放协作的基本原则，敞开胸怀学习借鉴一切优秀成果，在实践中走出了一条创新驱动发展、数据驱动创新，奔向百姓富、生态美的正确道路。

贵州大数据创新发展是在直面新情况、解决新问题中与时俱进的。在贵州大数据发展之初，逐步形成并提出了"344533"的发展总体思路。"344533"即围绕回答数据从哪里来、数据放在哪里、数据如何使用这三个大数据发展的核心问题，坚持数据是

资源、应用是核心、产业是目的、安全是保障四个发展理念，建设国家级大数据内容中心、服务中心、金融中心、创新中心四个中心，打造基础设施层、系统平台层、云应用平台层、增值服务层、配套端产品层五个层级产业链，发展大数据核心业态、关联业态、衍生业态三类业态，实现以大数据提升政府治理能力、推动转型升级、服务改善民生三个目的，统筹指导推动全省大数据发展。"344533"是贵州大数据发展实践的重要思考和方法创新，是指导贵州大数据发展的顶层设计，为贵州大数据的未来发展指明了目标和方向。

站在新的发展阶段，贵州立足全局、面向全球、聚焦关键、实事求是，坚定不移地沿着习近平总书记指引的战略方向前进，进一步提出"1446"总体思路，"一个坚定不移""四个强化""四个融合""六个重大突破"的发展方向。坚定不移地把大数据战略行动向纵深推进；强化对现有大数据企业的支持力度，强化对大数据企业的招商力度，强化对大数据融合的高科技企业的招商力度，强化对大数据等高科技领域的人才引进力度；加快大数据与实体经济的融合，加快大数据与乡村振兴的融合，加快大数据与服务民生的融合，加快大数据与社会治理的融合；推动在工业智能化改造方面实现重大突破，在农业产销智慧对接方面实现重大突破，在数字化基础设施建设方面实现重大突破，在数据融合新业态方面实现重大突破，在壮大大数据龙头企业方面实现重大突破，在数字化治理方面实现重大突破。贵州大力推动大数据发展，既符合国家战略又体现时代特征，既符合战略部署又体现战术执行。

第二节　块数据：大数据时代的范式革命

块数据是贵州发展大数据理论创新和实践探索的产物，是研究数据运动规律的数据哲学。如果说，大数据第一次让贵州和贵阳站在了世界面前，那么，块数据的出现标志着大数据时代的真正到来。大数据对社会发展的推动可以说是一个史诗般的剧目，而拉开这出剧的序幕的推手正是块数据。事实上，贵州对块数据的认识和研究从来没有停歇过，从 2015 年到 2022 年，建构了一个从 1.0 到 5.0 的块数据理论体系，试图探索和揭示块数据的本质、规律和价值。正如《块数据 2.0：大数据时代的范式革命》一书主编序中描述的那样："这是一场由科技引发的社会变革，它将改变我们的思维方式和生活方式，改变世界上物质与意识的构成，改变我们的世界观、价值观和方法论。我们不得不更多地关注它、研究它和把握它，因为我们每个人都置身其中。这也是我们必须对块数据肃然起敬，并持续探寻的根本动因。"

一、块数据改变世界什么

"块数据"系列建构的是以人为原点的数据社会学的理论与方法，该系列受到政界、学界、业界的持续关注并已被翻译成英文、日文、韩文等多种语言。1.0 到 5.0 块数据理论体系研究出版的过程，也是贵州探索大数据发展规律、把握大数据未来发展趋势的过程（见图 1-1）。

图 1-1　块数据 1.0-5.0

《块数据：大数据时代真正到来的标志》（2015 年出版）首次提出块数据的定义与特征，块数据的形成、汇聚及运行模式，块数据公共平台和大数据市场交易机制，块数据的全产业链、全服务链、全治理链等。《块数据 2.0：大数据时代的范式革命》（2016年出版）首次提出大数据时代的范式革命这一全新命题，首次运用数据引力波的概念揭示从条数据到块数据发展的内在规律，基于"数据人"假设的利他主义的数据文化问题，提出了"激活数据学"这一全新理论框架，标志着块数据理论研究迈上了一个新高度。《块数据 3.0：秩序互联网与主权区块链》（2017 年出版）突破点在于重构互联网、大数据和区块链的规则，创新性地提出了主权区块链的概念，指出了区块链特别是主权区块链在秩序互联网中的地位和作用，打破了互联网无序、混沌、不安全的状态，试图构建一个更加有序、安全、稳定的新世界。《块数据 4.0：人工智能时代的激活数据学》（2018 年出版）基于人脑处理数据方式，提出了一种全新的、基于复杂理论的海量数据处理一般性框架——激活数据学，为大数据领域和人工智能领域的探索研究提供了一个崭新的视角。《块数据 5.0：数据社会学的理论与方法》（2019 年出版）围绕构建以人为原点的数据社会学理论与方法，创新性地提出数据进化论、数据资本论、数据博弈论的理论体系，研究和探索人与技术、人与经济、人与社会的内在关系，以此分析人的行为、把握人的规律、预测人的未来。

块数据把各种分散的点数据和分割的条数据汇聚在一个特定的平台上，并使之产生持续的聚合效应。这种聚合效应是通过数据的多维融合和关联分析对事物做出更加快速、全面、精准和有效的研判与预测，从而揭示事物的本质规律。需要说明的是，块数据强调融合性，而大数据强调关联性；块数据强调平台支撑，而大数据强调技术支撑；块数据强调自流程化，而大数据强调信息化；块数据强调以人为中心，而大数据强调以数为中心。这就是块数据与大数据的区别。大数据战略重点实验室研究认为，块数据是大数据发展的高级形态，是大数据的核心价值，是大数据时代的解决方案，具有更加深刻和深远的意义。

块数据是大数据时代真正到来的标志。数据是运动的，数据运动是有规律的，数据运动所揭示的是数字文明时代秩序的增长。块数据是大数据发展的高级形态，是数据、算法、场景融合应用的价值体系，而数据、算法、场景是治理科技的三大核心要素。其中，数据是基础，算法是手段，场景是目的。块数据既是一种经济模式，也是一种技术革新，更是一种新的世界观、价值观和方法论，引领和催生新的组织模式。块数据组织"平台化、关联度和聚合力"三位一体所带来的强大组织势能，实现了组织的自激活和自适应环境变化，是组织存续与发展的根本动力所在，并最终形成共享型组织新范式。

激活数据学是人工智能时代大数据发展的新的解决方案。块数据就是数据通过算法作用于场景，这种作用的动力就是激活数据学，它为我们寻找小部分的有效数据提供了解决方案。作为一种理论假说，激活数据学就像一座朝向深邃的大数据宇宙的"天眼"。它是未来人类进入云脑时代的预报，是关于混沌的数据世界的跳出决定论和概率论的非此即彼、亦此亦彼的复杂理论的大数据思维范式革命。

块数据提出的数据进化论、数据资本论、数据博弈论可能成为数字文明的"新三论"。"新三论"的提出，对社会结构、经济机能、组织形态、价值世界进行了再塑造，对以自然人、机器人、基因人为主体的未来人类社会构成进行了再定义，对以数据为关键要素的新型权力范式和权力叙事进行了再分配。这既是研究未来生活的宏大构想，也是研究未来文明增长和秩序进化的重大发现。块数据是由科技引发的社会变革，它将改变我们的思维方式和生活方式，改变世界上物质与意识的构成，改变我们的世界观、价值观和方法论。也许对块数据的研究与实践才刚刚开始。数据驱动、算法驱动、场景驱动下的云脑时代正在到来，激荡着我们对于未来所有的憧憬和渴望。

二、数据社会学的范式变革

继农耕文明、工业文明之后，人类即将构建一个崭新的秩序形态——数据秩序，一个崭新的文明形态——数据文明。这一次文明跃迁像一场风暴，荡涤着一切旧有的生态和秩序，对社会的存在与发展形成颠覆性的改变。数据的实时流动与利他共享构成一个数据化的生态圈，数据力与数据关系影响着社会关系。由于这种力量的相互影响，整个社会生产关系被打上了数据关系的烙印，这将为人类经济社会发展带来前所未有的变革与重构。

块数据的本质是以人为本建构一种数据哲学，揭示数据规律、发掘数据价值、共享数据红利，我们将这种方法论称作"数据社会学"。数据社会学是以数据为关键要素，以人为研究对象，从社会学、经济学、生物科学、数据科学、智能科学等领域交叉的视角，研究和探索人与技术、人与经济、人与社会的内在联系及其本质规律，以此来分析人的行为、把握人的规律、预测人的未来。如果说大数据革新了我们的世界观、价值观和方法论，那么数据社会学就是在这种革新的基础上形成的理论范式，深刻改变着当下的资源配置模式、价值创造模式和权利分配模式。

如果说科学的社会化和社会的科学化是科学的世纪里两个基

本的标志，那么未来的世纪就是如何完成社会的数据化和数据的社会化。在技术日新月异的今天，作为一种改变世界的力量，数据重构着人类生活的方式，也在塑造着人类的未来生活。我们已经对数据形成了难以摆脱的依赖性，数据带来了一场人与技术、人与经济、人与社会之间的新的科学革命，这场革命是以人为原点的数据社会学范式。而数据社会学则以社会学为原点，融合计算机、云计算等技术工具进行多维化的数据分析，这将带来新的社会范式和科学范式。这种范式转移又必将引发新一轮数据革命，并导致新技术的产生和人们生产、生活、生存方式的巨大变革。

随着新一轮技术革命与产业革命交叉融合的持续推进，整个社会政治、经济、文化、科技的融合发展成为普遍趋势。大数据时代要求人们把整个社会视为一个系统来认识，科学与人文等各门学科在高度发展的基础上出现了高度融合。"科学和人文艺术是由同一台纺织机编织出来的"，这是一个人文科学与自然科学融合发展的时代，在全新的起点上，人类的精神属性和世界万物的物质属性有了融合的趋向。块数据是大数据时代的解决方案，是数据学与社会学融合的结合点。传统的、独立的学科理论很难对块数据进行诠释，以人为原点的数据社会学理论与方法就是在这种背景下形成的一个新的学术成果。

可以说，块数据就像人类在数据世界的基地，是我们对这个新世界认知的起点。当数据世界中建立起越来越多的"基地"，这些"基地"最终连成一片形成新的世界时，就意味着新的文明诞生——数据文明时代到来。从一定意义上说，块数据社会学范式的提出就是在技术革新的基础上形成的理论革新，这将是一场意义深远而又科幻的科学革命，这场革命将改变世界上物质与意识的构成，改变当下的伦理思维模式、资源配置模式、价值创造模式、权利分配模式、法律调整模式，促使人类社会发生巨大变化，甚至形成一个新的社会发展模式。

三、块数据加速推动文明的融合

块数据带给我们新知识、新技术和新视野，改变和形成了新的知识体系、价值体系和生活方式，深刻影响着人类政治、经济、文化和社会生活的方方面面，让我们分享思想之光、数据之美、未来之梦，开启了我们的新时代、新生活和新未来。更为重要的是，块数据的真正价值还不止于此，至少在以下三个方面其更具有突破性和前瞻意义。

块数据正在成为数字经济的关键要素。数字经济是以数据为关键要素的经济发展模式和全球化资源配置机制。这里的数据不是一般意义上的数据资源，而是能够让数据转化为财富的资源配置机制。这种机制是通过对数据的解构和重构实现资源配置，从而促进数据资源向财富增长的持续转化，这正是块数据的本质。

数据的真正价值是共享。共享的基础是开放，开放的前提是融合，这不仅关系到社会的发展，而且与人的发展密切相关。因此，数据的共享本性，意味着人类文明的信息展开，所发展出的共享文明涉及拥有和使用关系的重要变化。因此，数据融合是数据开放共享的必备条件。而块数据的最大作用正是把各个分散的点数据和各类分割的条数据汇聚在一个特定平台上使之产生持续的聚合效应。这种聚合效应通过数据多维融合与关联分析对事物做出更加快速、更加全面、更加精准和更加有效的研判和预测，从而揭示事物的本质规律，加速推动秩序的进化和文明的增长。

块数据加速了文明的冲突转向文明的融合和文明的秩序的进程。在世界处于百年未有之大变局的当今，从互联网到区块链，从社会秩序到伦理规范，从数字经济到数字治理，文明的冲突在所难免。而推动文明融合和文明秩序的有效解决方案，就是文明数据化和数据文明化，我们称之为数字文明。在加速数字文明的进程中，块数据正成为文明融合的重要推动力量，这正是"数化万物，智在融合"的时代意义。

第三节　数权法：参与全球治理的法理重器

2017 年 3 月 26 日，大数据战略重点实验室主任连玉明教授在贵阳市第二期干部读书会上首次提出了"数权法"的设想，并正式对"数权""数权制度""数权法"等概念进行了阐释；5 月 22 日，时任贵州省委常委、贵阳市委书记陈刚同志与连玉明教授座谈交流，针对数权法提出一系列重要观点，并要求大数据战略重点实验室与中国政法大学加快开展合作研究；6 月 6 日，贵阳市人民政府与中国政法大学签署共建大数据战略重点实验室中国政法大学研究基地协议；7 月 6 日，中国政法大学数权法研究中心正式成立，由连玉明教授担任主任，这是中国首家数权法研究机构。数权法是人类从工业文明迈向数字文明的法理注脚，是对未来技术、未来法律和未来社会的趋势研判，是中国给世界开出的互联网全球治理的创新药方。特别是"数权法"系列著作的多语种翻译出版和海外推介，标志着中国法律正在崛起并走向世界，成为参与全球治理的法理重器。

一、中国在全球首提"数权法"

全国科学技术名词审定委员会在 2017 中国国际大数据产业博览会上首次对外发布了"大数据十大新名词","数权法"被正式认定为中国科技名词,中国成为全球首个提出数权法的国家。该委员会认定时指出,"数权法是人类迈向数字文明的新秩序,是时代进化的产物"。

大数据战略重点实验室研编的《数权法 1.0：数权的理论基础》于 2018 年 12 月在社会科学文献出版社出版,并在 2019 中国国际大数据产业博览会上向全球正式发布中文简体版、英文版、中文繁体版。《数权法 1.0》是中国乃至世界第一本以数权法命名的数权理论著作,它以数权为研究对象,把基于"数据人"而衍生的权利称为数权,把基于数权而建构的秩序称为数权制度,把基于数据制度而形成的法律规范称为数权法,从而建构了"数权－数权制度－数权法"的法理架构,具有划时代的意义。《数权法 1.0》一经首发,立即在全球引起强烈反响,随后《数权法 1.0》法文、德文版问世,200 多家外文多语种媒体和 170 多家华文媒体给予了全方位报道,评论认为"它的出版为人类从工业文明迈向数字文明奠定了法理基础,并将成为打开数字文明未来之门的新钥匙"。

2020 年 7 月 28 日,《数权法 2.0：数权的制度建构》中文简体版、中文繁体版、英文版分别由社会科学文献出版社、和平图书有限公司、兰培德国际学术出版集团出版,并在北京、贵阳同时面向全球首发。《数权法 2.0》是基于利他主义文化框架下的数权制度建构。数权法的提出，不仅是对数据的保护、利用，其更大的意义在于推动数权立法根本转型——从数据利益的保护转到数据权利立法。基于数权法的治理科技，将成为治理体系和治理能力现代化建设的新引擎，对数字经济发展、数字政府建设、数字社会治理、数字文明进步产生积极影响。

人民网报道认为，人权、物权、数权是人类未来生活的三项基本权利，数权对人类未来生活有着特殊的意义。欧洲新闻网评论认为，数权法是文明跃迁和秩序进化的产物，是人类从工业文明迈向数字文明的重要基石。《民主与法制时报》报道认为，数据文明为数权法的创生提供了价值原点与革新动力，数权法也为数字文明的制度体系和秩序增长提供了存在依据。《中非日报》评论认为，数权法研究是一项具有开创性、划时代意义的工作，是后人无论如何都绕不开的社会或学术重大问题。《世界华人周刊》评论认为，数权法的提出，为守住国家数据主权，牢牢把握数权规则制定权和国际话语权，推进互联网全球治理法治化奠定了法治基础，对推动构建网络空间命运共同体具有特殊意义。

2021 年 5 月，大数据战略重点实验室研编的《数权法 3.0：数权的立法前瞻》中文简体版、中文繁体版分别由社会科学文献出版社、和平图书有限公司出版，并在 2021 中国国际大数据产业博览会期间面向全球网络首发。《数权法 3.0》是《数权法 1.0》和《数权法 2.0》的延续与深化，通过对世界主要国家（地区）及国际组织发布的 200 余部数据、信息和隐私相关法律条款进行分析比对研究，为我国数权立法前瞻性问题提供参考和借鉴。兰培德国际学术出版集团英国牛津分社（Peter Lang Oxford）全球出版总监露西·梅尔维尔（Lucy Melville）认为，"'数权法'系列丛书持续在全球范围内以开放获取的方式出版，涵盖英语、德语和法语等，可以让更多人阅读宝贵的知识内容，让众多人能够读到这一极具价值且意义非凡的图书，并更好地理解'数权法'系列书籍中各项原理的含义。"

从《数权法1.0》到《数权法3.0》，数权法的研究范式实现了从概念到理论再到条文的飞跃。数权法是中西法治理念的系统集成，是完善全球治理的规则共制，是基于数字文明的制度创新。以数权法为引领，构建数字时代的法学学科体系、学术体系、话语体系，将加快推动互联网全球治理体系变革，为构建人类命运共同体贡献法治力量。

二、数权对人类未来生活的意义

人权、物权、数权是人类未来生活的三项基本权利。数据既具有人格属性，又具有财产属性，数据人格权和数据财产权共同构成数权的两大核心权利。数据人格权的核心价值是维护数据主体——人的尊严，基于保护人类固有的尊严的原则，数权是人权层面上一项新的基本权利。数据财产作为新的财产客体，基于"数据有价"共识，赋予数据财产权并依法保护，具备确定性、可控制性、独立性、价值性和稀缺性五个法律特征。

数权突破了"一物一权"和"物必有体"的局限，往往表现为一数多权。数权的主体是特定权利人，数权的客体是特定数据集。在具体的数权法律关系中，权利人是指特定的权利人。数权拥有不同的权利形态，如数据采集权、数据可携权、数据使用权、数据收益权、数据修改权等。随着时代发展和科技进步，当物的成本下降甚至接近零成本时，物的独享变得不再必要。对于富足而零边际成本的数据资源来说更是如此，其天然的非物权客体性和多元主体性决定了"数尽其用"的基本原则。

数权具有私权属性、公权属性和主权属性。数权天然地具有一种利他的、共享之权的属性，是私权和公权冲突与博弈中的一种存在。数权一旦从自然权利上升为一种共有和"公意"，它就必然超越其本身的形态，而成为一种社会权利，因此，共享权是数权的本质。数权是数字秩序内在活力的源泉，数权的主张是推动秩序重构的重要力量，这种力量标志着传统权力的衰退、新型权力的扩展和个人主权的让渡。当数据人走出经济的象牙塔，共享成为数字秩序的核心时，数权的本质才能得到彰显。

数权法定制度、数据所有权制度、公益数权制度、用益数权制度和共享制度是数权制度的五个基本维度。数权制度在维护和实现正义的同时，还通过数权关系和数权规则结合而成的制度安排，对数权关系实现有效的组合、调节和保护，最大限度降低数据交易费用，提高数据资源配置效率。数权法是调整数据权属、数据权利、数据利用和数据保护的法律规范，是数据有序流通之必需、数据再利用之前提、个人隐私与数据利用之平衡，是构造数字世界空间的法律帝国这个"方圆"世界的基本材料。数权法将是数字文明时代规则的新坐标、治理的新范式和文明的新起点，其必将重构数字文明新秩序。

三、数权法是中国法律走向世界的重要标志

当今世界正面临着百年未有之大变局，人类社会既充满希望，又充满挑战。世界各国虽然国情不同、互联网发展阶段不同、面临的现实挑战不同，但推动数字经济发展的愿望相同、应对网络安全挑战的利益相同、加强网络空间治理的需求相同。数权法的提出为全球治理法治化奠定了基础，对推动构建网络空间命运共同体具有特殊意义。

数权法是法律领域的创新与突破，引领和推动法律全球化和法学全球化。进入数字时代，安全失控、法律失准、道德失范、伦理失常、隐私失密等风险日趋复杂。传统法律、法治、法理对数字世界的理解和规制在当前数字化、网络化、智能化背景下，出现了难以应对的理论困境和实践短板。现有的制度供给无法适应和满足日益增长的数据权利需求，全球数据法律体系远未形成，数据监管长期缺位，相关法律存在真空地带。数权法立足国际视野，树立全球思维，着眼于世界，着眼于未来，解决的正是数字文明时代面临的最为前瞻、最为复杂的问题。

数权法是未来法治的重要组成部分。为了避免数据主权相互倾轧，通过国际合作制定国际规范、构建数权制度和塑造国际法律共同体，是人类以法治方式构建网络空间命运共同体的可行途径。从世界法治发展规律来看，各种法律在不断融合并趋向全球化的统一。数权法预言了法律真正的未来，给我们带来了无尽的想象。

数权法推动中国法律走向世界。当代中国正在经历人类历史

上最为广泛而深刻的社会变革，也正在进行最为宏大而独特的法治实践创新。法治体系是国家治理体系的骨干工程，习近平总书记指出："中国走向世界，以负责任大国参与国际事务，必须善于运用法治""全球治理体系正处于调整变革的关键时期，我们要积极参与国际规则制定，做全球治理变革进程的参与者、推动者、引领者"。数权法系列专著的多语种翻译与出版，在全球互联网治理格局中展现中国思想、发出中国声音、提出中国方案，是中国法律崛起并正在走进世界舞台中央的重要标志，是数字文明时代参与全球治理的强大法理重器和提供全球治理公共产品的里程碑式事件。

第四节　主权区块链：科技向善与良知之治

2016年，贵阳市发布全国首个区块链地方宣言——《贵阳区块链发展和应用》白皮书，开创性地提出"主权区块链"的全新理念，强调互联网治理是有规则、有制度、有边界的。2017年，"主权区块链"入选全国科学技术名词审定委员会审定发布的"大数据十大新名词"，被正式认定为科技名词。主权区块链是从技术之治到制度之治的治理科技，是基于互联网秩序的共识、共享和共治所建构的智能化制度体系。主权区块链推动了互联网从低级向高级形态的演进，改变了互联网世界的游戏规则，将成为人工智能时代的重要拐点。"主权区块链"系列丛书致力于为互联网全球治理提供方案，为推动构建网络空间命运共同体贡献智慧。

一、主权区块链重塑科技向善

科技是一把钥匙，既可以开启天堂之门，也可以开启地狱之门，究竟开启哪扇门，有赖于人文精神的指导。明代大哲学家王阳明说：人皆有良知。又说：知善知恶是良知。良知，就是人生来具有的善恶辨识力。科技向善是基于人的自由存在和发展解放之需求，昭示富有人文关怀的科学和充满科学智慧的人文，其提出意味着人类对人与科技的关系有了进一步的觉醒认知。以人为本，利他向善，在利他共享文化的导向下，通过主权区块链和秩序互联网，科技和人文将会相互交融而又彼此独立，和而不同而又保持适度张力，人与自然、社会和谐共处，生命体和非生命体妥善共存。主权区块链重塑科技向善，秩序互联网引领数字文明。

2020 年，《主权区块链 1.0》出版，是大数据战略重点实验室在块数据、数权法研究基础上推出的又一重大理论创新成果，阐明了互联网发展从信息互联网到价值互联网再到秩序互联网的基本规律，创新提出了数据主权论、数字信任论、智能合约论"新三论"，进一步明确了科技向善与阳明心学对构建人类命运共同体的重要意义。2022 年，《主权区块链 2.0》出版，其创新之处在于提出了改变世界的两种力量，即"数字货币"与"数字身份"。主要观点为：区块链是基于数字文明的超公共产品；互联网是工业文明的高级形态，区块链是数字文明的重要标志；数字货币、数字身份、数字秩序助推世界迈向数字文明时代。

以数字化、网络化、智能化为核心的治理科技正在涌现，并持续释放治理效能。治理科技是国家走向现代化的一种重要支撑，是权力数据化和数据权力化的一种组织方法，指向的中心问题是"数据化"治理。以治理科技创新治理体制、改进治理方式、提升治理水平是实现国家治理体系和治理能力现代化建设的重要路径，也是推进"中国之治"走向"中国之梦"的破题之钥。

治理科技的向善精神或将成为人类文明跃迁的重要保障。良知是科技向善的内涵，科技向善是通往普遍、普惠、普适数字社会的路标，其塑造了数字社会的第一个特征——向善利他。可以预见，新一代信息技术不仅将被视为经济发展的新动能，更会成为治理体系和治理能力现代化的重要支撑。基于主权区块链的治理科技将成为科技向善与良知之治的重要手段。

二、主权区块链对互联网全球治理的特殊意义

从区块链到主权区块链，其意义并不仅仅在于对区块链的发展，更大的意义在于推动信息互联网、价值互联网向秩序互联网变迁，给网络空间治理带来新理念、新思想和新规制，对互联网全球治理具有特殊意义。主权区块链为区块链的应用插上了法律翅膀，使区块链从技术之治走向制度之治，把互联网状态下不可拷贝的数据流建立在可监管和可共享的框架内，从而加速区块链的制度安排和治理体系构建。

数据主权论。主权区块链的提出，不仅能做到"我的数据我做主"，而且还能做到"我们的历史我们共同见证"。一方面，主权区块链具有不可篡改的特点，使得数据难以被私自篡改，从而能在很多参与者中实现互信；另一方面，主权区块链叠加密码学技术能够增强对用户数据隐私的保护，实现博弈多方之间的协作。此外，作为一种法律规制下的技术之治，主权区块链将不同

层面和类型的制度相互衔接和联系，有效推动数据主权治理，促进数据主权与数字人权协调发展，增进人类数据福祉。

数字信任论。以区块链为基础，人类在互联网上建立起一套信用互联网治理机制，提供了一种在不规则、不安全、不稳定的互联网中进行信息与价值传递交换的可信通道，开创了一种在不可信、不可靠、不可控的竞争环境中，以低成本建立信任的新型计算范式和协作模式，凭借其独有的信任建立机制，实现了穿透式监管和信任逐级传递。主权区块链则是在尊重数据主权和国家法律监管的前提下，以规则与共识为核心的安全分布式账本技术解决方案，它不仅是新技术的运用，更重要的是制度与规则层面的创新，使以土地、民族来划分的国家变成基于共识构建的新型组织或群体，由此形成的"数字世界"正在逐渐模糊虚拟与现实的边界。

智能合约论。智能合约是一组由代码方式外在表示的要约和承诺，能够涵盖双方依据要约和承诺达成履行约定的自动行为。通过将智能合约植入法律体系，可为制度之治下的技术之治提供有效方案。基于主权区块链的智能合约为数据要素的流动提供了统一的共识机制和安全可追溯机制，通过"可信数字化"的数据上链过程，使数据被有效确权，保障数据交易与共享的真实性和安全性，让信任像信息一样自由流转，进而构筑高效、真实、透明、对等的可信数字经济生态系统。主权区块链与智能合约的融合应用，在数字货币、数字票据、证券交易、金融审计等金融领域，构筑起可信数字经济的新型基础设施。

智慧的古老谚语曾说，风向转变的时候，有人筑高墙，有人造风车，区别在于眼光和胸襟。置身于互联网、大数据和区块链的世界之中，只有顺应规律、主动变革、引领潮流，才能站在新时代的制高点上。正如主权区块链提出的数据主权论、数字信任论、智能合约论，构建起了新型的互联网治理模式，促进各国携手加强互联网治理，提升网络空间命运共同体的治理能力，实现互联网空间的良好秩序。

三、主权区块链推动构建人类命运共同体

习近平总书记把我们所处的时代，概括为"百年未有之大变局"。在这个大变局中，究竟什么在变，朝什么方向变，会变成什么样，这些问题还具有诸多不确定性，甚至具有不可预知性。面对"不确定性"，人类迫切需要建构一种新型社会信任关系。主权区块链提出的秩序互联网以构建新型社会信任关系为核心，构建了一种全球性的信任共同体，由此产生的数字货币将引发整个经济领域的全面变革，数字身份将重构整个社会领域的治理模式，数字秩序将成为数字文明时代的第一秩序，数字货币、数字身份、数字秩序将成为改变未来世界的新力量。

数字货币。数字货币是金融科技创新特别是区块链技术迅猛发展的产物，是推动国际货币体系改革及全球金融治理体系变革的关键工具，可能引发国际货币体系的重新洗牌。数字货币作用于主权信用货币诞生的法定数字货币，将弥补传统主权信用货币与非主权数字货币的缺陷和不足，成为国际货币及金融合作的重要内容。此外，随着数字贸易即将成为全球数字经济竞争的主战

场，数字货币俨然成了兵家必争之地，将真正引发全球经济体系的重构。

数字身份。在数字孪生世界中，除了"我是谁"的问题，还存在一个同等重要的"你是谁"的问题，这是身份识别和认证的正反面。随着数字货币引发经济领域的全面变革，推动社会形态向新的结构演进，从而引发身份焦虑。信任机制是身份进化的重要动力，在主权区块链的作用下，制度化信任机制将带来身份的跃迁。通过超级账本、智能合约和跨链技术等建立起一套可信且不可篡改的共识和信任机制，并进一步通过编程和代码建构一种数字信任体系，使得可信的数字身份链成为社会治理的主要逻辑。

数字秩序。继农业社会、工业社会之后，数字经济带来的巨变，正在创造一种新的社会秩序，即数字秩序。数字秩序是数字化时代所形成的一种特定的、满足个性需求的全新秩序，在推动人类社会形态演变的同时，也极大地影响了人类的生活方式。在主权区块链的推动下，数字秩序将冲破一切旧有的生态和秩序，对社会存在与发展形成颠覆性的改变，引发整个社会关系、发展模式和利益分配模式前所未有的解构和重构。

基于主权区块链的人类命运共同体的价值导向是建设人人有责、人人尽责、人人享有的全球治理共同体，进而形成人类社会的共同行为准则和价值规范，推动全球秩序互联网的真正到来。这种区块链编制的信任共同体正在成为人类命运共同体的基石，如此，人类走向数字文明的文化障碍就能得到破解，人类命运共同体必将行稳致远。

第五节　场景大数据：场景应用是创新的第一驱动力

新一轮科技革命和产业变革的孕育兴起，应用场景作为技术、业态、模式融合落地的最佳载体，引发了一系列场景关系变革，成为城市竞争优势再造的战略制高点。场景大数据是基于大数据应用场景迭代升级发展而总结提炼的新概念、新理论。场景大数据以场景为载体，以数据为核心，旨在揭示特定场景内数据全生命周期的治理模式、运动轨迹以及价值实现过程。场景大数据理论源于贵州铜仁近年来的实践，在指导贵州铜仁大数据发展的同时，也在实践中不断迭代完善。

一、场景大数据与场景竞争力

场景是极具引领性的融创战略和驱动战略，这种融创和驱动在一定条件下将转化为竞争优势，随之演变为场景竞争力。场景竞争力之所以能够成为核心竞争力，是由于其注入了以大数据为核心的治理科技——场景大数据。场景大数据是在应用场景迭代升级的驱动下持续汇聚更新的数据集，基于特定应用场景实现全生命周期治理，从而推动数据价值化，"三次融合"则是场景大数据价值最大化的基本进阶循环之路。

第一次融合："场景 × 数据"实现数据价值再造。场景与数据是数据价值再造问题的两个方面，数据离不开场景，有什么样的场景就会有什么样的数据。场景和数据融合的程度，决定着数据价值释放有多大、有多深、有多广，决定了数据价值再造能否向深度和广度进行发展。场景大数据的持续运维、迭代升级激发"数字竞争力、算力竞争力、场景竞争力"融合乘数效应。数字竞争力、算力竞争力、场景竞争力是构筑数字经济竞争新优势的三大支柱。数字竞争力以数据应用赋能数字经济增长，算力竞争力以算力应用促进数字经济发展，场景竞争力以场景应用驱动数字经济变革。因此，数字竞争力决定数字经济发展的高度，算力竞争力决定数字经济发展的速度，场景竞争力决定数字经济发展的广度。数据的真正价值在于与场景的结合，这种结合的核心推动了数字竞争力、算力竞争力、场景竞争力的融合迭代。当然，这种迭代、融合不是简单的"物理叠加"，而是持续运维下的"化学裂变"，这种具有"化学裂变"的乘数效应决定了场景数据的价值再造。

第二次融合："场景 × 数权"破解数据价值最大化。如果说第一次融合是场景大数据价值跃升的基础，那么第二次融合——场景与数权的结合，就是实现场景大数据价值跃升的关键，这是破解场景大数据价值再造、释放数据价值的重中之重。场景化是界分数据产权的一种有效方式。从国内外的实践来看，各方对数据产权的界定方式远没有达成共识，更没有形成权威的方式方法，采取场景化的方式来界定和划分数据产权，最重要的就是将数据产权的核心抽象为数据利益，从区分利益的角度，对数据产权进行界定和划分，并以此为基础，不断从特殊性中归纳普遍性，找到数据确权的内在规律。不同场景、不同状态下激发出的数据集会产生不同的数据权利主体，并衍生不同的数据权利。这样做的优点在于我们既能够摆脱数据产权界定的学理之争，也能够从数据产权分配非此即彼、无法平衡的困境中走出来，提升场景竞争力。

第三次融合："场景 × 交易"催生数据交易市场。在数据与场景、数权与场景深度融合的基础上，会进入场景大数据价值跃升的第三个阶段，也就是场景大数据融合创新的高级阶段，即"场景定义数据交易"。场景与数据交易的融合进一步催生数据交易市场，为数据要素市场奠定基础。数据交易市场是数据要素市场的重要组成部分，没有数据交易市场，就谈不上数据要素市场，也谈不上数据要素的市场化。当下，围绕数据确权、价格生成、可信流通等关键性问题，构建规则清晰的数据交易市场是各方关注的焦点。场景大数据的出现，为我们提供了新的理念、新的思维和新的路径。当我们致力于推动场景与数据的融合，并依托场景的变化设立相应数权制度时，场景化的交易模式就有助于我们构建规模化数据交易的二级市场和三级市场，进而推动规则完善的多层次数据交易市场的成型，为数据要素市场培育和数字经济发展提供体系支撑和制度保障。

总而言之,"场景 × 数据"融合产生的是物理反应,数据属性没有从根本上发生变化。"场景 × 数权"融合产生的是化学反应,有价值产生。而"场景 × 交易"融合产生的是核反应,产生的是新业态、新模式、新场景下的数据交易市场和数据要素市场,核心就是场景定义数据交易,数据交易释放数据价值。只有这样,场景大数据才可能真正转化为场景竞争力,成为数字经济释放价值的重要源泉。

二、场景大数据重塑城市竞争新优势

纵观人类文明发展史,科学技术的每一次重大突破,都必定会引起生产力的深刻变革和人类社会的巨大进步。第四次工业革命正以数据驱动为标志向人类社会席卷而来,势不可挡。谁掌握了数据,谁就掌握了主动权。对于城市这个数据聚集地而言,更是如此。"场景"作为技术、模式、制度、业态融合落地的最佳载体,将引发一系列场景关系变革,从而解构和重构场景全价值链,催生场景经济范式转换与场景治理结构重塑,成为城市竞争优势再造的战略制高点。

场景大数据正在成为城市竞争新优势五大表现。随着城市竞争从原来的资源和要素的争夺转向创新要素和创新环境的比拼,场景作为一项极具引领性的融创战略和驱动战略,这种融创和驱动在一定条件下将转化为竞争优势,随之演变为场景竞争力。一是场景大数据催生资源配置新方式。通过平台实现数据、知识、信息等资源要素的快速集聚、高效流动,创新了资源配置方式,提高了资源配置效率。二是场景大数据重塑产业发展新优势。以场景为根本落脚点和基础支撑点，以应用、项目、团队、企业和产业为路径，解决了大数据与实体经济融合程度不深、融创能力不强和服务支撑力度不足等问题。三是场景大数据重构城市治理新模式。基于场景大数据形成的城市治理体系，能够全方位、立体化、即时性、智能化监测城市各行业各领域的发展变化，既为城市治理提供科学的解决方案，又为城市的未来发展提供思路和方向。四是场景大数据打造营商环境新范式。通过场景开放打破传统的营商环境建设思维，更注重实打实的营商环境，更聚焦营商环境建设的落地性，将为营商环境精准服务与精细服务提供支撑。五是场景大数据引领数字文明新秩序。通过搭建数据应用生态体系，开展数据治理，实现数据私权和公权的动态均衡，确保数据更加安全、可信、合法、开放、融合。

实施场景大数据竞争战略的三大路径。场景是城市创新发展的全新逻辑，是数字经济落地的重要载体，是新技术、新模式、新业态融创与突破的"成长沃土"。一是从总部经济到平台经济是城市发展的大趋势。四川成都抢抓平台经济新机遇，率先提出了"全场景战略"，通过把"场景"作为催生产业爆发的逻辑起点，打造城市级场景、产业级场景和企业级场景立体化格局，打造"最适宜新经济发展的城市"，推动城市竞争力水平提升。二是从创新驱动发展到场景驱动创新是后发赶超的大逻辑。贵州铜仁从创新驱动发展到场景驱动创新，探索提出智慧城市"1+1+N"数智营城模式，以场景应用促进产业转型升级、民生改善和治理能力提升，驱动城市建设向数字化、网络化、智能化方向转型升级，走出了一条以场景大数据为核心的后发赶超发展新路。三是从城市大脑到经济大脑是数字化、网络化、智能化的大机遇。通过5G、AI、云计算等多种技术与行业知识深度融合创新产生的裂变效应，在迭代升级中不断向更高级的经济大脑迈进，实现数字产业化、产业数字化、城市数字化，城市的竞争力水平也将进一步提高。

推动场景大数据赋能城市竞争力的五大抓手。场景已成为打造城市竞争力的重要价值体现，通过抓机遇、强融合、优服务、建制度、重生态，推动场景大数据切实提升城市能级和品质，建立数字经济发展与竞争新格局。一是抢抓数字基建机遇，构建场景竞争驱动力。加快推进城市数据中台、数据中枢、数据主体自主管理云平台建设，加强政府对新型数字基础设施建设的引导与支持，扩大新型基础设施的普惠受众面，更快释放数据生产力，更好驱动场景创新力。二是强化数据融合应用，培育场景经济主引擎。将大数据应用于政用、商用、民用场景之中，与各行各业进行深度融合，以融合应用拉长传统产业价值链，在延伸和扩展产业链中找到新场景，提升附加值。三是优化数字营商环境，增加场景服务便捷性。找准营商环境与新经济的适配点，打造多元、开放、共享的城市营商环境，为企业的入驻、人才迁移、产业繁荣创造条件，能够促进新经济企业快速成长、开花结果，吸引更多企业落地。四是创新政策制度供给，推动场景治理现代化。从法律法规、政府规章、行业标准等层面建构一套切实有效的制度体系，推动数权制度、监管沙箱、数据安全等制度供给提上议事日程。五是打造场景开放系统，构筑场景创新生态圈。场景大数据的关键在于构建大数据应用生态体系，要不断提升场景设施、场景政策、场景创新的数量和质量，营造数据要素参与全产业链的可持续发展环境，推动百花齐放、万众创新的数字经济生态圈形成。

三、场景大数据在贵州的实践与前景

从场景理论到场景大数据，贵州经历了一个从认识到思考的过程，并且这个过程还将继续延展和深化。我们对这个问题的关注和研究始于 2018 年。这一年，是贵州省贵阳市提出和实施大数据发展战略的第 5 个年头，从风生水起到落地生根，贵阳的大数据发展亟待突破。在这一背景下，大数据战略重点实验室将场景理论和大数据理论结合，开始跟进铜仁"应用驱动"的大数据发展新路，启动场景大数据研究。

场景理论的基本逻辑和核心观点是随着城市形态由生产型向消费型转变，推动经济增长要以消费为导向，以设施为载体，以文化为内核，重塑后工业城市更新与发展路径。这一理论为我们提供了一个研究城市高质量发展的视角。今天的城市，已经从工业文明迈向了数字文明，城市空间除了物理空间之外，还有数字空间。传统意义上的发展要素在解构，数据成为生产要素，甚至是能对土地、劳动力、资本、技术等发挥激活作用的关键性要素。同时，与人相关的一系列问题都发生了变化，比如我们开始拥有数字身份、数字思维、数字关系。传统的城市竞争力依靠空间扩张或者是空间优化、依靠要素投入或者是要素转换，未来城市的竞争力源自哪里？可能不是产业园区、不是要素集聚，而是一个有价值的场景就足够了。

传统的社会关系由生活、工作和消费来定义，未来社会的关系可能是由场景来定义。也许未来城市参与竞争、实施治理的基本单元是场景，与城市的行政层级无关、与城市的规模大小无关。而场景进一步和大数据结合，不仅能最大限度地释放数据资源价值，还将推动数字经济和智慧社会快速发展，助力发达城市和后发地区站到同一条起跑线上，共同在数字化浪潮中享受发展红利。数字文明时代的社会关系将在场景中建立，未来城市的竞争力来自有价值的场景。

基于对场景和大数据的深刻认识和实践研究，贵州省铜仁市率先提出的场景大数据理论，揭示了数据和场景融合发展的内在规律，探索了场景大数据全生命周期治理模式及价值实现路径。场景大数据与传统应用场景的最大区别就在于，场景大数据具有商业模式，并且商业模式可以随着应用场景的迭代升级而不断创新。科学合理的商业模式不仅可以驱动资本、技术、人才等要素投入应用场景的开发建设当中，持续为应用场景迭代升级、发展壮大提供支撑，还可以产生良好的社会效益和经济效益。场景大数据在铜仁的应用发展，助力铜仁解决了大量政用、商用、民用领域的痛点难点问题，促进了大数据和各行业领域的融合创新，推动了场景经济、平台经济的蓬勃发展，加速了政府治理体系和治理能力现代化，提升了公共服务的质量和水平，让人民群众有了更好的获得感。

过往已逝，征途尚远，发展之路不进则退，未来随着场景大数据理论体系的逐步完善，其在推动数字产业化和产业数字化，培育孵化新业态、新产品、新模式方面的作用将会进一步加强，基于场景大数据迭代升级而孵化形成的场景经济、平台经济以及智能经济，将会成为城市创新发展、绿色发展的新战略。乘着数字时代信息技术革命之风，后发地区以梦为马，迎风而上，必将秉持初心、坚定信念，在新时代、新征程继续创造辉煌。

第二章

开展大数据制度创新

抢占大数据战略制高点

2020 年 10 月 14 日，中央电视台《立法监督》栏目用约 8 分钟点赞了贵阳近年来在地方立法尤其是大数据地方立法的经验和成效。自 2015 年 8 月起，贵州率先开展大数据地方性立法探索，将立法规则创新、政策制度突破、体制机制探索作为大数据制度创新试验的重点，着力构建有利于数据驱动创新发展的法规政策体系，基本形成以大数据发展应用为核心，以信息基础设施、数据共享开放、大数据推广应用和安全保障为支撑的大数据地方性法规体系，成为大数据领域立法最多的省份，贵阳市成为设区市中出台大数据法律最多的城市，为全国大数据发展体制机制创新和法律制度建立，积累了实践经验，提供了有益参考。

第一节　率先破冰大数据立法

2016年10月9日，中共贵州省委、贵州省人民政府印发了《关于实施大数据战略行动建设国家大数据综合试验区的意见》（黔党发〔2016〕14号），明确提出建成大数据体制机制示范区。持续推进政策制度突破、体制机制探索和服务模式创新，率先制定一批大数据地方性法规、关键共性标准和政策措施，构建统筹联动的工作推进新机制，制定大数据业态统计监测指标体系，发布大数据发展指数，打造大数据体制机制示范区。同时，为推动实施大数据制度创新试验，配套出台了《国家大数据（贵州）综合试验区大数据制度创新试验实施方案》，提出持续推进服务模式创新、政策制度突破和体制机制探索，先行先试制定一批大数据地方性法规、关键共性标准，探索建立有利于推动大数据创新发展的政策体系。

一、构筑大数据法规制度框架体系

大数据地方立法的先行先试，既是发展大数据的现实需要，也是引领中国大数据发展的创新试验。在大数据实践探索过程中，贵州贵阳坚持科学民主依法立法，紧扣大数据应用发展阶段特征，从促进政府数据共享开放破题、促进大数据安全管理常态化、构建健康医疗大数据应用等方面创制大数据地方性法规规章，成为全国第一个颁布大数据地方性法规且至今立法数量最多的地区，实现立法为高标准要求、高水平开放、高质量发展服务，成为其他大数据综合试验区法治建设的范本。2020年9月，由中央依法治国办组织的第一批全国法治政府建设示范地区和项目评选结果公布，贵阳市立法引领保障大数据产业发展，获评为全国法治政府建设示范项目。

颁布中国首部大数据地方性法规《贵州省大数据发展应用促进条例》。2016年3月1日，《贵州省大数据发展应用促进条例》正式施行，填补了我国大数据立法的空白。作为贵州大数据发展的"基本法"，该条例集中反映了大数据（贵州）综合试验区立法引领制度创新的全貌，推动贵州地方立法实现了"开门红"。该条例将大数据产业在发展之初便纳入法制轨道，紧扣贵州大数据应用的现实需求和发展趋势，对数据采集、数据共享开发、数据交易、数据安全以及"云上贵州"等基本问题做出了宣示性、原则性、概括性和指引性规定，标志着贵州从顶层设计的法律框架到实际操作中的项目运行，都在向规范健康发展的方向探路。

颁布中国首部省级层面大数据地方性法规《贵州省大数据安全保障条例》。2019 年 10 月 1 日，《贵州省大数据安全保障条例》正式施行。《贵州省大数据安全保障条例》秉承发展与安全并重的理念，从安全责任、监督管理、支持与保障、法律责任等方面对大数据安全保障做出了原则性、概括性、指引性规定，成为我国大数据安全保护省级层面的首部地方性法规，是贵州大数据产业发展制度保障顶层设计的又一项新成果。《贵州省大数据安全保障条例》的颁布实施，为形成全社会共筑大数据安全保护防线的局面营造了浓厚氛围，为国家大数据产业发展经验总结探索贵州模式，为国家大数据安全有关法律法规制定贡献贵州智慧。

颁布中国首部省级层面政府数据共享开放地方性法规《贵州省政府数据共享开放条例》。2020 年 12 月 1 日，《贵州省政府数据共享开放条例》正式施行，成为全国首部省级层面政府数据共享开放地方性法规。《贵州省政府数据共享开放条例》紧紧抓住破除数据烟囱这个关键点，通过全省统一平台、统一规划、统一建设、统一购买服务、统筹资金保障等方式，统筹基础设施集中建设、强化政府数据汇聚，实行目录管理、细化目录指标、实施开放责任清单制度，将共享开放纳入目标考核，压紧压实政府及其部门的数据共享开放责任。《贵州省政府数据共享开放条例》以应用为导向，为大力提升政府数据质量，建立政府数据使用反馈机制，以全省统一的数据平台为载体，促进各级、各部门数据的汇聚、融通、应用，推动实现数据价值倍增效应，赋能城市发展、政府治理及公共服务。

开展"贵州省数据条例（草案）"研究。"贵州省数据条例（草案）"被列为省政府2022年立法工作计划预备立法项目，以期通过数据立法进一步规范数据管理、数据开发利用、数据流通交易等内容，更好保障和促进数据资源价值发挥，培育数据要素市场。省司法厅积极支持做好相关调研、起草和审查工作。同时，拟出台《贵州省数据流通交易管理办法（试行）》，作为制度性文件。新国发2号文件明确"以清单式批量申请授权方式，依法依规赋予贵州更大改革自主权"，贵州正积极探索将数据确权登记、数据资产入表等纳入贵州建设西部大开发综合改革示范区的授权事项清单，争取更多贵州大数据创新发展政策自主性。

贵阳作为国家大数据（贵州）综合试验区的核心区，以立法为引领，率先开展大数据制度创新。2017年4月13日，中共贵阳市委印发《关于转发市人大常委会党组〈贵阳市大数据地方性法规、政府规章五年工作推进计划〉的通知》，力争五年内形成大数据立法体系性构架。2017年以来，以政府数据共享开放为立法突破口，出台系列地方性法规，将大数据立法与大数据发展中的难点痛点、民生热点紧密结合，同时不断创造有利于大数据产业创新、健康发展的配套政策制度保障体系，为其他地区大数据法制建设提供贵阳样本。

颁布中国首部政府数据共享开放地方性法规《贵阳市政府数据共享开放条例》。《贵阳市政府数据共享开放条例》经2017年1月24日贵阳市第十三届人民代表大会常务委员会第四十八次会议通过，2017年3月30日贵州省第十二届人民代表大会常务委

员会第二十七次会议批准，2017 年 4 月 11 日公布，2017 年 5 月
1 日正式施行，成为中国首部关于政府数据共享开放的地方性法
规。条例的实施，是贵阳市大数据地方立法实践上的一次重大突
破，具有重要的示范效应和重大现实意义。为推动条例实施，配
套制定了《贵阳市政府数据资源管理办法》《贵阳市政府数据共
享开放实施办法》《贵阳市政府数据共享开放考核暂行办法》三
部政府规章，标志着贵阳市政府数据共享开放步入法治轨道。
2017 年 5 月 12 日，《人民日报》就《贵阳市政府数据共享开放
条例》的实施刊登题为"立法，让政府数据走出高阁"的文章。
文章肯定，这是全国首部关于政府数据利用服务的地方性法规，
《贵阳市政府数据共享开放条例》对政府数据的共享开放，明确
了定义、责任和原则，让数据真正"解放"、释放价值。

　　颁布中国首部大数据安全管理地方性法规《贵阳市大数据安
全管理条例》。2017 年 5 月，公安部批准贵阳市成为国内第一个
也是唯一一个"大数据及网络安全示范试点城市"，标志着贵阳
将在大数据安全领域开展全新探索，开创大数据安全城市发展新
模式。《贵阳市大数据安全管理条例》于 2018 年 6 月 5 日贵阳市
第十四届人民代表大会常务委员会第十三次会议通过，2018 年 8
月 2 日贵州省第十三届人民代表大会常务委员会第四次会议批准，
2018 年 10 月 1 日起正式施行，这是全国首部大数据安全管理的
地方性法规，为国家数据安全立法提供宝贵的经验。值得说明的
是，大数据战略重点实验室主任连玉明，作为政协第十三届全国
委员会提案委员会委员，2018 年、2019 年连续两年向两会提出
加快国家数据安全立法的提案，旨在全力推动数据安全立法尽快

从地方层面上升到国家层面。2018 年 9 月 7 日，十三届全国人大常委会公布立法规划（共 116 件），《中华人民共和国数据安全法》位于第一类项目：条件比较成熟、任期内拟提请审议的法律草案。2021 年 6 月 10 日，第十三届全国人民代表大会常务委员会第二十九次会议通过《中华人民共和国数据安全法》，2021 年 9 月 1 日起正式施行。

颁布中国首部健康医疗大数据应用发展的地方性法规《贵阳市健康医疗大数据应用发展条例》。2019 年 1 月 1 日，全国首部健康医疗大数据应用发展的地方性法规《贵阳市健康医疗大数据应用发展条例》施行。《贵阳市健康医疗大数据应用发展条例》以提升健康医疗服务质量和效率为侧重，有力推动健康医疗数据的规范采集、汇集和存储，实现健康医疗大数据的"聚通用"，提升了"健康云"在贵阳市的应用发展，还助推优质医疗资源的下沉、不同层级医疗机构信息数据的聚集应用，有效提升公共医疗卫生服务普惠化、便捷化水平。现阶段，《中华人民共和国民法典》《中华人民共和国网络安全法》《中华人民共和国消费者权益保护法》等法律，以及《互联网诊疗管理办法（试行）》《电子病历应用管理规范（试行）》《人口健康信息管理办法（试行）》等行政规章与健康医疗大数据密切相关，但均未全面系统地对健康医疗大数据发展进行规范，《贵阳市健康医疗大数据应用发展条例》的颁布是贵阳推动健康医疗大数据领域现实需求与立法实践结合的有益探索，是建立健全健康医疗大数据发展的制度创新，在全国具有创新性和示范性。

开展《贵阳市数据交易服务机构管理条例》立法研究。贵阳市人大常委会制定的《贵阳市大数据地方性法规、政府规章五年工作推进计划》提出，2018 年启动制定《贵阳市数据交易服务机构管理条例》工作，并纳入贵阳市人大常委会 2019 年立法计划。2018 年 5 月起，市人大常委会组织召开若干次关于数据交易立法的征求意见会，并赴上海数据交易中心、武汉东湖大数据交易中心等省外数据交易机构开展立法调研，为数据交易立法奠定了坚实基础。开展数据交易立法，是完善贵阳市大数据立法领域体系性构架，推动国家大数据（贵州）综合试验区制度创新的重要内容，也是抓住大数据产业发展这个"牛鼻子"的关键，加快数据交易立法，必将成为贵阳引领大数据发展新的里程碑。

开展《贵阳市数据资源权益保护管理条例》立法研究。2015 年 8 月，国务院出台的《促进大数据发展行动纲要》明确指出，要"研究推动数据资源权益相关立法工作"。贵阳市围绕"数权""数据权益保护""数权法"等热点议题开展系列理论研究及立法探索。自 2018 年，连续出版全球首部聚焦数权的理论论著《数权法 1.0：数权的法理基础》《数权法 2.0：数权的制度建构》《数权法 3.0：数权的立法前瞻》，系统、详实地论述了"数权 – 数权制度 – 数权法"相关概念及理论架构，为数据资源权益保护立法奠定了理论基础。同时，委托浙江大学开展数据资源权益保护立法课题研究，出版《数据资源权益保护立法研究》专著，为数据资源权益保护立法奠定了坚实的学术基础。进一步围绕数据资源权益保护地方立法的必要性、立法权限、立法依据、立法空间、立法基础、立法建议等进行充分论证，形成《关于贵阳市数据资源权益保护地方立法的思考与建议》，为数据资源权益保护立法作了充分的立法准备。

开展《贵阳市数据资源条例》立法研究。为充分发挥数据的基础资源作用和引擎赋能作用，2021年1月19日，贵阳市人大常委会印发《关于印发〈贵阳市人大常委会2021年立法计划〉的通知》（筑人大字〔2021〕1号），将《贵阳市数据资源条例》列入2021年调研类项目。4月26日，贵阳市人大常委会办公厅印发《关于印发〈贵阳市数据资源条例〉立法调研工作方案的通知》（筑人大办字〔2021〕16号），以期通过调研，精准把握促进数据要素市场培育的立法定位。立法调研工作立足贵阳数据资源现状，围绕数据开发利用、数据要素市场、数据权益保障和数据监管治理，探索建立数据资源管理、数据交易流通、数据要素市场培育、数据权益保障、数据监管治理等方面的制度体系，破解数据资源统筹管理难、高效配置难、产权确立难、流通破局难、市场培育难、规则制定难、治理监管难等关键问题，为贵阳数字经济发展提供更强有力的法治保障。

回顾过去的六年，贵州贵阳交出了一份漂亮的大数据法治答卷，探索出一批批"可复制、可推广、可借鉴"的制度经验，成为大数据领域法制建设的范本。贵州贵阳立足发展需求，找准大数据发展亟须立法保障的关键领域，研究具有代表性的地方立法实践案例，因时上升、因地调整大数据地方立法权限，把握大数据地方立法的特色和立法的探索性，建立大数据地方立法的领导和行政协调机制，规范立法体制、提高立法质量，积极发挥立法对大数据发展的引领、推动和保障作用（见表2-1）。

表 2-1　2016—2022 年贵州和贵阳大数据立法成果

序号	大数据立法名称	理论研究	立法调研	征求意见	人大审议	颁布施行
1	贵州省大数据发展应用促进条例	√	√	√	√	√
2	贵州省大数据安全保障条例	√	√	√	√	√
3	贵州省政府数据共享开放条例	√	√	√	√	√
4	贵州省数据条例（草案）	√				
5	贵阳市政府数据共享开放条例	√	√	√	√	√
6	贵阳市大数据安全管理条例	√	√	√		√
7	贵阳市健康医疗大数据应用发展条例	√	√	√	√	
8	贵阳市数据交易服务机构管理条例	√	√			
9	贵阳市数据资源权益保护管理条例	√				
10	贵阳市数据资源条例	√	√			

二、健全大数据规章制度体系

以立法引领制度体系，率先构筑促进大数据发展的政策法规体系，是贵州实施大数据战略的关键一招。贵州始终坚定不移实施大数据战略行动，以建设国家大数据（贵州）综合试验区为抓手，出台系列促进大数据产业发展的政策法规标准，全力支持大数据相关行业快速发展，打造大数据创业创新试验田。

建立健全大数据立法配套规章。在政务信息系统建设方面，根据《贵州省大数据发展应用促进条例》等有关规定，制定了《贵州省省级政务信息系统建设管理办法（试行）》《贵州省省级政务信息系统项目第三方机构评审管理办法（试行）》等政府规章，进一步规范省级政务信息系统建设和运维管理。为推动政府数据共享开放，2017年11月23日，贵阳市人民政府发布《贵阳市政府数据资源管理办法》（政府令第55号），2018年1月12日发布《贵阳市政府数据共享开放实施办法》，2018年6月27日发布《贵阳市政府数据共享开放考核暂行办法》，推动实现政府数据共享开放工作规范化、制度化、科学化。

建立健全立法配套的政策规划。2017年2月，《贵州省数字经济发展规划（2017—2020年）》发布，2017年3月，《中共贵州省委 贵州省人民政府关于推动数字经济加快发展的意见》印发，这是全国首个从省级层面出台的关于推动数字经济发展的规划与意见。2017年9月，发布《智能贵州发展规划（2017—2020年）》，这是新一代人工智能发展上升为国家战略后，率先发布的省级智能发展规划。2021年12月6日，印发《中共贵州省委贵州省人民政府关于在实施数字经济战略上抢新机的意见》，提出"十四五"期间，建成全国大数据电子信息产业集聚区，打造全国数据融合创新示范高地、数据算力服务高地、数据治理高地的"一区三高地"发展目标。2021年12月29日，印发《贵州省"十四五"数字经济发展规划》，提出形成"一核引领、两带协同、多点支撑"的数字经济发展布局，确保贵州在国家实施数字经济战略中抢到新机、找到落点、有效落实。

建立健全立法配套技术标准规范。为解决数据交易过程中面临的数据确权难、定价难，市场交易主体互信难、入场难、监管难等系列痛难点问题，2022年5月27日，贵州发布全国首个数据交易规则体系文件《贵阳大数据交易所流通交易规则体系》，通过制定《数据要素流通交易规则（试行）》《数据产品成本评估指引 1.0》《数据交易合规性审查指南》《贵州省数据流通平台运营管理办法》等规则、指南、办法，规范数据交易机构运行机制、激活数据要素价值、营造流通交易产业生态。为进一步规范数据流通交易运行，培育数据要素市场，2022 年 12 月 26 日，贵州省大数据局发布《贵州省数据流通交易管理办法（试行）》，明确贵阳大数据交易所是我省依法依规面向全国提供数据流通交易服务的交易场所，主要创新探索多元化数据产品交易，明确数据流通交易流程和各方参与主体的权利和义务，促进数据合规高效流通使用，为在贵州省范围内进行的数据流通交易及相关活动提供政策保障。

三、大数据立法的经验与启示

贵州贵阳在大数据地方立法实践上起步早、行动快、影响大，率先探索形成了以综合性"促进法"为基本法、细分领域"应用法"为补充的大数据地方立法框架，并不断建立健全与之配套的政策制度体系，成为全国大数据立法的"探路者"，为国家和其他省市大数据法律法规体系建设提供了宝贵的经验。

始终坚持党对地方立法工作的全面领导。贵州省委高度重视人大工作，尤其是地方立法工作，不断加强对立法工作的领导，省委常委会定期听取地方立法工作情况汇报，及时研究省人大常委会党组报告的立法规划和立法计划以及重要立法项目情况，全力支持省人大及其常委会依法行使地方立法权。在大数据相关条例的制定过程中，省委主要领导多次做出重要指示，强调要发挥地方立法的引领和推动作用。省人大常委会党组高度重视，及时安排部署，其他省领导亲自牵头进行调研、参与修改论证，多次提出重要意见。立法活动始终坚持和维护党的领导，自觉把党的领导贯穿于地方立法工作的全过程和各方面，保证地方立法工作正确的政治方向，紧紧围绕省委重大决策部署统筹谋划立法工作，使省委重大决策经过法定程序成为全省各族人民的共同意志，成为全社会共同遵循的行为规范和准则。

始终坚持与时俱进开展先行先试立法。先行先试立法是地方立法推动当地经济发展的时代要求。贵州始终坚持问题和发展导向，突出立法的引领性，加强大数据重点领域、新兴领域、融合领域立法，以立法促改革、促发展、促创新，制定一批体现贵州特色、行之有效的大数据地方性法规。同时加强大数据发展制度配套建设，根据立法情况，从用地保障、税收减免、财政支持、人才引培、融资保障等方面量身定制了一系列政策制度，通过建立与之相匹配的政策制度和标准规范，为推动大数据产业健康发展提供全方位的保障。

始终坚持发挥人大在地方立法工作中的主导作用。《贵州省大数据发展应用促进条例》《贵州省大数据安全保障条例》等在起草过程中，省人大常委会专门成立领导小组、工作小组，具体由常委会法工委牵头组织起草。立法条例在选项阶段始终坚持常委会对地方立法选项的统筹作用，主动谋划，准确把握立法时机，坚持急用先立。条例的起草注重强化人大代表、人大常委会组成人员的主体作用，吸收代表、委员参与起草并充分听取代表、委员的意见和建议。

始终深入贯彻科学立法、民主立法、依法立法的理念。完善立法选项、法规起草、立法调研、法规审议表决、立法评估等工作机制和程序，汇聚各方资源形成合力推动立法，把握组织协调的政治性、科学性、系统性和能动性，确保立法效率和立法质量有效提高。如《贵州省大数据发展应用促进条例》的起草，除由法工委组织起草了一版外，还委托贵阳市人大常委会和贵州大学分别组织起草了另外两版，广泛征求上级部门、行业和法律领域知名专家和学者的意见，将科学立法、民主立法、依法立法贯穿始终。

始终坚持开门立法听取各方意见。法规要体现地方特色，离不开广泛而充分地征求社会公众和各方面的意见和建议。充分利用互联网平台，及时发布立法动态信息，积极引导社会力量参与立法，有效拓展人民群众表达意见、参与立法的途径，最大限度地凝聚立法共识。深化调研工作，推行全过程、分阶段、有重点的立法调研工作机制。在立法进程的不同阶段分别组织开展调研，根据需要邀请人大代表、人大常委会组成人员、专家学者、社会公众等参与立法调研，必要时委托下级人大、基层立法联系点或第三方开展调研。

始终坚持以精细化立法突出法规的可操作性。如果没有本地特色，地方立法就失去了存在价值，高质量的地方性法规首先要具体管用，能解决当地的特殊矛盾和实际问题。结合本地区发展需求，抓住重点领域、关键问题，推动大数据领域的单项法，清楚界定与已实施的大数据法律的边界，不搞无实质内容的"重复性立法"的原则。积极推进精细化立法，精挑细选年度立法项目，确保所立之法符合实际需要，充分保证立法过程的完整和立法活动的成效，突出关键性条款，切实解决某一领域、某一方面的突出问题，确保出台的地方性法规既管用又好用。立项选题精细化。

第二节　率先构筑政策规划体系

贵州在实施大数据战略过程中，出台了一系列促进大数据产业发展的政策措施，设立了创新赋能大数据投资基金，建立了大数据人才评价体系，不断营造促进大数据产业发展的良好环境，全力促进大数据相关行业快速发展，打造大数据创业创新试验田，助力实现大数据产业快速发展，推动大数据赋能经济社会高质量建设。

一、建立健全大数据发展政策体系

保障有力的政策措施是促进大数据创新发展的重要手段，运行有效的政策体系是贵州实施大数据战略的关键一招。围绕试验区、大数据、数字经济、智能贵州、数字化转型等的发展先后制定系列重要规划、意见、方案、措施等，绘制了以大数据为引领、创新驱动发展的政策蓝图，不断优化营商环境，推动大数据等经济形态创新发展。

迭代升级试验区建设规划，纵深推进大数据战略行动。2016年2月国家大数据（贵州）综合试验区获批建设，2016年6月，《关于实施大数据战略行动建设国家大数据综合试验区的意见》等"1+8"文件出台，对建设国家大数据综合试验区做出全面部署。2018年6月，印发《贵州省人民政府关于促进大数据云计算人工智能创新发展加快建设数字贵州的意见》，把"数字贵州"建设作为新时代实施大数据战略行动的重要抓手，加快推进国家大数据（贵州）综合试验区建设。2021年12月，印发《国家大数据（贵州）综合试验区"十四五"建设规划》，围绕"在实施数字经济战略上抢新机"，明确建成大数据制度创新引领区、大数据产业发展先导区、大数据融合应用示范区、全国算力网战略枢纽的"三区一枢纽"目标，为高质量建设国家大数据（贵州）综合试验区指明了发展方向和实施路径。

不断完善大数据产业发展规划，优化产业整体布局。为促进大数据产业发展，加快构建现代产业体系，培育经济发展新动能，2014年2月，《贵州省大数据产业发展应用规划纲要（2014—2020年）》出台，提出以三个阶段推动大数据产业稳步快速发展，到2020年成为西部地区重要的、全国有影响力的战略性新兴产业基地。2022年4月，印发《贵州省"十四五"大数据电子信息产业发展规划》，提出以贵阳贵安为核心，统筹区域发展和空间布局，引导省内其他地区错位互补、协同发展，形成"一核引领、多点协同"的大数据电子信息产业布局，系统谋划了"3＋5"任务框架，推进贵州在新时代西部大开发上闯新路、在实施数字经济战略中抢新机，打造数字经济发展创新区。

不断完善数字经济发展政策，构建现代化经济体系。数字经济是贵州省大数据战略行动的重要方向。2017年2月，《贵州省数字经济发展规划（2017—2020年）》发布，2017年3月，《中共贵州省委 贵州省人民政府关于推动数字经济加快发展的意见》印发，这是全国首个从省级层面出台的推动数字经济发展的规划与意见，为贵州构建数字经济通道、释放数据资源价值、激发实体经济动能明确了方向和要求。2021年12月6日，《中共贵州省委 贵州省人民政府关于在实施数字经济战略上抢新机的意见》印发，提出"十四五"期间，建成全国大数据电子信息产业集聚区，打造全国数据融合创新示范高地、数据算力服务高地、数据治理高地的"一区三高地"发展目标。2021年12月29日，《贵州省"十四五"数字经济发展规划》印发，提出形成"一核引领、两带协同、多点支撑"的数字经济发展布局，确保贵州在国家实施数字经济战略中抢到新机、找到落点、有效落实。

编制智能贵州发展规划，超前谋划布局智能化发展。为积极顺应智能化发展趋势，加快构建贵州智能化发展新格局，2017年9月，《智能贵州发展规划（2017—2020年）》发布，这是新一代人工智能发展上升为国家战略后，率先发布的省级智能发展规划。为积极响应新型工业化高质量发展战略，加快传统企业利用无线电新技术、新应用提升数字化、网络化、智能化水平，2021年10月11日，发布《贵州省工业和信息化厅关于鼓励企业利用1785-1805MHz频段开展智能化建设的实施意见》，明确坚持服务与保障为中心，加快推动十大工业产业智能化改造步伐，推动传统产业生产过程智能化建设和产品智能化升级。

不断完善数字化转型促进政策，加快传统产业转型升级。为加快推动大数据与实体经济深度融合，2018 年 2 月，省人民政府印发《贵州省实施"万企融合"大行动打好"数字经济"攻坚战方案》，把"万企融合"大行动作为主抓手，推动全省各领域、各行业、各地区加快大数据与实体经济深度融合发展。2018 年 8 月印发《关于实施"云使用券"助推"企业上云"的通知》，探索发放"云使用券"，助力企业转型升级、提质增效。2021 年 12 月 6 日，省委办公厅、省人民政府办公厅印发《关于加快工业互联网创新发展推动新一代信息技术与制造业深度融合的实施意见》，以加快传统产业转型升级，推动实施工业倍增行动和新型工业化。2022 年 4 月 12 日，省工业和信息化厅等五部门联合印发《支持工业领域数字化转型的若干政策措施》，加大对工业领域数字化转型的支持力度，促进工业经济高质量发展。

完善新型基础设施建设政策，强化高质量发展基础支撑。为加快推进互联网、大数据、人工智能与实体经济深度融合，2018 年 8 月，发布《贵州省推动大数据与工业深度融合发展工业互联网实施方案》，提出打造人、机、物全面互联的新型网络基础设施。出台《关于加快推进全省 5G 建设发展的通知》《贵州省 5G 发展规划（2020—2022）》等政策措施，推进网络、产业、场景"三位一体"全面发展。2019 年 11 月，发布《贵州省互联网新型数字设施建设专项行动方案》，明确加快 5G、工业互联网、物联网、人工智能、数据中心等互联网新型数字设施建设。2021 年 11 月，制定《实施乡村信息基础设施建设行动助力农业现代化工作方案》，聚力持续提升农村地区网络覆盖水平，夯实数字乡村发展根基。2022 年 7 月 13 日，印发《关于加快推进"东数西算"工程 建设全国一体化算力网络国家（贵州）枢纽节点的实施意见》，服务"东数西算"工程，构建高安全、高性能、智能化、绿色化、低时延的面向全国的算力保障基地。

二、设立创新赋能大数据投资基金

为加快吸引大数据优质项目、优质创业企业和优秀人才落地贵州、建设贵州，在充分发挥贵州省大数据发展专项资金、贵州省大数据发展产业基金的基础上，以设立贵州省创新赋能大数据投资基金为主要手段，引导和撬动金融资本、产业资本及其他社会资本参与贵州大数据产业发展，进一步通过创新金融产品及服务解决大数据企业融资难题，助力贵州经济社会高质量发展。

设立贵州省创新赋能大数据投资基金。为发挥基金的杠杆带动作用，引导社会资本服务大数据产业发展，2021 年 9 月 30 日，由国有资本联合贵州省新型工业化发展股权投资基金等机构共同发起设立贵州省创新赋能大数据投资基金，基金规模 20.21 亿元。作为贵州省新型工业化发展股权投资基金首支子基金，重点投资于省内高成长性、具有良好发展潜力的数字产业化、产业数字化、数字基础设施、数字经济新业态等大数据及其相关赋能应用领域企业。基金的设立，成为贵州省数字赋能领域发展的"孵化器""加速器"，既实现国有资产的保值增值，又创造社会效益，实现产业引导与财务回报"双赢"局面。

设立贵州省大数据发展专项资金。为促进贵州省大数据产业发展，培育高成长性大数据企业、引领示范型项目，2017年省级财政设立贵州省大数据发展专项资金，重点支持引领性、应用性、支撑性大数据项目。同时按照"一个专项资金，一个管理办法"要求，制定《贵州省大数据发展专项资金管理暂行办法》，明确专项资金的使用和管理遵循公开透明、突出重点、统筹管理、创新方式、市场机制、引入竞争、强化绩效、加强监督原则，充分发挥财政资金的引导和促进作用。

设立贵州省大数据发展产业基金。为支持和帮助本土大数据企业发展壮大、招引省外优质大数据企业、壮大大数据产业链，2018年5月，组建贵州省大数据领域首支省级政府出资设立的产业基金"贵州省大数据发展产业基金"，围绕"强龙头、补链条、集要素、聚集群"，聚焦产业、资源优势抓招商，为推动大数据产业高质量发展积蓄强劲动能，并先后成立鼎云基金、中云基金、阳光基金、金汇基金4支子基金，支持的8家企业市场估值超过100亿元，其中白山云、海誉科技等发展迅速，行业排名逐步靠前。

打造大数据小微企业专属金融产品。聚焦大数据小微企业融资难、融资贵难题，依托金融机构，搭建银企对接融资平台，成立大数据项目融资服务队，推动银行业金融机构围绕大数据小微企业资金需求"短小快"、有效抵押资产较少等特征，不断加大金融模式创新，推出贴合大数据小微企业实际的信贷产品。组织召开大数据银企对接暨股权投资培训会，为大数据企业和金融机构搭建对接平台，推动银行机构推出"税银贷""股权＋债权联动融资""知识产权质押""数谷e贷"等系列符合无实物抵押、无实物担保等企业需求的融资产品，大力支持大数据小微企业发展。

三、率先建立大数据人才评价体系

大数据产业重在应用和实现产业化，为加快大数据产业高层次、复合型、应用型人才队伍建设，贵州和贵阳率先建立大数据人才评价制度改革，在推进传统破格标准外，将"不唯学历，认可业绩"作为大数据人才评价体系建设的主要突破点，建立以能力为导向，以业绩为依据，以品德、知识、能力、贡献等为主要内容的大数据产业人才评价新体系。

率先开展大数据人才职称评价体系改革。为培养造就素质优良、结构合理、充满活力的大数据技术人才队伍，客观、公正、科学地评价大数据技术人才的能力和水平，强化大数据战略行动人才支撑。2016 年 6 月，贵阳市出台全国首个《贵阳市大数据产业人才专业技术职务评审办法（试行）》，将"不唯学历，认可业绩"作为大数据工程师职称评审办法的主要突破点，将企业产值和盈利额作为参评标准之一，为大数据产业人才建立了新的评价体系。2019 年 7 月 15 日，省人社厅、省大数据局共同编制印发《贵州省工程系列大数据专业技术职务任职资格申报评审条件（试行）》，通过探索开展大数据职称评审，建立大数据人才评价体系，打通企事业单位大数据专业技术人才职称晋升通道，为大数据人才评价提供了制度支撑，在全省范围内推动形成大数据大家学、大家用、大家干的良好氛围。

实施全国首个数字经济领域重点人才计划。为加快培育一批数字经济重点人才，强化全省发展数字经济人才保障，2021 年 9 月 30 日，省大数据局印发《贵州省数字经济领域重点人才计划实施办法（试行）》，破除唯论文、唯学历、唯奖项等倾向，建立以实际贡献、效益产出为准则的申报评选体系，在"数字产业化、产业数字化、数字化治理、数据价值化"四个领域遴选理论、科学、产业发展等方面的优秀人才进行培养。通过 3 年时间，提升培养对象在科学技术研究、技术创新、模式创新、应用创新和产业发展等方面的能力，发挥人才带动效应，壮大数字经济人才队伍。

发布全国首个省级层面数字经济人才规划。为进一步发挥人才对数字经济发展的重要支撑引领作用，2021 年 12 月 29 日，省大数据发展领导小组办公室研究出台了全国首个数字经济人才发展规划《贵州省"十四五"数字经济人才发展规划》，提出分类建立数字经济人才评价机制，改革数字经济专业技术人才评价方式，将推动全省数字经济发展实绩、薪酬、人才培养与技术创新贡献等作为主要评价标准。围绕丰富产业人才评价路径，明确引导行业与产业主管部门与用人单位自主开展人才评价、引导大数据相关社会组织参与人才评价标准制定与产业人才评价等工作，探索建立大数据工程技术职称、职业技能等级互认机制，并鼓励市（州）、县（区）级政府部门建立大数据青年人才评价办法，完善青年人才发现与评价机制。

第三节　率先创新管理体制机制

创新管理体制机制是大数据产业有力推进的重要保障，贵州从设立大数据管理机构入手，开启了大数据发展管理体制机制改革，深入探索组织推进机制、发展运行机制、监督考评机制创新，推动国家大数据（贵州）综合试验区建设各项目标任务有序推进、有效落实、责任可追、效果可评，为国家实施大数据战略在体制机制方面积累经验、探索路子。

一、率先建立健全组织推进机制

坚持改革突破，从大数据管理机构设置、职能定位、上下对应、部门分工等方面着手，率先探索行之有效的组织推进机制，通过强化组织建设、明晰职能定位、明确部门分工，强化全省大数据产业发展的组织保障，相关做法被其他省市借鉴和参考。

强化组织建设。贵州高度重视大数据发展，为统筹推进全省大数据战略行动和试验区建设有关工作，率先探索成立省长任组长、各市（州）政府和省直部门一把手为成员的贵州省大数据发展领导小组，同时加挂国家大数据（贵州）综合试验区建设领导小组牌子，领导小组下设办公室。设立专门的大数据管理机构，将贵州省大数据发展管理局调整为贵州省政府直属机构，省、市两级成立大数据发展管理机构，所有区县成立或明确大数据发展管理部门。同时设立贵州省信息中心、贵州省属国有大型企业——云上贵州大数据集团、贵州省大数据产业发展应用研究院、贵州省大数据专家咨询委员会。形成领导小组牵头、政府机构实施、技术团队支撑、平台公司运营、研究智库保障的"一领导小组一办一局一中心一企业一智库"发展管理机制。

明晰职能定位。将数据管理职能明确为省级各部门重要职责之一，加快政府相关部门数据开放进度，制定政府和公用事业单位大数据应用采购目录。为强化省直部门政务数据资源管理的职能，在省政府40多个部门"三定"规定中统一要求增设专门的管理职能负责行业应用及产品和服务供给匹配，负责协调解决对接过程中出现的重大问题。制定政府和公用事业单位大数据应用采购目录，将"云上贵州"系统平台数据安全、数据分析和云服务等大数据服务纳入政府采购目录，要求各级政府安排专项资金支持政府采购。各市（州）相关部门积极参照省办法执行，增加了政务数据资源管理和大数据应用等职能。

明确部门分工。明确省大数据发展管理局为大数据发展行业主管部门，负责统筹数据资源建设、管理，推进"数字贵州"建设。研究拟订全省信息化建设、信息基础建设、大数据发展规划、政策措施和评价体系并组织实施，统筹推进信息化发展和大数据融合应用，负责数据中心规划建设与集约利用、全省大数据相关产业发展和行业管理。明确省直40多个部门做好大数据发展应用和政务数据资源管理相关工作，依法促进部门政务数据资源规范管理、共享和开放的职能，形成齐抓共管的工作机制。为加强与国家工业和信息化部对应，在原来省工业和信息化厅与省大数据发展管理局有关职责分工的基础上，进一步明确省工业和信息化厅、省大数据发展管理局要建立协调配合工作机制，共同做好向工业和信息化部请示汇报工作，并按职责分工抓好有关工作部署的落实，确保省级大数据发展管理机构设置与国家层面上下贯通、执行有力。

二、创新建立大数据发展运行机制

围绕全省推进大数据战略行动、数字经济发展工作部署，建立健全省、市、县纵向联动、各部门横向互动的大数据及数字经济产业发展运行调度机制，准确把握贵州大数据产业运行新方位，加强大数据产业发展趋势研判，更好地服务经济社会高质量发展大局。

实施部门联动、省市协同发展机制。为强化部门联动，明确省直各部门、各单位负责抓好本系统、本领域的信息化建设、数据目录梳理、应用系统迁移、企业孵化培育工作，拟定年度工作计划，实行挂图作战，推动跨部门数据共享开放，形成一批典型示范应用。明确由省大数据局牵头推动全省政府部门利用大数据提升政府治理能力的相关工作，省信息中心和云上贵州大数据产业发展有限公司提供支持工作。为强化省市协同，明确由各市（州）人民政府、贵安新区管委会负责落实省级统一部署，拟定年度信息化建设、大数据应用和产业发展工作计划，实行挂图作战，加快推进本地区大数据发展，在"云上贵州"系统平台部署应用专区，实现区域内跨部门和跨层级的数据共享和业务协同。明确贵阳市、贵安新区加快建设国家大数据产业集聚区，形成辐射和示范带动作用。

项目化、清单化部署大数据战略行动年度任务。由省大数据发展领导小组办公室按照最新要求，项目化、清单化对大数据工作进行统一部署，发布贵州省大数据战略行动年度工作要点，围绕国家大数据（贵州）综合试验区建设目标、大数据产业发展需要，明确本年度大数据战略行动的总体要求、重点任务、路线图、责任人，并开展半年、全年落实情况调度，确保年度各项任务高质高效完成。

全面推行三级"云长制"。自2014年开始探索建设全省一体化数据中心，部署建设"云上贵州"系统平台，获批建设国家政务信息系统整合共享试点省、国家公共信息资源开放试点省以来，通过实行省市县三级"云长制"，建立以省、市、县三级党政主要领导为核心的信息化和"云工程"建设责任，各地云长是推动数据共享的责任人，开展政府数据"聚通用"攻坚会战。实施"迁云"行动，通过建设省数据调度中心、建立数据调度机制等方式，以共享促应用，以应用推共享，推动政府各部门应用系统加快整合，实现全省政府数据在一个体系里存储、在一个平台上共享交换，贵州数据共享开放走在全国前列，创新做法得到国家推广和其他地区借鉴。

建立工作调度机制。省委、省政府每年召开一次全省大数据战略行动推进大会，对近年来全省大数据战略行动推进情况进行通报，明确发展目标，并对下年度重点工作进行安排部署，每季度召开一次省政府常务会议或省大数据发展领导小组会议，研究部署重大工作。省大数据发展领导小组不定期召开专题会议，分领域研究推进大数据战略行动和试验区建设。省大数据局每双月开展一次工作调度，调度结果形成专报报领导小组。

三、创新建立全程监督和考评机制

建立大数据战略行动全程监督和考评机制，出台《贵州省实施大数据战略行动问责暂行办法》，构建贵州省大数据发展水平评价体系、大数据发展绩效考评体系"1+1"的发展评估体系，有效提升各级各部门工作效率和积极性。

建立健全考核及责任追究机制。将大数据战略行动工作推进情况纳入年度目标绩效考核重要内容，考核结果作为领导班子和领导干部综合考评的重要参考，将省大数据产业发展中心纳入省政府年度目标绩效考核单位。2019年2月，贵州省委办公厅、省政府办公厅联合印发《贵州省实施大数据战略行动问责暂行办法》，全面开展大数据战略行动问责工作，重点对贯彻党中央、国务院和省委、省政府关于大数据战略行动各项决策部署不积极、不作为、不到位的相关领导集体、相关负责人实施问责，实行失职追责、尽职免责，激发担当责任、干事创业正能量，确保大数据战略决策部署落地落实，督促各项任务措施落实到位，成为推动大数据与实体经济深度融合的有力保障。

构建大数据发展评估机制。建立贵州省大数据发展水平评价体系、贵州省大数据发展绩效考评体系"1+1"的发展评估体系，探索建立外部性、引导性的贵州省大数据发展水平评价体系，定期对各市（州）、贵安新区大数据发展水平开展评估，并对评估结果进行横向和纵向的比较分析，为全省大数据发展决策提供有力支撑。进一步建立贵州省大数据发展绩效考评体系，针对不同单位、不同岗位的职责、工作特点建立合理的绩效考评机制，设计量化考核内容和标准，同时配套建立激励机制和督办机制，对各单位大数据发展工作的落实情况进行评估，提升各级各部门参与贵州省大数据发展推进工作的效率和积极性。

实行信息化项目全流程管理机制。为推进数字政府集约化建设，针对信息化分散规划、分散建设、建用脱节等现象，导致数据标准不统一、数据共享不通畅、数据质量不高、数据调度困难等问题，对省级政务信息化建设实行统一规划、统一预算、统一采购、统一建设的"四变四统"新机制。制定出台一系列地方标准和工作规范，规范全省政务数据资源管理。借助第三方评审机构，多维度全方位审查，确保信息化建设和数据质量。

第三章

开展大数据标准创新
抢占大数据国际话语权

历史的长河以时间为轴，文明的进步以规则为纲。古有结绳记事、肘尺丈量、甲骨刻字、"车同轨、书同文"，近有以标准为支撑的工业规模化大生产，数字文明规则的确立是人类走向未来的神圣使命。纵观全球，世界正处于新科技革命方兴未艾之时，我们正在迎来浪潮奔涌的数字文明新时代，重构数字文明新秩序成为必须回答的时代课题。谁制定标准，谁就拥有发言权；谁掌握标准，谁就占据制高点。作为全国首个国家大数据综合试验区的贵州，享誉全球的"中国数谷"贵阳，长期以来致力于探索数字文明时代新规则，以理论创新引领实践创新，以标准创新推动规则创新，抢占大数据国际话语权，通过构建大数据标准术语体系，形成公共话语系统，在各行业、各领域架起沟通桥梁，助力全球共同把握好数字化、网络化、智能化发展机遇，处理好大数据发展在法律、安全、政府治理等方面挑战。

第一节　数典工程助力中国数谷走向世界

盛世修典，和世存典。中华民族修"典"古已有之，在传播信息、传递秩序、传输价值、传承文明的过程中发挥了极为重要的作用，以修"典"记录人类文明进步轨迹，追赶时代发展滚滚潮流，为人类文明做出了重大贡献。贵州首提"数典"概念，大力实施"数典工程"，并将其纳入发展大数据和推动高水平开放战略布局中，构建了以《数典：大数据标准术语体系》《大数据百科术语辞典》为基础的统一、规范、符合国际通用规则大数据标准术语体系，是中国乃至全球大数据发展标准创新的重要里程碑，有力提升中国大数据领域国际话语权和规则制定权，抢占全球大数据发展规则制定制高点，进一步打造开源、开放、动态数据库和"大数据多语种知识服务全球共享平台"，为世界各国提供便捷、准确、智能化的大数据术语知识服务，在更大范围推动"中国知识"国际传播和普及应用，助力"中国数谷"走向世界。

一、数典：大数据标准术语体系

世界因多彩文明而生机勃勃，文明因交流互鉴而美美与共，世界正经历百年未有之大变局，大数据引发的范式革命，改变和形成了新的知识体系、价值体系和经验智慧，深刻影响着人类政治、经济、文化和生活的方方面面。作为科学知识的语言承载，术语对现象和事物进行概念化、范畴化和体系化的抽象概括，蕴含着丰富的新知识，在观察描述与解释世界中具有不可或缺的效用。"数典"一词是由贵州首次提出，定义为大数据标准术语体系，《数典：大数据标准术语体系》（以下简称《数典》）成为迄今为止全球首部全面系统研究大数据标准术语的多语种专业工具书，《数典》的研究和出版，是中国数谷大数据理论和实践融合发展的创新性成果，是国家大数据（贵州）综合试验区的标志性品牌，是中国乃至全球大数据发展标准创新的重要里程碑。

《数典》的原创性特色。《数典》以全球语境和未来视角，对大数据知识体系进行全面梳理，提出涵盖大数据基础、大数据战略、大数据技术、大数据经济、大数据金融、大数据治理、大数据标准、大数据安全和大数据法律在内的九个方面的术语架构，形成"955N"的逻辑框架，即：全书由9篇构成、每篇下设5章、每章下设5节、每节下设N个（数量不定）词条，确保全书整体条理清晰。全书共收录5692条大数据标准术语，其中，块数据、数权法、主权区块链等具有中国原创特色的新词占十分之一以上，彰显出《数典》研究的前瞻性、科学性和创新性。《数典》首次实现覆盖全球4大语系、11大语种、21种语言的大数据标准术语多语种对照，全面对接"一带一路"沿线国家和地区语言服务，形成了统一规范、符合国际通用规则的多语种学术话语体系和术语标准体系，加快了大数据知识的国际传播和普及应用，对促进"一带一路"建设和构建人类命运共同体具有现实而深远的意义。

《数典》的全球传播。《数典》由中国科学出版社、英国阿尔法科学国际出版社和印度纳罗萨出版社出版。2020 年 5 月 18 日，《数典》在北京、贵阳网络首发，并全球发行，立即引起海内外广泛关注和国际社会的强烈反响。新华网、人民网、中国新闻网、中国日报网、央广网、环球网、国际在线等中央级媒体，澎湃新闻、新浪、网易等重要市场化媒体，贵州省级媒体和贵阳市级媒体，聚焦"全球首部多语种《数典》北京、贵阳网络首发""全球首部多语种《数典》获联合国教科文组织国际工程科技知识中心认可和推荐""全球首部多语种《数典》成功申报中宣部'丝路书香工程'"等主题全面铺开对《数典》的报道，在全网形成传播热点。

美联社、法新社、路透社世界三大通讯社等 1250 多家全球媒体，聚焦《数典》发布及其有关的"数典工程助力中国数谷贵阳走向世界"等主题进行了报道，传播语种达 11 个，覆盖全球200 余个国家和地区，境外媒体网站独立访客数突破 7.02 亿人次，整体新闻报道规模大、声势高、受众广泛、反响热烈、影响深远。海外媒体报道认为"全球首部多语种《数典》的首发意义重大。《数典》的研究和出版，是大数据战略重点实验室继块数据、数权法、主权区块链'数字文明三部曲'之后推出的又一大创新项目，是中国数谷贵阳大数据发展理论创新和实践创新的最新成果，是国家大数据（贵州）综合试验区的标志性品牌，是中国乃至全球大数据发展标准创新的重要里程碑"。

全国科学技术名词审定委员会评价认为，"以《数典》为代表，为中国主导推动大数据术语研究奠定了坚实基础"。联合国教科文组织国际工程科技知识中心推荐认为"全球首部多语种《数典》的出版具有非常重要的价值"，"基于大数据标准术语知识导航式的交流互鉴，让不同国度和文化背景的人们都能对大数据概念有充分的理解和认知"，并肯定"贵州是中国首个国家大数据综合试验区，在大数据工程科技领域的新技术、新业态、新模式研究和应用中，做出了很多卓有成效的工作，尤其是这部覆盖联合国官方语言《数典》的出版，让我们看到了数谷贵阳的国际化和工程创新能力"。

《数典》的首创性价值。国之交在于民相亲，民相亲在于心相通，心相通的关键是语言通。《数典》成为推动"一带一路"的发展服务催化剂，其多语种对照术语体系为推动"一带一路"沿线国家普及和应用大数据，加快发展数字经济创造了有利条件，必将为推动构建人类命运共同体产生积极有益的影响。《数典》成功纳入中宣部重点出版物海外出版发行项目和国家新闻出版署丝路书香工程。《数典》的研究出版充分体现了贵州大数据发展的国际视野、国家格局、战略思维和引领作用，彰显出贵州贵阳发展大数据的坚定决心、强大动能和责任担当。

二、大数据百科术语辞典

为进一步提升中国大数据的国际话语权和规则制定权，引领中国乃至世界在大数据领域的高质量发展，贵州联合全国科学技术名词审定委员会在这一领域率先开展术语标准创新性研究和智能化推广，以《数典》为基础，研究编纂全球首套系统研究大数据百科术语的多语种智能化专业辞书——"大数据百科术语辞典"丛书（共20卷），这是在更大范围推动大数据标准术语体系跨语跨界传播的创新实践，是继《数典》之后"数典工程"的重大创新成果，对于推动科学技术发展和科技领域规则制定具有不可替代的特殊价值。

"大数据百科术语词典"丛书出版的时代意义。"大数据百科术语词典"丛书于2021年5月由科学出版社出版并在全球发行。该丛书围绕全球语境，在《数典》的基础上进一步扩充其他语言版本，覆盖汉藏语系、印欧语系、阿尔泰语系、南亚语系、亚非语系和南岛语系，语言使用范围覆盖全球五大洲，构建以中国大数据术语为主体、多语言对照的规范概念体系。同时，借助智能化平台对大数据进行体系构建和知识融合，推动全球大数据术语统一和规范，在更大范围推动大数据标准术语体系跨语跨界传播，对于各国吸收文明成果、借鉴先进技术、增进国际交往、促进有效沟通、减少认知冲突和提升创新能力具有积极的促进作用。"大数据百科术语辞典"丛书的出版，是中国向国际社会提供的全球公共产品，贡献来自东方的中国智慧和中国方案，彰显了推动构建人类命运共同体的真诚愿望和大国担当。一带一路国际科学组织联盟认为，"大数据百科术语辞典"丛书为世界及"一带一路"沿线国家和地区了解"数字中国"提供了权威范本，体现了对人类共同命运的深切关怀。

"大数据百科术语辞典"丛书开创三项"世界首次"。丛书是全球首套系统研究大数据术语的多语种智能化专业辞典，是面向国内外，尤其是"一带一路"沿线国家的政府、科研院所、高校、企业等机构学习和使用大数据的研究性多语种专业工具书，具有百科式呈现、权威性审定、多语种对照、智能化体验等特色（见图 3-1）。首次在全球全面系统构建了统一、规范、符合国际通用规则的大数据术语标准体系。创新性提供汉语与阿拉伯语、英语、法语、德语、意大利语、日语、韩语、葡萄牙语、俄语、西班牙语、柬埔寨语、希伯来语、印尼语、马来语、蒙古语、波斯语、塞尔维亚语、泰语、土耳其语和乌尔都语等二十种语言文字的对照。基于智能化体验功能大数据多语种语言服务全球共享平台，成为全球首套系统研究大数据术语的多语种智能化专业辞典，并独家拥有大数据多语种语音库，开创性融入知识图谱、有声点读、平台链接功能，实现智能化、平台化、体系化的阅读体验，将全面推动全球大数据术语的统一和规范，为世界各国提供便捷、准确、智能化的大数据术语知识，在更大范围推动大数据标准术语体系跨语跨界传播提供了样例范本。

推动首批大数据新词发布。作为科学知识的语言承载，术语对现象和事物进行概念化、范畴化和体系化的抽象概括，蕴含着丰富的新知识，在观察描述与解释世界中具有不可或缺的效用。服务于前沿性基础研究、新的科学领域、新的科学体系，是新时

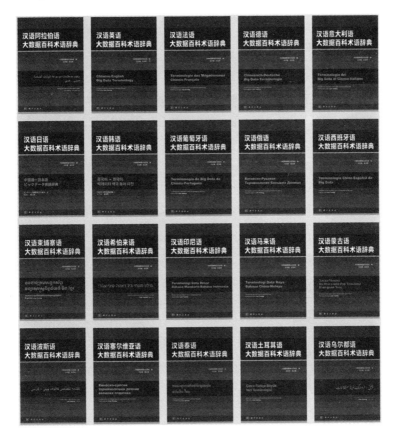

图 3-1　"大数据百科术语辞典"系列丛书

代科技名词规范工作持续关注的重点。全国科学技术名词审定委员会组织专家组，依照《全国科学技术名词审定委员会科学技术名词审定原则及方法》分专业、分领域对相关术语进行审读、确认和发布，形成大数据术语规范，从中选取了包含数据科学、数据审计、数据清洗、数据脱敏、数据标注、数据治理等具有前沿性和代表性的 108 条术语，作为首批大数据新词正式发布试用，以推动大数据名词规范化事业可持续发展，促进大数据知识的传播和普及应用。

三、大数据多语种知识服务全球共享平台

2020 年，中共贵阳市委办公厅、贵阳市人民政府办公厅正式批复《大数据战略重点实验室加快推进数典工程"三大平台"建设助力"中国数谷"贵阳走向世界的工作方案》，数典平台体系建设正式启动，这是基于大数据百科术语研究开发的大数据多语种知识服务全球共享平台。平台面向全球提供公益的、普惠的多语种大数据知识资源和数字化知识服务，是数据领域知识服务的集成枢纽载体，功能架构可概括为"1+6+N"结构，"1"即大数据多语种知识服务全球共享平台总平台门户网站及移动端，"6"即数典云平台、数典术语在线、丝路数典通、数典图书馆、数典贵阳指数、数典应用六大应用系统功能模块，"N"即若干个基础数据库，此外还设有数典资讯（见图 3-2）。平台汇聚优质的大数据知识内容资源、凭借领先的数字技术和专业化服务模式，打造全球大数据知识资源高效共享平台，并提供丰富的知识资源和有效的知识传播与数字化学习的载体。

"数典云平台"是全球首个以数典工程为核心的开源开放数据平台、多语种全球语言服务平台和多领域国际化互动编辑平台，已纳入联合国教科文组织国际工程科技知识中心五大平台之一。以数典术语库、数典语音库、数典知识库、数典语料库四大基础性数据库为支撑，具备互动编辑功能，旨在为世界各国的政

图 3-2 大数据多语种知识服务全球共享平台首页界面

策制定者、科技工作者和社会公众提供便捷、准确、及时的多语种大数据术语知识服务。通过建立公共数据服务平台和协同服务环境，共享前瞻理论研究与技术应用，构建集知识生产、交流协作、咨询服务为一体的开放式生态系统。

"丝路数典通"是面向全球各国特别是"一带一路"沿线国家的大数据多语种标准术语翻译服务平台，涵盖了汉语、阿拉伯语、英语、法语、德语、意大利语、日语、韩语、葡萄牙语、俄语和西班牙语等二十种语言的标准术语，是"一带一路"数据文化交流的基础性工程，为世界各国用户提供便捷、准确的大数据术语知识服务。平台支持真人发音语音库，支持中文和英文操作界面，支持二十种语言之间的快速切换并实现跨语言信息检索，支持语音输入、智能手写和键盘输入，支持二十种语言全文离线阅读，完整再现《数典》"955N"逻辑框架，旨在为世界各国用户提供便捷、准确的大数据术语知识，在更大范围推动知识跨语跨境传播，促进全球大数据发展。

"数典术语在线"是全世界中文术语数据规模最大、数据质量最高、系统性最强的大数据术语权威知识服务平台，为国内外大数据领域的科研工作者、政府、企事业单位中从事大数据相关研究和应用的人士提供术语检索、术语管理（纠错、征集、分享）、术语提取与标注、术语校对等多元知识服务。该平台将上线多语种术语译文，为促进中国科技知识发展进程、推动大数据标准术语普及、开展海外交流互鉴等做出贡献，将打造中国大数据科技名词最具权威性和专业化的服务平台。

"数典贵阳指数"以"大数据蓝皮书"为载体，持续研究、持续更新、持续发布包括全球数字竞争力指数、大数据发展指数、大数据安全指数、大数据法治指数、大数据金融风险防控指数、治理科技指数构成的"数典指数"，对中国及世界大数据领域的发展状况和热点问题进行追踪，以文本及图形可视化形式展现各地区大数据发展的综合水平，让"数典贵阳指数"成为中国大数据发展和全球大数据发展的风向标。

"数典图书馆"主要收录国内外大数据相关领域优秀理论研究成果的文献资源数据库，开发语义查询、引文比对、模糊找句等特色工具，实现可按语句检索、按章节检索、按图书检索等功能，可查找一个概念与其他概念之间的语义关联，实现文献内容完全以知识点的形式展现，供读者学习和研究参考，加快大数据知识的国际传播和普及应用。

"数典应用"以解决大数据面临的问题为出发点，重点打造大数据领域案例与多层次模型库，通过对现有案例的深度挖掘与多维剖析，挖掘数据间的内在联系，总结成功模式，有效支持决策科学化、治理精准化、商事服务便捷化和安全保障高效化，为大数据应用发展提供有力支持，为政府决策提供从实际案例到模型的指导性意见和参考性经验，并给出相应的解决方案，推动决策流程优化，实现决策的快速化与科学化发展。

大数据多语种知识服务全球共享平台是大数据领域海量知识发现及检索平台。通过持续丰富更新平台内容，打造系统化的知识体系，提供多类型、多维度海量知识的普适性检索发现服务，提供知识图谱的信息关联导航服务，努力成为大数据人必查、必看、必用的智能助手和学习平台，服务于数字中国建设，推动全民数据素质提升。大数据多语种知识服务全球共享平台是"中国数谷"对外交流协作的开放窗口，通过平台系统梳理大数据发展的优秀成果，集中呈现大数据创新的历史进程，大规模集成整合大数据知识创新资源，是讲好国家大数据（贵州）综合试验区国家试验故事，推进中国数谷品牌化和国际化，展示中国数谷理论创新、制度创新、规则创新、应用创新成果的窗口。

第二节 国家技术标准创新基地
（贵州大数据）

2018 年 1 月 2 日，国家标准委以国标委综合函〔2018〕1 号文复函贵州省人民政府，批准同意贵州建设国家技术标准创新基地（贵州大数据）（以下简称"创新基地"），标志着贵州成为全国首个获批建设大数据国家技术标准创新基地的省份。2018 年 8 月，国家标准委审核通过创新基地建设方案，2018 年 9 月 13 日，国家技术标准创新基地（贵州大数据）正式揭牌成立，11 月 29 日，国家技术标准创新基地（贵州大数据）贵阳基地、贵阳高新区基地、贵阳经开区基地在贵阳市高新区挂牌运行，与贵安新区基地共同形成国家技术标准创新基地（贵州大数据）"两地四基地"建设格局。2020 年 11 月 26 日，国家技术标准创新基地（贵州大数据）筹建工作通过国家标准化管理委员会组织的专家验收。2021 年 3 月 19 日，国家标准化管理委员会发文批准国家技术标准创新基地（贵州大数据）正式成立；对完善大数据领域法规制度和标准规范，探索研制大数据关键共性标准，推动贵州省大数据产品、技术、标准"走出去",打造具有全球影响力和示范引领作用的大数据技术创新和标准研制协调发展平台,具有十分重要的意义。

一、组织架构与运营机制

标准创新基地根据《国家技术标准创新基地管理办法（试行）》《国家技术标准创新基地建设总体规划（2017—2020年）》等文件要求,围绕"政府引导、政策支撑、市场驱动、企业主体"的可持续发展市场化运营机制,整合和调动市场各方资源参与基地建设,承担基地各专业委员会的建设、运行和创新工作,突出企业在技术标准研制与应用、需求和投入方面的主体地位。同时,充分发挥政府的引导作用,加强创新基地顶层设计和规划布局,突出政府的统筹协调和政策支持,优化创新基地建设和发展政策,建立组织协调机制,加大培育和扶持力度,营造良好的技术标准创新和应用环境。通过组织架构与运营机制的建设完善,加快大数据技术创新资源汇聚,推动大数据创新成果转化,提高大数据标准供给能力,进而为大数据与经济社会融合发展提供支撑。

运营机制。标准创新基地的建设遵循"政府引导、政策支撑、市场驱动、企业主体"的可持续发展市场化运营机制,每一个专业领域以一个或多个龙头骨干企业为核心,整合和调动市场各方资源参与基地建设,突出企业在技术标准研制与应用、需求和投入方面的主体地位,构建产业协同生态,形成满足市场需求的服务模式。

组织架构。为加快创新基地建设发展，成立由贵州省市场监管局、省大数据局、省科技厅及贵阳市政府、贵安新区管委会等单位组成的创新基地建设工作推进指导小组，组织领导和指导协调创新基地建设工作。在指导小组的指导下，依托云上贵州大数据（集团）有限公司，建立大数据标准化创新发展的市场化运营机制；以云上贵州大数据（集团）有限公司为主体，整合各方资源，成立国家技术标准创新基地（贵州大数据）建设发展委员会（以下简称"委员会"）；统筹推动标准创新基地的建设和运营，推动 14 个专业委员会和 6 个公共服务平台的建设发展。委员会总部设在贵阳市，由云上贵州大数据（集团）有限公司任主任委员单位，各专业委员会牵头企业或机构任副主任委员单位。委员会作为创新基地的领导和管理机构，统筹协调各专业委员会围绕标准创新基地总体目标开展工作，负责审议标准创新基地管理制度、发展规划、工作报告、预算执行情况等重要事项，定期上报基地建设推进情况。

委员会下设秘书处、行业大数据专业委员会和公共服务平台。其中，秘书处作为委员会的执行机构，负责标准创新基地日常工作开展；各行业大数据专业委员会则由对应领域的龙头企业牵头组建，各牵头单位则承担该专业委员会的运行和创新工作，编制发展规划和工作计划，以形成一批以先进技术标准为目标，瞄准应用需求，不断加强创新，收集整理大数据在各应用领域的技术规范，提炼行业标准并全面推广，推动创新基地总体目标实现；公共服务平台根据市场需求，发挥现有大数据专业服务企业和机构的功能，建立面向大数据产业的标准化技术服务平台，鼓励更多的企业、科研机构、高校参加，不断完善平台的服务功能（见图3-3和图3-4）。

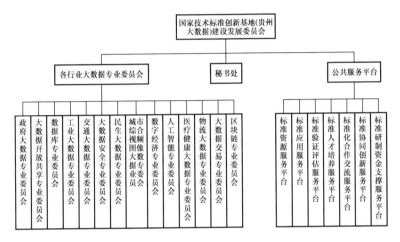

图3-3 创新基地组织架构图

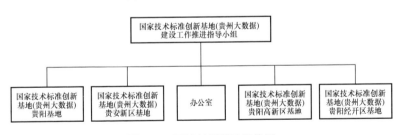

图3-4 区域创新基地架构图

二、重点标准领域建设

围绕标准创新基地总体目标，为加快实现成果转化的标准研制一批、标准推广应用一批，重点在政府大数据、大数据开放共享、数据库、工业大数据、交通大数据、大数据安全、民生大数据、城市综合视频图像大数据、数字经济、人工智能、医疗健康大数据、物流大数据、大数据交易、区块链大数据等领域有所创新和突破，形成具有引领示范作用的行业规范，提升行业影响力，以更加高效、灵活、便捷的方式为促进大数据产业生态的健康发展提供标准化基础保障与技术支撑，提升贵州省大数据标准化建设能力，引领创新发展。

政府大数据专业委员会，负责组织制定一批政府大数据领域的标准规范，解决政府治理数字化转型过程中标准引领不足的问题，利用标准定义政府数据治理的体系架构，建立政府数据安全和隐私保障措施，形成对政府社会管理和公共服务的应用支撑规范。加强政府在数据资产管理和应用领域的创新能力，推动政府数据资产化过程全生命周期内的"政产学研用"融合发展，利用技术标准促进政府数据的安全可控、增值增效，助推政府治理能力进一步提升。

大数据开放共享专业委员会，负责组织开展大数据开放共享标准研制工作，在开放共享的各环节形成一系列标准（如接口协议、加密、安全、审计等标准），解决不同系统、部门、领域间数据流通不畅，获取数据代价过高等问题。有利于推进国务院制定的关于政府信息公开和数据开放共享的战略目标，形成政府信息与社会、企业信息交互融合的大数据资源。

数据库专业委员会，负责组织制定规范大数据数据库相关术语、基础平台接口、数据格式和监控管理接口等，促进相关接口和服务的标准化，为相关软件的研发降低适配和兼容的成本，最终达到系统之间相互联通、数据相互共享，充分挖掘和利用数据的价值，打造核心自主可控的数据库产品。同时，积极参与国际大数据数据库相关标准的制定，提升国内数据库企业在国际上的话语权，达到国际大数据数据库先进水平。

工业大数据专业委员会，负责组织开展工业设备数据上云、工业大数据算法及模型、工业机理模型、工业大数据安全、工业大数据共享等工业大数据关键共性标准研究，突出大数据、人工智能、云计算、区块链等创新技术，重点总结国内推进工业大数据存在的问题，并给出有效解决方案，推动工业大数据的技术革新、产业研发及应用工作。

交通大数据专业委员会，负责组织建立交通大数据领域的相关采集标准、安全标准、传输标准等各项标准，解决无法获得共享通用的数据源、行业数据得不到充分利用的问题，构建面向政府、企业、社会开放的交通大数据技术标准资源共享机制，充分挖掘技术标准资源潜在价值，促进交通大数据技术标准资源最大限度开放共享和高效利用。

大数据安全专业委员会，负责组织制定大数据安全领域相关标准，依托引进的"政产学研用"等各方力量，以标准工作为纽带，实现区域乃至国家的大数据安全权威标准环境和产业聚集。推进大数据安全技术的研究、创新和产业化工作，为国家及区域大数据安全的战略规划和可持续发展提供支撑和保障，促进大数据安全治理体系和能力的现代化建设。

民生大数据专业委员会，负责组织建立部门民生数据指标与确权标准、建立基层民生数据服务体系制度、民生数据安全与数据使用标准、场景化的数据分析与应用示范。为民生数据服务提供标准和解决方案，建立"用数据说话、用数据决策、用数据管理、用数据创新"的工作机制，提升政府治理能力和民生服务水平，构建大数据应用和发展新格局。同时，加强大数据创新与应用，与行业内的企业共同形成民生大数据的应用示范服务。

城市综合视频图像大数据专业委员会，负责组织制定城市综合视频图像大数据相关标准，解决视频图像与现场人员信息、车辆信息、物品信息、地理信息等有机结合、关联使用中的标准化问题。解决城市社会视频图像二次识别、结构化特征提取与视频数据深度挖掘分析过程中的标准化问题。解决诸如司法、交通、水利、金融等相应行业在行业视频图像应用中视频图像采集、传输、调用、脱敏、存储、结构化分析等方面缺乏行业标准的问题。

数字经济专业委员会，以大数据应用业务为导向，组织制定一批数据经济领域（金融、征信、指数与政务业务）的行业标准、地方标准和国家标准，为大数据产业的发展提供基于大数据技术的全生命周期服务。探索并应用"大数据＋标准＋产品"的大数据应用范式，推进技术标准为数字经济与大数据应用保驾护航的效用，实现大数据关键技术的产、学、研向大数据生产力的转化。

人工智能专业委员会，负责组织建设人工智能技术、产品与服务的评估认证体系和标准体系，研究和制定相关评估认证方法和规范。开展人工智能技术、产品和服务的评估评测及认证工作，联合产、学、研等组织机构共同推动技术协作、推动分委会单位间的技术学习、技术合作，推动技术创新。跟踪本领域最新技术动态、研究成果，为人工智能产业发展、调研提供必要的内容支撑。

医疗健康大数据专业委员会，负责组织研制医疗健康大数据领域省级和国家级标准和规范，规范数据云并应用到人工智能等，打造政产学研结合的医疗健康大数据开放平台。建立实体医院互联网医院，建设移动远程诊疗规范、标准数据库、人工智能应用的三层结构的省级、国家级标准。探索全省医保数据标准与模型，并可将其应用到诊疗的临床路径，以及慢性病随访标准的制定、公共卫生疾病预防和筛查等领域。

物流大数据专业委员会，负责组织制定一批物流大数据采集、识别、共享、交换、平台的基础架构及应用的全产业链相关标准，完善物流大数据标准体系。强化物流大数据标准的基础研究，依托物流大数据的技术创新促进物流大数据标准水平提升。加快物流大数据整体标准化发展，加强物流大数据标准普及推广，提高物流大数据标准化服务水平，降低全社会物流成本，整体提高物流运行效率。

大数据交易专业委员会，负责组织制定数据交易等相关标准，推进数据交易流通，助力实现数据资产化。加强大数据创新与应用，推动以数据资产为基础的数据资产相关衍生品的开发，开展数据资产的交易和衍生品转让。形成具有行业领先水平、结构合理的创新组织，构建长效的产学研合作机制，有效支撑大数据产业中数据交易层面相关标准的完善和落地。

区块链专业委员会，负责组织建设区块链技术、产品与服务平台的评估认证体系和标准体系，开展区块链技术、产品和服务平台的评估评测及认证工作。促进区块链技术和应用深入发展，加速相关产业落地，加强区块链技术的基础平台及在政用、民用、商用方面的应用场景，与行业内的企业共同形成区块链的应用示范服务。

三、公共服务平台建设

发挥贵州省大数据标准化委员会的桥梁纽带作用，以服务大数据技术标准创新基地为宗旨，搭建政府、标准化与科技和产业主管部门、行业协会和产业联盟相互协作的公共服务平台，充分吸纳政产学研用各方力量参与创新基地建设，形成大数据标准资源服务、标准应用服务、标准验证评估服务、标准人才培养服务、标准化合作交流服务、标准协同创新服务、标准研制资金支撑服务等7大功能公共服务平台，实现大数据技术标准资源共享，促进大数据标准化验证应用，支持拥有大数据技术标准化的优质企业发展，初步构建大数据标准化服务机制体系。

标准资源服务平台，以信息技术为支撑，推动大数据标准化资源与质量数据贯通，由贵州省标准化研究院负责提供大数据标准资源，收集整理、研究加工、存储传递国内外大数据标准信息及文献资料，向社会提供准确可靠的信息及文献资料，并提供相关咨询、培训与技术服务，完善国家技术标准创新基地（贵州大数据）提供公共服务及技术保障，深化标准化与技术创新的结合，推进大数据标准广泛应用。

标准应用服务平台，建立健全常态化政产学研用协同创新机制，在重点研究方向取得关键技术成果并进行转化，开展大数据技术应用服务。由提升政府治理能力大数据应用技术国家工程实验室负责开展大数据应用研究，在重点研究方向取得一批关键技术成果并成功转化，形成大数据技术与应用领域自主知识产权和标准体系。由贵州省信息与计算科学重点实验室通过研究，应用最新的信息与计算科学理论和技术，解决技术标准制定的复杂计算问题，现已建成中国下一代互联网贵州示范点平台、无纸化阅卷平台、高性能计算平台、三维虚拟仿真平台、信息安全测评平台、桥梁健康监测评估平台、生物大数据平台、文物大数据平台等多个对外开放的科研平台。

标准验证评估服务平台，以数据管理能力成熟度的测试和评估、大数据系统软件的测试、相关标准的验证为重点，推动大数据标准验证评估服务。依托贵阳国家大数据安全靶场开展大数据安全攻防对抗、安全测评、安全技术验证，为大数据产业发展提供安全支撑；贵州省机械电子产品质量监督检验院（国家基础元器件质量检验中心）负责开展大数据成熟度的测试和评估、软件的测试、相关标准验证，推动大数据标准验证应用。现已完成《区块链应用指南》《区块链系统测评和选型规范》《基于区块链的数据资产交易实施指南》《基于区块链的精准扶贫实施指南》等多项省级地方标准的技术审查。

标准人才培养及合作交流服务平台，以培养满足大数据产业、现代制造业发展的标准化人才队伍为目标，打造标准人才培养及合作交流服务平台。由贵阳国家高新区大数据教育实训基地负责大数据及标准化人才培养，打造大数据标准化合作交流、大数据标准化活动重要场所。已初步建立各项标准化人才培养细则，制定了针对性培训计划，通过不断丰富课程池、拓展培训项目，加大标准化人才培训力度，力争全方位满足标准化人才培养需求，为贵州大数据标准化发展提供人才支撑。

标准协同创新服务平台，以建立产学研联盟为依托，开展标准技术应用创新，形成标准协同创新服务。由贵州省大数据产业发展应用研究院通过构建以研发为主的集科学研究、人才培养、技术创新为一体的大数据协同创新生态中心，满足大数据标准研究、制定、应用及人才培养的需求；贵阳信息技术研究院通过与本地相关企业进行协同创新，与本地高校、企业共同建立产学研联盟，开展标准技术应用创新；贵州省公共大数据重点实验室围绕大数据标准制定需求，整合全省研究力量开展标准制定研究和高层次人才培养。现已建成跨区域、跨行业、跨学科的标准化服务创新型组织，集聚整合了各方资源优势，推动标准化创新活动在"产、学、研、用"四个方面的合作，为标准化创新发展做出积极贡献，激发并促进"标准化＋"效应，推动标准化服务产业创新发展。

标准研制资金支撑服务平台，建立政府主导的多元投入机制，引导社会资本共建多层次投资体系，保障大数据标准研制资金支撑。依托贵州省大数据发展专项资金，通过采取以奖代补方式，为企业开展标准制定提供保障支撑；通过贵州省大数据产业基金撬动社会资本，拓宽融资渠道，支持拥有大数据技术标准的优质企业发展。

第三节　构建大数据标准化体系

近年来，贵州发挥先行先试优势，依托国家技术标准创新基地（贵州大数据），率先在国内推动大数据创新成果的标准化和转化应用，大数据标准化影响力显著增强，为进一步适应贵州省大数据快速发展需求，提高大数据标准供给能力，强化大数据发展及融合应用技术支撑。2020 年 6 月 28 日，贵州省大数据发展管理局、省市场监管局印发《贵州省大数据标准化体系建设规划（2020—2022 年）》，以数字经济、数字治理、数字民生、数字基础设施、数据安全等领域为重点，不断强化标准化工作顶层设计，共牵头或参与创制大数据相关技术标准 200 余项，构建了符合大数据产业发展的标准体系。同时深入开展多项国家大数据标准的试验验证、试点示范和应用推广，被全国信标委授予"大数据交易标准试点基地"。通过发挥标准化在推动大数据技术创新、促进大数据高质量发展、提升政府治理能力等方面的基础性、战略性、引领性作用，不断为国家及区域大数据战略实施和可持续发展提供支撑和保障。

一、大数据关键共性标准

围绕国内外大数据技术标准化现状、大数据参考架构及标准化需求，通过系统梳理大数据领域的国家、行业以及贵州省地方的标准发布、在研情况，借鉴、汲取国内外先进经验成果，结合贵州省大数据技术发展优势，积极研制基础通用的大数据关键共性标准，从基础、数据、技术方法、管理和安全隐私、行业应用等方面构建贵州省大数据标准化体系框架，先后编制了大数据的采集、管理、共享、开放、安全等一系列关键共性标准，大数据标准化的有效性、先进性和适用性显著增强。

基础标准。聚焦大数据技术研发、产品实现和服务提供过程中的指导性、基础性标准研制，围绕构建全省一体化的数字政府基础设施体系，发布《DB52/T 1538.1—2020 "一云一网一平台" 第 1 部分：总体架构》《DB52/T 1258—2018 政务云 政府网站建设规范》《DB52/T 1539.1—2021 政务云 第 1 部分：云计算平台基础设施建设指南》《DB52/T 1539.2—2021 政务云 第 2 部分：云资源管理通用要求》《DB52/T 1539.4—2020 政务云 第 4 部分：政务信息系统云化部署和迁移规范》《DB52/T 1539.5—2020 政务云 第 5 部分：政务信息系统建设管理规范》《DB52/T 1539.6—2021 政务云 第 6 部分：电子政务网建设规范》《DB52/T 1540.1—2021 政务数据 第 1 部分：术语》等通用基础标准，进一步明确数字政府建设的总体架构，促进各级数字政府建设步调一致。围绕构建全省一体化业务应用体系建设，发布《DB52/T 1542.1—2021 政务服务平台 第 1 部分：建设指南》《DB52/T 1542.2—2021 政务服务

平台 第 2 部分：应用技术规范》等政务平台建设标准，规范各级各部门政务信息系统建设，促进跨部门、跨地区、跨层级政务信息系统融通共享、业务协同。围绕规范推进政务系统使用，编制《云上贵州系统平台使用管理规范》《应用系统迁云实施方案编制指南》《云上贵州数据共享交换平台上管用指南》等系列使用指南规范，进一步规范和指导各地大数据应用、有关平台使用等工作，助推提升全省大数据发展应用工作水平。围绕推动大数据赋能实体经济发展，发布全国首个大数据融合领域地方标准《大数据与实体经济融合评估规范第 1 部分：总则》，为编制针对各行业的细化评估指南奠定理论和实践基础。此外，引导社会团体发布《T/GZBD 2—2021 大数据 标准体系总体架构》《T/GZBD 1—2021 大数据 标准化工作指南》等团体标准，探索大数据标准体系的总体结构与要求，成为大数据标准化工作原则、工作程序、标准名称的结构和命名等工作的指南。

数据标准。聚焦大数据技术底层数据相关要素规范研制，围绕元数据，发布《DB52/T 1407—2019 政府数据 开放数据核心元数据》《DB52/T 1540.2—2021 政务数据 第 2 部分：元数据管理规范》《DB52/T 1239.1—2017 政府数据 核心元数据 第 1 部分：人口基础数据》《DB52/T 1239.2—2017 政府数据 核心元数据 第 2 部分：法人单位基础数据》《DB52/T 1239.3—2019 政府数据 核心元数据 第 3 部分：空间地理数据》《DB52/T 1239.4—2019 政府数据 核心元数据 第 4 部分：非物质文化遗产资源数据》《DB52/T 1239.5—2019 政府数据 核心元数据 第 5 部分：宏观经济数据》等标准，对基础数据的元数据、基础信息和扩展信息等进行了规范约束，并与数据提供部门确定了数据更新周期，保障基础库数据持续更新。围绕政府数据资源目录管理，发布《政府数据资源目录 第 1 部分：元数据描述规范》《政府数据资源目录 第 2 部分：编制工作指南》《政府数据资源目录 第 3 部分：共享数据资源目录》，规定了全省范围内政府数据资源目录编制工作的方法和原则。围绕数据开放共享，发布《DB52/T 1259—2018 政务云政府网站数据交换规范》《DB52/T 1406—2019 政府数据 数据开放工作指南》《DB52/T 1408—2019 政府数据 开放数据质量控制过程和要求》等标准，规定了全省范围内政府数据开放共享交换的工作方法、原则与要求。围绕数据交易，研制发布《DB52/T 1468—2019 基于区块链的数据资产交易实施指南》，为数据资产交易平台的实施提供正确指引，加快构建分布式、多方可信区块链，促进数据资产流通。

技术方法标准。聚焦大数据技术或针对大数据领域形成的新兴技术及大数据分析应用方法，围绕政务数据在清洗加工、共享交换、数据开放等环节，针对政务数据，制定出台《DB52/T 1541.2—2020 政务数据平台 第 2 部分：数据归集规范》《DB52/T 1541.3—2020 政务数据平台 第 3 部分：数据存储规范》《DB52/T 1541.6—2021 政务数据平台 第 6 部分：面向全网搜索应用的数据处理规范》《DB52/T 1540.3—2020 政务数据 第 3 部分：数据清洗加工规范》《DB52/T 1540.4—2021 政务数据 第 4 部分：数据质量评估规范》《DB52/T 1540.5—2021 政务数据 第 5 部分：共享交换基本要求》《DB52/T 1540.6—2021 政务数据 第 6 部分：安全技术规范》等技术规范，明确了政务数据归集、存储、处理、清洗、交换等关键环节技术要求。针对数据分级分类管理，研制发布《贵州省省级政务数据分类规范》《贵州省公共数据资源分级分类指南（试行）》《DB52/T 1123—2016 政府数据 数据分类分级指南》《DB52/T 1123—2021 政务数据 数据分类》，定义了全省范围内政府数据、公共数据资源的分类分级原则和方法等，规范全省政务数据、公共数据资源管理，强化数据安全保障制度基础。

管理标准。围绕大数据平台运维，发布《DB52/T 1539.3—2021 政务云 第 3 部分：云计算平台运维管理规范》《DB52/T 1542.3—2021 政务服务平台 第 3 部分：运维管理规范》等标准，规定了政务平台运维管理的总体要求、运维管理内容、运维管理流程、运维管理保障等；围绕大数据产品应用符合性测试、数据评估，发布《DB52/T 1601—2021 政府数据共享开放评估指标体系》《DB52/T 1620—2021 面向大数据应用的就绪可用软件产品质量要求和测试细则》《DB52/T 1653—2022 软件开发费用测算规范》等测试评估标准，并以课题研究形式，于 2022 年 5 月开展了贵州省大数据产品和大数据企业"双数评估"的先行先试工作，充分发挥了国家大数据（贵州）综合试验区的辐射带动和示范引领效应，为满足大数据产业发展的统计需求奠定了标准基础，也为构建与大数据产业发展相适应的政策体系和制度环境奠定了实践基础。

安全隐私标准。聚焦大数据安全、个人隐私保护领域的方法指导，监测评估和要求等，围绕政务平台安全，研制发布《DB52/T 1541.5—2021 政务数据平台 第 5 部分：安全技术规范》《云上贵州应用系统安全管理规范》等标准，规定了平台建设安全基本框架、要求、标准规范、管理体系等。围绕大数据安全从业人员，研制发布《DB52/T 1558—2021 大数据安全服务人员能力评价》，规定了大数据安全服务人员能力评价的服务岗位体系、能力、评价内容及要求和评价方法。围绕全省大数据开放共享安全，研制发布《DB52/T 1557—2021 大数据开放共享安全管理规范》，规定了大数据开放共享安全管理总体要求、数据流通过程、数据开放安全管理、数据共享安全管理。围绕政府数据管理，发布《DB 52/T 1126—2016 政府数据 数据脱敏工作指南》，规定了政府数据的脱敏原则、脱敏方法和脱敏过程，可为数据脱敏工作的规划、实施和管理提供指导。

行业应用标准。围绕区块链技术应用，与中国电子技术标准化研究院合作，发布《DB52/T 1469—2019 基于区块链的精准扶贫实施指南》《DB52/T 1468—2019 基于区块链的数据资产交易实施指南》《DB52/T 1467—2019 区块链 系统测评和选型规范》《DB52/T 1466—2019 区块链 应用指南》等标准。围绕应急管理领域，研制发布《DB52/T 1120—2016 贵州省应急平台体系数据采集规范》《DB52/T 1119—2016 贵州省应急平台体系数据库规范》，为贵州省应急平台体系数据库建设提供标准支撑，对加快推进全省数据库建设、数据采集更新标准规范的制定以及大数据的应用发展，起到良好示范带动作用。

二、大数据产业统计指标体系

为及时准确反映全省大数据发展情况，作为国家大数据综合试验区核心区的贵阳先行先试，以数据挖掘分析服务为核心，围绕全市大数据相关产业的发展情况、投资规模、电子商务活动、科技创新、互联网金融、人才引进、信息化建设和服务民生等相关方面，探索构建大数据相关产业统计监测指标体系，2016 年 4 月 27 日，发布全国首个大数据产业统计监测指标体系《贵阳市大数据相关产业统计监测指标体系实施方案》，为全省加快发展大数据相关产业、推进产业转型升级提供参考依据和统计支撑。2016 年 8 月，贵州省获批试点全国首个省级大数据产业统计报表制度——《贵州省大数据产业统计报表制度（试行）》。2020 年，根据《国家统计局关于贵州省大数据产业统计报表制度的批复》（国统制〔2020〕81 号）文件，贵州省统计局正式发布《贵州省大数据及相关产业统计报表制度》，围绕全省大数据发展规模、企业数量、数据存储、加工交易、人才储备和企业经营情况，信息基础设施情况，数据中心建设情况等，建立反映全省大数据发展运行的指标监测体系，开始在全省持续开展大数据统计监测工作，为全国开展新经济和大数据产业统计、客观反映新常态下经济转型升级提供借鉴和参考。

统计对象分类与界定。为更好体现大数据在各领域的应用，指标统计范围包括全省涉及大数据及相关产业的法人企业，按主营和非主营的关系将企业分为"大数据企业"（主营业务为大数据相关业务）和"企业大数据"（主营业务为传统行业，但生产过程中融合应用大数据、"互联网＋"等信息技术的企业）。其中，大数据企业按经营业务类型划分为两类，经营核心业务和关联业务的企业。核心业务为围绕大数据关键技术和大数据核心业务形成的产业，主要包含大数据的采集、加工、存储、分析、交易、安全、服务和云平台建设运营，大数据软硬件产品的开发、销售和租赁活动等；关联业务主要包含计算机通信和其他电子设备制造、专用仪器仪表制造、其他电子信息产品制造等，电信、广播、卫星传输服务、互联网和相关服务、软件和信息技术服务等。企业大数据则主要指以互联网为核心的大数据技术、信息技术与传统行业深度融合（"互联网+"）的企业（如仅是法人单位下属的产业活动单位开展大数据及相关业务，则不纳入统计范围）。

指标体系设计原则。遵循全面性原则、重点性原则、可操作性原则、前瞻性原则。全面性原则指标筛选从大数据相关产业发展的整体着眼，包括大数据相关产业的主要方面和主要内容，确保各项指标能有机联系起来，组成一个比较合理、严密、有层次的指标体系，尽可能完整反映大数据相关产业发展的各个方面。重点性原则考虑到指标体系不可能完全覆盖大数据相关产业发展的所有方面，故从发展大数据相关产业的主要目标出发，抓住大数据相关产业的重点，体现大数据相关产业的发展趋势。可操作性原则充分考虑指标数据收集的可行性，尽可能选用以现有统计调查和部门行政记录为基础的数据，保证指标含义清晰，涉及统计范围明确，数据采集难度小、处理方便。前瞻性原则指标体系的建立除考虑当前、更要着眼于未来发展，需对以后经济社会的发展起到预测和指导作用，确保能与大数据产业发展规划相结合、与中长期发展规划相衔接。

指标体系基本框架。指标体系包含产业发展、企业发展两大类一级指标、八项二级指标、若干项三级指标，涉及属性指标、实物量指标及财务指标等。其中,产业发展指标包含贵州省大数据产业发展规模情况、信息基础设施情况、大数据产业企业情况、大数据产业制造业产值及主要产品情况、大数据产业企业主要财务指标五项二级指标;企业发展指标包含贵州省大数据产业企业基本信息、大数据产业企业发展情况、大数据产业企业主要财务指标三项二级指标,每项二级指标下面进一步又细分出若干类指标。其中,产业发展指标由省统计局根据基层报表和加工现有资料进行汇总,企业发展指标则由各市(州)统计部门、大数据主管部门组织辖区县(市、区)统计局指导督促企业填报。

贵州贵阳率先开展大数据统计监测工作,通过贵阳市先行先试、省级层面试点,构建了一套符合产业发展实际的大数据统计监测指标体系,并以统计制度形式在全省全面实施。2021年3月,"数字贵州"平台上线,围绕汇聚整合贵州大数据产业、政策、企业等基础数据,全景监测贵州省数字经济、数字治理、数字民生、数字设施、数字安全等领域发展现状和水平,实现协调统筹各项任务及相关工作,推动数字贵州各领域数据的不断集聚、深入挖掘、有效应用,打造贵州大数据开放共享、有效利用和分析展示的示范窗口。在此基础上,探索全省数字经济统计监测体系构建,根据2021年5月国家统计局发布的《数字经济及其核心产业统计分类(2021)》,将"探索完善数字经济统计监测体系,推动大数据产业统计核算体系研究成果转化应用统计试点"写入《国家大数据(贵州)综合试验区"十四五"建设规划》,在《贵州省大数据战略行动2022年工作要点》明确"探索开展全省数字经济核算统计",进一步印发《贵州省数字经济统计工作方案》，不断推进数字经济统计监测工作，为助力贵州在实施数字经济战上抢新机强化制度保障。

三、标准试验验证与符合性测试评估体系

以发展需求为导向，以急需先行为原则，以政府数据系列标准为切入，加快大数据地方标准试验验证、国家标准贯标试点，开展以大数据标准化培训、数据能力成熟度评估和大数据系统测试为重点的大数据标准试验验证和符合性测试评估工作，不断提升大数据相关标准的科学性、合理性和实用性。

开展政府数据管理系列地方标准试验验证。围绕政府数据资源管理，开展《DB52/T 1124—2016 政府数据资源目录 第1部分：元数据描述规范》《DB52/T 1125—2016 政府数据资源目录 第2部分：编制工作指南》《DB52/T 1123—2016 政府数据 数据分类分级指南》《DB52/T 1126—2016 政府数据 数据脱敏工作指南》等地方标准应用示范，加强政府数据规范管理，建立完善全省政府数据资源目录体系，推进政府数据互通、共享和开放。

开展全国政务数据开放共享系列国家标准贯标试点。结合贵州省政务数据开放共享工作，通过加强《GB/T 36073—2018 数据管理能力成熟度评估模型》标准宣贯培训及符合性评估工作，推进《GB/T 21061—2007 国家电子政务网络技术和运行管理规范》《GB/T 21062—2007 政务信息资源交换体系》《GB/T 21063—2007 政务信息资源目录体系》《GB/T 21064—2007 电子政务系统总体设计要求》《GB/T 38664—2020 信息技术 大数据 政务数据开放共

享》等系列国家标准的推广宣贯与试点示范工作，提升贵州省政府大数据标准化水平。

开展政务数据开放共享六项国家标准试点示范。围绕加快政务数据开放共享，先后开展了《GB/T 35274—2017 信息安全技术 大数据服务安全能力要求》《GB/T 32910.2—2017 数据中心 资源利用 第 2 部分：关键性能指标设置要求》《GB/T 30850.4—2017 电子政务标准化指南 第 4 部分：信息共享》《GB/T 34960.5—2018 信息技术服务 治理 第 5 部分：数据治理规范》《GB/T 36318—2018 电子商务平台数据开放总体要求》等政务数据开放共享六项国家标准试点示范，进一步促进数据开放、共享和应用，服务大数据产业发展。

开展数据管理能力成熟度评估模型（DCMM）试点：围绕贵州十大工业产业、十二大农业特色优势产业和服务业创新发展十大工程等重点行业企业，大力开展《GB/T 36073—2018 数据管理能力成熟度评估模型》标准宣贯培训及符合性评估工作，成为全国首批 9 个 DCMM 贯标试点地区之一、西南地区唯一入选省份，打造形成一批贯标示范企业，为更多企业提升数据管理能力水平提供试点示范，切实发挥数据对企业生产、经营、管理等各项活动的赋能作用，助力实施数字经济战略抢新机。

率先开展数据安全能力成熟度模型（DSMM）评估试点。自2017 年开始，贵州以 DSMM 国家标准为依据，以贵阳市为试点，在全国率先开展数据安全治理 DSMM 评估试点工作，率先成立全国首家数据安全 DSMM 服务认证机构，并率先提出以"法规标准"为指引、以"认证评估"为手段、以"咨询服务、技术产品、人才培养"为支撑的"五维一体"数据安全治理体系。将标准由文字转化为应用工具,着力打造以 DSMM 为抓手的数据安全产业生态,出台相关措施文件,通过政策与资金的支持,鼓励大数据相关单位积极开展 DSMM 评估,助力产业发展,初步构建了以 DSMM(数据安全能力成熟度模型)国家标准为核心的产业生态体系,积累了丰富的实践经验,为 DSMM 国家标准的最终修订和正式发布提供了宝贵的实践案例。

第四章

开展大数据产业聚集

打造全国大数据电子信息产业集聚区

纵观世界文明史，每一次技术产业革命，都会对人类生产方式变革产生广泛而深远的影响，在重大发展机遇面前，谁能顺应发展趋势，谁就掌握了发展机遇。近年来，贵州加快构建以大数据产业为核心的数字经济体系，实施数字经济万亿倍增计划、"产业培育"工程、"万企融合"行动等，勇抢大数据产业发展先机，大数据信息产业发展一路风生水起，数字经济增速连续7年全国第一，成为8个国家算力枢纽节点之一，为"抢新机"孕育新的无限可能。在国发〔2022〕2号文件重大机遇下，贵州正全力以赴抢抓数字经济时代机遇、战略机遇、市场机遇、产业机遇、发展机遇，全力建设"数字经济发展创新区"，奋力在实施数字经济战略上抢新机，加快推进数字产业化、产业数字化，推动大数据电子信息产业强链、补链、延链，集中力量打造具有国际竞争力的千亿级全产业链大数据电子信息产业集群，建设全国大数据电子信息产业集聚区，打造贵州大数据产业发展2.0升级版，全力推动全省经济社会高质量发展，奋力为"数字中国"建设探索新经验、勇闯新路径。

第一节　大力推进数字产业化

大数据电子信息产业是数字经济的核心产业，是国民经济的战略性、基础性和先导性产业。贵州省聚焦千亿级大数据电子信息产业关键环节和重点领域，围绕电子信息制造业、软件和信息技术服务业、通信业三个基础产业，打造数据中心、智能终端、数据应用三个千亿级主导产业集群，着力提升数字经济核心产业整体竞争力，初步形成了以贵阳贵安为核心集聚，其他市（州）错位、协同发展的大数据电子信息产业格局，大数据电子信息产业链条逐步建立，集群化发展趋势日益显现，培育了一批"独角兽""瞪羚"企业，加快形成数据融合新业态新模式，实现了数字经济主体产业高速高质发展，为构建以数字经济为引领的现代产业体系、建设经济体量大能级城市提供了有力支撑。

一、数据中心产业集群

充分发挥中国南方最适合建数据中心的先天优势，实施数据资源汇聚工程，大力推进全省数据中心规模化发展，重点面向国家部委、金融机构和互联网头部企业，引进国家级、行业级数据中心、灾备中心，提供应用承载、数据存储、容灾备份等数据中心服务，推动一批大型、超大型优质数据中心资源向贵州集聚。目前，全省投运及在建重点数据中心达到 37 个，其中大型、超大型数据中心 18 个，三大运营商以及苹果、华为、腾讯等多家行业巨头数据中心落户贵州，以贵阳、贵安为核心，黔西南州为补充的"两地三中心"数据中心的发展格局基本形成。同时，云服务成为"首位产业"，华为云、腾讯云、苹果 iCloud 等一批云计算重大项目落地，白山云、云上艾珀等企业实力不断增强。当前，贵州正加快推进"东数西算"工程，建设全国一体化算力网络国家（贵州）枢纽节点，推动建设一批有影响力的行业数据大脑，与京津冀、长三角、粤港澳大湾区、成渝等跨区域国家枢纽节点开展云、网、边协同创新，建立东西部算力协作机制，努力发展成为"南方最大""全国顶级""世界一流"的数据中心集聚区。

绿色数据中心产业。依托贵州·中国南方数据中心示范基地建设，以数据中心运营节能为重点，通过加强管理创新和技术创新，深入开展绿色数据中心改革，控制能耗过快增长，开展节能环保水平监测工作，扎实推进国家绿色数据中心改革试点工作。目前，全省数据中心 PUE 平均值达到 1.4 左右，7 家数据中心进入国家绿色数据中心名单，绿色数据中心数量全国第二。其中，华为云贵安数据中心具备绿色低碳、智能可靠的特点，能效比 PUE 仅 1.12，腾讯贵安七星数据中心极限 PUE 将达 1.1 左右，苹果 iCloud 中国（贵安）数据中心是国内首个 100% 使用绿色可再生能源的数据中心，贵安富士康绿色数据中心 PUE 值达到 1.05。

数据中心硬件制造。以贵阳贵安鲲鹏服务器基地、浪潮服务器基地为龙头，推动全省数据中心服务器、存储产品、机柜、机架、路由器、交换机以及运维服务等配套产业本地化，形成面向全国的千亿级服务器配套产业基地。其中，云上鲲鹏作为数据中心的上游硬件生产企业，研发制造了贵州首台鲲鹏服务器——"兆瀚"云上系列服务器（R2102S），具有高性能、高吞吐、高可靠、高能效和原生算力同构的优势，能够为大数据、云服务、高性能计算和数据库等应用进行高效加速，满足数据中心多样性计算、绿色计算的需求，自 2021 年发布以来，已销售超 8 万台智能计算硬件产品。

数据云服务产业。把云服务产业打造为贵州数字经济"首位产业"，建设全国一流的云服务产业基地，推动数据中心运营商向云计算基础设施服务商转型。通过发挥高性能计算、数据存储与系统灾备的优势，以 CDN（内容分发网络）服务企业，推出面向不同需求的云计算基础设施和平台服务，提供云计算综合解决方案，形成按资源使用付费等新型服务模式。同时，以数据资源招商为基础，吸引金融机构、互联网头部企业在贵州开展全国性、区域性云结算，持续做大增量，持续拓展云服务市场。2022 年一季度，华为云收入超过 80 亿元，云上贵州、云上艾珀等 16 家企业收入破亿元，多家本土企业成为云服务领域的"独角兽""单项冠军"。其中，贵州白山云作为创新的边缘云服务提供商，拥有超过 1000 个覆盖全球的边缘节点，为全国两会、建党百年、G20 峰会、春晚等重大活动提供超低延时、超低卡顿率、超高画质的视听体验技术服务。

数据加工产业。以数据清洗、数据标注、数据分析等数据服务产业为先导，发展数据中心关联数据服务产业。依托贵阳贵安大数据清洗加工基地建设，与黔南百鸟河数字小镇优势互补，发展档案数字化、网络数据清洗、图像视频数据标引、语音数据训练、工业自动化数据整理等业务，强化数据服务产业上下游企业协同发展，培育了数据宝、力创、科讯慧黔等一批数据服务企业，形成了"链式协同＋技术支撑＋价值挖掘＋资源共享"的数据服务发展模式，数据加工产业成全省大数据"特色产业"。

IDC 运维服务产业。通过引进以机架租赁业务为主的第三方数据中心，采取自建、代建、与三大运营商共建等方式招引项目落地，拓展 IDC 租赁、带宽租赁等业务，培育壮大机架及带宽租赁服务产业，推动数据中心的规模优势、存储优势向服务优势转化。同时，发展数据中心勘测设计、施工建设、运营维护等全生命周期生产性服务产业，提升全生命周期的数据中心质量、成本、效率、风险等效能管理能力。其中，电信、移动、联通等运营商依托数据中心引进非运营商第三方数据中心服务企业，通过开展多渠道、多样式合作，提升了贵州数据中心资源租赁服务总体产业规模。

二、智能终端产业集群

围绕打造智能终端产品生态体系的发展目标，以智能手机为切入点，打造智能手机、智能可穿戴设备、中大尺寸液晶、超高清视频电视和智能屏等智能终端产品，培育了贵阳海信、黔龙图视、浪潮英信、倍易通、传音控股、小i机器人等智能终端制造企业，引进了科大讯飞人工智能产业园、翰凯斯无人驾驶、优必选智能机器人、旷世超算中心（人工智能开放创新平台二期）等人工智能重点项目，初步形成多层次、多门类的智能终端产业集群。"十三五"期间，贵州手机总产量突破2.3亿台，锂离子电池及材料产值突破100亿元，三元正极材料、前驱体材料出货量居国内前列。未来将加快智能视觉系统、生物特征识别、新型人机交互、智能服务机器人等新产品研发和产业化，发展智能器件、敏感元件、新型显示设备、印制电路板、检测维修等配套产业，不断做大智能终端及配套等电子信息制造业规模。

服务器与存储设备制造产业。以贵州鲲鹏产业生态基地、浪潮产业园等项目为核心，布局服务器与存储设备生产制造产业，引进了一批存储、服务器代工企业落户。其中，贵州云上鲲鹏基于鲲鹏计算机技术底座，打造了基于国产信息技术应用创新的鲲鹏生态；贵阳浪潮大数据产业园致力于研制生产通用型的塔式、机架式、多节点、刀片系统、整机柜服务器以及小型机、AI服务器、安全可靠服务器等。下一步，将加快构建贵阳—贵安"半小时供需匹配"国产服务器产业生态圈，规划贵安综保区服务器生产基地建设，对接中兴、长城、中科曙光等服务器厂商，全面带动服务器相关配套产业落户贵州。

基础电子元器件制造产业。以航天电器工业园区为载体，布局电子连接件、精密电子组件等制造产业，推动专业应用模组、控制单元研发及生产，加快智能终端配套元器件的技术攻关及产业化。同时，以振华、航天电器、雅光电子等龙头企业为重点，发展片式微波元件、导电聚合物电容器、高亮度发光二极管、高端印制电路板及覆铜板、柔性线路板、连接器、传感器等新型电子元器件产业。其中，航天电器作为贵州高端电子元器件制造的领军企业，致力于高端继电器、连接器和组件线缆的研制生产和技术服务，其生产的电子元器件广泛用于神舟飞船、"嫦娥工程"等国家重点工程。

新型显示制造产业。依托贵阳高新区沙文园、贵安新区综合保税区（电子园）等园区平台，不断扩大中大尺寸液晶电视、裸眼 3D 电视等整机产品生产规模，重点开发 4K/8K 超高清显示屏、液晶显示屏和显示模组、电源驱动系统、音视频线缆等配套产品，高清视频终端产品的配套生产能力不断提升。其中，贵阳海信电子在国内首家实现液晶模组自制，领先行业掌握 LED 背光模组和深度动态背光控制及高色域显示核心技术，主持制定了 LED 背光国际标准以及激光电视技术标准，引领了新型显示制造行业的发展方向。

新型电子材料制造产业。围绕推进新能源电池及材料产业高质量发展，以安达科技等为龙头，大力发展陶瓷基板、刻蚀材料等半导体材料，大力生产锂离子电池正极材料及其前驱体材料，打造国内重要锂离子电池研发生产基地和国家级新能源材料制造业创新中心。其中，弗迪电池（比亚迪电池）公司自主研发的专利产品"刀片电池"在安全性和循环寿命上相对于行业内其他电池有绝对优势，其成本较传统电池下降了 30%，空间利用率提升了 50%。

三、数据应用产业集群

抢抓数据要素市场发展机遇，充分发挥数据资源集聚优势和创新引擎作用，突出"应用带产业"，打造千亿级数据应用产业集群，以更大范围、更高水平推进大数据创新应用，让数据"可用""好用""数尽其用"。大力培育网络货运、鲲鹏产业、数字政府、数字金融科技、智慧医养、智慧文旅、工业互联网、农村电商、北斗和高分应用、数据清洗加工、数据安全、数据交易等12个特色产业生态，推动满帮、云上贵州、航天云网、朗玛、电商云等数据应用领域骨干企业做大做强，支持易鲸捷国产数据库、享链、海誉虚拟云桌面等产品持续推广应用。截至2022年7月，贵州省软服业收入同比增长100.8%，增速连续9个月全国第一。全省规上软服业企业243家，世纪恒通、易鲸捷、航天云网等企业拥有自主核心技术并处于产业链高端，数据宝、运力大数据、轩通大数据、梵云大数据等34家重点企业同比增长超150%。

软件开发和设计产业。实施"软件再出发"行动，基于鲲鹏、飞腾等芯片架构，开展国产软件产品研发和应用，在自主可控融合型分布式数据库、虚拟云平台、工业APP软件、金融系统应用集成软件、二维码摆渡系统、声纹识别系统等领域打造了一批软件产品。其中，贵州易鲸捷推出的下一代融合型分布式数据库（sgynDB），可支撑金融核心交易系统对于高并发、高可用及高可靠性的需求，彻底解决银行、保险、证券等金融核心交易系统的底层数据库技术问题。中科汉天下研发了半导体射频通信芯片设计、MEMS 器件产品，开展了基于"享链"技术的信创产品及解决方案研发应用，实现了操作系统、数据库、中间件、安全防护等核心基础软件性能的提高。

通信服务业。以建设国家特色型信息消费示范城市和 5G 商用为契机，有序推进"双千兆"网络建设，大力实施电信普遍服务、小康讯行动计划等项目，加快推动以 5G 为代表的新型基础设施建设，同时创新通信行业运营模式和应用推广，巩固提升信息通信网络服务能力和水平，全省电信业务总量持续增长。"十三五"期间，通信行业累计投入超过 200 亿元，互联网出省带宽达 3.4 万 G，通信光缆长度达 160.8 万公里，基本建成高速泛在、云网融合、绿色低碳、安全可控、全国一流的信息基础设施；建成 1.6 万个 5G 基站，实现基本覆盖县级以上区域，行政村以上覆盖率达 96.5%，千兆端口超 10 万个。

北斗应用生态。根据国家北斗重大专项一期规划要求，加快贵州省北斗防灾应用大数据创新中心、遥感卫星影像大数据创新中心建设，推动北斗在防灾减灾、智慧交通等领域融合应用，引进培育了云上北斗、欧比特等一批北斗应用企业，打造了具有贵州特色的北斗应用生态。其中，贵阳欧比特宇航科技有限公司成功研制出了新一代嵌入式智能 AI 玉龙芯片，并自主研发、发射运营了 12 颗卫星（其中包括"贵阳一号""飞天茅台号"），卫星技术参数处于国际领先水平。云上北斗（贵州）科技股份有限公司建设的北斗地基增强系统，能够提供米级、分米级、厘米级和后处理毫米级的高精度位置服务，形成了贵州省卫星导航全产业链和全领域的应用及服务。

数据安全产业。依托国家大数据安全靶场和大数据安全产业示范区建设，开展网络及安全技术测试验证，支持企业重点突破信息安全关键核心技术，加强网络信息安全关键技术产品研发和产业化，发展形成安全集成及运维管理、安全测评及认证、DSMM 认证、DCMM 认证、安全审计及安全风险管理等信息安全服务业态。截至 2022 年 8 月，引进培育了 360、国卫信安、天融信、爱立示、安码科技、奇安信、安恒信息、闪捷科技等数据及网络安全企业 130 多家，形成了大数据安全软件、大数据安全装备、大数据安全服务与大数据安全＋行业应用为一体的产业生态。

智能汽车产业。依托贵州省智能汽车云大数据示范应用中心和智能汽车道路试验应用场景示范基地建设，开发智能汽车云系统及智能汽车道路试验应用场景系统，加快自动驾驶及智能座舱等智能化创新技术迭代，推动智能网联汽车产业化进程。其中，贵州翰凯斯智能技术有限公司专注打造基于自动驾驶底盘的自主移动空间，核心技术优势为自动驾驶算法系统，为客户提供软硬件结合的一站式产品解决方案，第一款量产用于载人的整车产品Robobus，实现了无人驾驶底盘与舱体上下分离式开发。

第二节　大力推动产业数字化

　　"十四五"时期，我国经济已由高速增长阶段转向高质量发展阶段，大数据与实体经济深度融合正成为引领经济高质量发展的重要推动力。贵州以"万企融合"为抓手，围绕"四化"推动数字赋能，促进传统产业全方位、全链条数字化转型升级，全省大数据与实体经济深度融合水平从 2017 年的 33.8 提升到 2021 年的 42.5，实现 5 年稳步提升，整体融合进程已初步进入中级阶段。截至 2022 年 7 月，全省已累计建成 409 个大数据融合标杆项目、4326 个融合示范项目，带动超过 8140 户实体经济企业与大数据深度融合，借"数"转型、乘"云"升级已成为不少传统行业企业发展壮大的"必选项"。

一、大数据赋能新型工业化

　　从 2018 年起，贵州省围绕十大工业产业，出台《支持工业领域数字化转型的若干措施》，深入推进"上云用数赋智"行动，深化工业大数据应用，推动数据赋能全产业链协同转型，加快工业向智能化生产、网络化协同、个性化定制、服务化延伸融合升级，以大数据助推新型工业化。一方面，加快建设跨行业、跨领域工业互联网平台，以及面向重点行业、区域和领域的特色专业型工业互联网平台，依托工业互联网、工业大数据带动工业企业转型升级，在全国首批上线运行工业互联网标识解析二级节点，35%的工业企业实现大数据与关键业务环节全面融合。另一方面，提升企业数字能力，引导各大企业利用5G、IPv6、NB-IoT等技术改造提升内外网络，支撑行业数据的汇聚与信息共享，推动工业企业数字化、网络化、智能化转型，打造一批"数字车间""智慧工厂"。

实施工业互联网应用工程。开展工业互联网基础设施升级示范，推动低时延、高可靠、广覆盖的工业互联网网络基础设施建设，构建覆盖全省、协同集聚的工业互联网体系。推进工业互联网标识解析应用创新，重点支持电子行业、能源行业等行业级工业互联网标识解析二级节点建设及应用推广，为供应链系统和企业生产系统精准对接提供基础标识。以贵州工业云平台建设为重点，搭建贵州企业上云公共服务平台，布局建设一批数字化转型促进中心，通过平台建设带动上下游企业数字化转型，推动工业企业上云和工业大数据应用。当前，贵州工业云重点聚焦服务电子信息和装备制造产业，全面整合全省范围的产业配套需求与能力，高效配置贵州省工业领域的高、中、低端产业要素，实现行业内优质资源的共享，已助力300余家工业企业实施智能化改造，构建结构合理、智能配套的工业体系与产业生态。

推进机械智能化改造。在煤炭、冶金、钢铁等重点行业，促进 5G、人工智能、物联网等新技术、新设备应用，推动企业全流程和全产业链机械工程智能化改造，构建以传感器、物联网为信息传输基础的智能网络及数字生产线，不断提升机械工程智能化。其中，贵州煤矿大数据服务平台已接入全省 281 处生产煤矿智能化平台，可实时上传智能化设备运行数据 450 亿条，实现煤炭生产、管理等环节不同信息化系统的数据打通和在线监测，提供生产设备运行管理智能化、协同化服务，提升煤炭安全生产管理数字化、机械化、自动化水平。贵州兴达兴建材全国首创的"砼智造"平台，重点聚焦服务建材产业，实现各生产环节数据实时采集和共享应用，产品次品率降低 60%，人工成本降低 50%。

大力发展智能制造。大力发展智能制造装备和产品，打造智能制造单元、智能自动化生产线，探索共享制造、柔性制造、服务型制造等新模式，加强数字车间、数字工厂推广示范，提升制造业企业全过程数字化建模与分析、智能化工艺决策、智能化现场运行管理水平。其中，贵阳吉利汽车智慧工厂通过虚拟制造验证消除制造工艺缺陷、纠正机器人位置，解决生产前期 90% 以上的核心技术问题，将产品研发周期平均缩短约 3～6 个月，有效降低产品研发成本。贵州轮胎"5G 全连接工厂"作为贵州省首个 5G 全连接工厂，也是轮胎制造行业首个"5G 全连接工厂"，该项目被纳入 2020 年贵州省工信厅优秀案例、GMSA 中国 5G 垂直行业应用案例。

推进网络化协同。加快发展协同研发、众包设计、供应链协同、云制造等网络化协同制造模式，推动生产制造、质量控制和运营管理全面互联。重点实施制造业网络化协同专项，在消费电子、机械、服装等行业推动网络协同设计、虚拟仿真、众包研发设计，在电子信息制造、有色、化工等行业开展网络化协同供应链管理。其中，振华集团实施网络集成和平台建设工程，开发了"电子元器件质量一致性检验系统"等一系列服务软件，通过集团级工业互联网平台，向分散在省内外的 26 家子公司提供研发设计、生产制造、经营管理等方面的平台服务。贵州磷化集团建立了磷化工全流程工业互联网平台，以磷化工产品的生产和销售为重点，建设了订单管理、仓储运输、金融服务、数据决策等 13 个信息化子系统，打造集团级磷化工全流程工业互联网平台，面向上下游产业链企业拓展服务。

二、大数据赋能新型城镇化

数字时代快速发展，作为生活的载体和核心，城市的数字化与智慧化建设更是势在必行。运用大数据赋能新型城镇化、推进智慧城市建设是转变城市发展方式、提升城市发展质量的客观要求。贵州大力实施"智慧黔城"工程，加强顶层设计和资源统筹，注重推进城乡基础设施和公共服务一体化，围绕数字基础设施、数字化治理、智慧民生服务等关键领域，全面推进新一代信息技术与城市建设发展深度融合，赋能推进市政公用、产业配套、公共服务、城市治理等设施提级扩能，激发城市消费活力，加快产城融合发展，实现城乡联网、共建共享，推进城市管理数字化、生活服务数字化。

构建智慧城市基础设施。加强新型网络、智能电网、智能交通等新型城市基础设施建设，完善城市精细化管理运行体系。以城市老旧小区、棚户区（城中村）、背街小巷改造为重点，推动地下管网等基础设施规划、建设、运维全生命周期数字化管理、智慧化升级。全力推进接入网、传输网、核心网"全光网"建设，截至2022年底，互联网出省带宽达到3.8万G，是2015年的13倍。全省所有行政村实现光纤宽带和4G网络全覆盖，30户以上自然村4G网络覆盖率100%。通信光缆累计达154万公里，5G基站建成投用5.3万个，信息基础设施水平从全国第29位迈到第15位，进入第二方阵。加快交通要素数字化建设，高速公路运行状态感知网络基本形成，建设ETC门架系统1277套，视频覆盖率达到2.7公里/个，重要路段和服务区实现气象监测100%覆盖。

推进城市管理数字化。推进物联网、云计算、大数据等信息技术在环卫管理、市政设施管理、公园管理、人防、技防、消防等领域的应用，建设城市级"智慧大脑"，提高城市基础设施运行状态监测效率。大力推动大数据与城市管理融合应用，打造"智慧城市综合服务管理平台"等典型应用。其中，以服务智慧社区建设的典型应用"花果园社区大脑暨城市治理运营平台"，集成了应急管理、社区安防、生态治理、疫情防控、居民服务等20余项应用，完善区域内人、房、地、事、物的管理，为超大型社区社会治理现代化贡献经验模式。

加快生活服务数字化。建设智慧商店、智慧街区、智慧商圈，加快智慧社区建设，支持智能停车、智慧门禁等应用，打造基层治理、便民服务、生活保障等智能化平台，提升城市智慧管理水平，让城市大脑更智慧、人民生活更便捷。如今，在教育、健康、旅游、交通以及公共安全等领域取得了诸多成果，"医疗健康云""一码游贵州""阳光校园·智慧教育"等一批服务业数据平台广泛应用。其中，一应黔行 APP 集成了大数据应用管理和交易清算、结算平台功能，可实现贵阳地铁、BRT、地面公交车"一脸通行"，全市地铁站、公交 BRT 站点闸机通道口秒刷秒过，全市地铁、公交乘车自动扣费，无须切换，畅通无阻。

丰富智慧民生新业态。深度推进大数据、人工智能、物联网等技术与民生领域融合，建设智慧商圈、智慧商店、智慧交通等，推广无人超市、无人货架、无人停车场等新模式，以智慧化改造、智能化应用带动城市升级。其中，车秘城市交通健康云平台，致力于解决车位资源与车主链接断层问题，提供快速停车缴费、车位共享预约、精准室内导航、反向寻车等便民服务，有效改善车位资源空置率高、利用率低的弊端，进一步升级城市智慧停车深度管理模式，推行智慧出行方式，居民出行精细化、个性化水平显著提升。

三、大数据赋能农业现代化

围绕十二大特色农业产业，开展"互联网＋"现代农业行动，实施农业大数据应用工程、农产品销售终端智能化改造工程，推动农业向生产管理精准化、质量追溯全程化、市场销售网络化融合升级，探索数字化赋能乡村振兴新路径。一方面，广泛推广农业物联网应用，夯实农业大数据应用基础，推动农业数据关联整合，初步建成了全省农业物联网生产体系和农产品质量安全追溯体系。另一方面，大力培育农村电商主体，助推黔货出山，"一码贵州""黔菜网""辣椒云""茶云""猪联网""农经云"等一批农业数据应用平台建设迈出新步伐，贵州农产品市场竞争力不断增强。如今，在贵州的广袤田畴间，大数据信息化技术让农业生产实现加速度，产品销售进入快车道，农村发展装上了"智慧眼"，乡村振兴有了"智慧心"。

推进农业生产管理精准化。针对山地农业的自然条件和资源特点，完善现代山地特色高效农业信息化基础设施建设，依托大数据、"互联网＋"、云计算等技术，重点加强农业生产涉及的育种、播种、施肥、灌溉、收获等环节的数字技术应用，保证特色农作物的管理科学、生产高效和质量可控。建设农业大数据中心和农业"一张图"，在建立环境气候、农田土壤以及虫灾病害等农情数据源的基础上，建设以收集、存储、分析和决策功能为一体的智慧农业信息系统，开展农业自然灾害预测预报，强化动物疫病和植物病虫害监测预警，推动农业生产实时监控、精准管理、远程控制和智能决策，促进农业生产提质增效。其中，猕猴桃可视化管理平台通过地理信息传感器和视频监控设备对修文县10个乡镇80个猕猴桃种植园种植、采摘、仓储、分拣、运输和销售信息进行监控和采集，形成了全履历跟踪记录，并且通过条码和二维码钩稽关系建立了立体的信息收集数据库。

推进农产品质量安全可追溯。聚焦茶叶、蔬菜、水果、禽蛋等特色产业，实施食用农产品质量追溯专项行动，通过农产品产地、生产单位、产品检测等数据记录、标识标记、信息关联和权限管理，构建从生产、加工到销售的信息链平台，运用大数据实现了农产品质量安全可追溯，形成生产有记录、信息可查询、质量有保障、责任可追究的农产品质量安全追溯体系。当前，贵州省农业农村厅建设的农业"一张图"整合了 16 个物联网基地，带动全省 75 个农业园区开展了 146 个物联网项目建设。其中，智慧辣椒云平台集合物联网、区块链等技术，使辣椒产业在"育苗、种植、加工、认证、检测、销售"六大环节融合，实现辣椒全产业链数据互通，形成一物一码"电子身份证"，确保农产品质量安全。

推进农业市场销售网络化。深化农产品产销智慧对接，构建"大数据＋农产品"智能流通体系，重点实施农村电商培育专项，建设信息开放共享、数据互联互通的农业电商服务平台，探索农产品品牌数字化开发、数字化营销新模式，构建适应农产品智慧对接、网络销售的供应链体系、运营服务体系和支撑保障体系，破解"小农户与大市场"对接难题，提高农产品流通效率。其中，"一码贵州"作为全省最大电商平台，积极做好农产品产销对接，推动"黔货出山"，截至 2021 年底，"一码贵州"直接采购农特产品 3.78 亿元，帮助销售贵州农特产品达 90 亿元。黔菜网·贵州农产品大数据平台通过打通"供—求"信息通道，有效指导贵州蔬菜走出大山，平台已经收集呈现了全省 30 亩以上规模基地 3628 个共 378.45 万亩。

四、大数据赋能旅游产业化

2020 年 12 月 31 日，贵州省委、省政府印发《关于推动旅游业高质量发展加快旅游产业化建设多彩贵州旅游强省的意见》，以数字化推动文化和旅游融合发展，提升旅游科技水平，提高产品服务、企业治理的智慧化程度，成为贵州发展"智慧旅游""满意旅游"的重要抓手。国发〔2022〕2 号文件提出要"加快优秀文化和旅游资源的数字化转化和开发，推动景区、博物馆等发展线上数字化体验产品，培育一批具有广泛影响力的数字文化和旅游品牌"。贵州以大数据助推旅游产业化，按照"政府统筹、多方参与，资源整合、共享协同，总体规划、分步实施"的原则，整合各方优势资源，以行业信息管理、游客互动体验、资源整合开发为重点，基于景区智能管理和游客智能服务两条主线，深入推进大数据与旅游融合发展，以数字化建设赋能文旅行业高质量发展。如今，智慧旅游应用在贵州省旅游服务中的占比达到 90% 以上，全省 60% 的涉旅企业、上百家旅游景区接入"一站式平台"服务。

旅游企业数字化助推文旅融合。推动涉旅企业与大数据融合工作，利用大数据技术渗透旅游产品创新、大数据产品支撑旅游产业升级、大数据思维引领旅游企业转型。引导旅游景区和涉旅企业利用大数据技术改造传统经营管理模式，提高信息化、数据化水平。推动旅游实体项目与大数据项目融合建设，建设推出了一批旅游实体经济与大数据融合示范项目和优秀企业。引导和鼓励旅游景区和涉旅企业积极参与智慧旅游建设，发展"大数据+

文旅"产业，积极培育定制、体验、智能、互动等消费新模式，打造沉浸式旅游体验新场景，让旅游资源借助数字技术活起来，促进旅游业转型升级。推动全省各类旅游市场主体上平台，围绕吃、住、行、游、购、娱提供更多应用产品和服务，不断提升全省旅游企业数字化水平。

旅游要素信息化做大平台经济。以全域旅游综合管理、游客服务、产业协同为重点，建设"一码游贵州"全域智慧旅游平台，将平台打造为旅游服务线上流量"总入口"，推动涉旅企业数据、服务和产品接入，强化全域智慧旅游产品和服务应用推广。基于游客智能服务和旅游产业化主线，围绕旅游行前、行中、行后三大环节，全量采集旅游要素信息，涵盖全省 A 级和非 A 级旅游景区、乡村旅游、酒店、文化场馆、民族服饰、餐饮、民宿、精品路线、攻略指南等基础数据，覆盖门票预约、旅游咨询、公服定位、投诉建议等内容，为来黔游客提供全方位、全流程智慧旅游服务，实现一个二维码服务游客在贵州的吃、住、行、游、购、娱，促进"旅游＋"多产业融合发展，推动智慧旅游景区建设。"一码游贵州"平台自 2020 年 5 月 19 日正式上线运行以来，入驻景区 495 家、酒店 2.1 万余家、商户 3.4 万余家，累计用户超过 2500 万，交易金额超过 7000 万元，成为贵州省加快发展特色旅游的重要推手。

旅游景区智慧化优化服务环境。以大力推动黄果树、梵净山、大小七孔、镇远古镇、乌江寨等有重要影响力的旅游景区智慧设施部署和改造为抓手，加快全省景区智慧化改造，推进网络基础设施建设，升级改造光纤网络，实现 4A 级以上旅游景区 5G

网络深度覆盖，3A 级以上旅游景区 5G 网络核心区覆盖。推进旅游景区物联网、云计算、人工智能、区块链等新型基础设施建设应用推广，逐步实现各市（州）3A 级以上旅游景区视频、票务、监管等与省旅游一站式服务平台、智慧旅游平台互联互通。

旅游产品云端化加快业务升级。建立数字博物馆、图书馆、文化馆等展示体验及教育传播平台，推动文化旅游业态上云。开发基于 R/AR/MR 的沉浸式数字消费产品，依托红色文化、民族文化、传统文化及生态文化等，重点打造核心景区和特色文旅 IP。发展"互联网＋展陈"新模式，开展虚拟讲解、艺术普及和深度体验等数字化服务。如梵净山景区结合 AR 技术与 AR 智能眼镜，打造沉浸式游览体验，解决游客等候时间长的痛点问题，同时提升游客游览体验和增加企业创收；铜仁市乡村振兴产业带马拉松智慧赛道在传统健身步道基础上，融合人工智能、云计算、大数据、物联网、5G 等高新应用技术，实现"运动＋智能设备＋云计算"，让游客在赛道享受"无接触、非聚集、全天候、自助式、智能化、全场景"的运动健身体验。

第三节　实施数字技术创新工程

　　"十三五"时期，贵州省大力推动数字技术创新，建立开放式创新体系，全面提升数字技术创新能力和水平，建设以贵阳大数据产业技术创新试验区为核心的技术创新基地，全面推进特色科技强省建设。一方面，围绕大数据核心技术突破，打造了一批大数据创新平台，全省已创建大数据科研机构 28 个，新增国家级创新平台 9 个，省级创新平台 36 个，包括提升政府治理能力大数据应用技术国家工程实验室、省部共建公共大数据国家重点实验室、国家技术标准创新基地（贵州大数据）等。另一方面，推进创业服务平台建设，成立创业孵化和投资机构 23 家，建成科技企业孵化器 36 家，在孵企业 1899 家以上。培育大数据创业创新投融资体系，成立省大数据发展专项资金、大数据发展基金，联合多家金融机构推出服务大数据企业项目的专项融资产品和服务。同时，开展企业自主创新能力培育行动，推动企业自主创新水平提升。

一、关键数字技术攻关专项行动

以国家大数据（贵州）综合试验区建设为依托，抓好全省大数据核心技术突破的重点难点，开展关键核心技术"黔灵计划"，集中力量突破制约我省大数据信息产业竞争力提升的技术问题，构筑贵州大数据核心技术体系。重点推进绿色数据中心、国产操作系统、国产芯片产业园、OLED 新一代显示器生产基地、人工智能技术、AI 芯片、区块链、数据挖掘、高速传输网络、5G 应用等核心技术攻关；重点实施公共大数据、数据要素流通以及智能建造、智能采掘等重大科技专项；重点加强数字技术融合创新应用，提升"大数据+""区块链+""大数据+云计算+AI"等集成创新能力，为贵州数字经济高质量发展提供有力科技支撑。

关键核心技术"黔灵计划"。以大数据融合创新推动攻克一批数字技术"卡脖子"和大数据产业"掉链子"问题。加快数字基础设施关键技术和应用技术协同攻关，推进 5G 增强技术、6G 技术研发和 5G 关键技术验证；协同数字科技创新和数字产业创新，实施一批重大科技专项行动，建设一批无人工厂、无人驾驶、无人运输、无人矿井等科技地标。其中，围绕"数字矿山"打造推进煤矿智能化建设，"揭榜挂帅"攻克煤炭转型升级关键技术，2017 年到 2021 年，连续发布 3 批 8 个技术榜单，攻克了长期以来制约贵州煤炭工业转型升级的核心技术，获得了科技部高度认可，并支持贵州开展"复杂地质条件煤矿辅助运输机器人"项目。

开展前沿技术攻关创新。围绕 EB 级数据存储挖掘、块数据与区域治理、多源数据融合与集成、公共大数据安全与隐私保护等领域，发布大数据技术榜单，引导开展云计算、人工智能等基础前沿技术攻关，形成一批技术成果。聚焦高性能计算、集成电路、基础通用软件等领域，推动核心电子器件、国产数据库等一批数字技术关键核心技术、自主可控技术取得突破，形成一批数字技术关键技术研发成果。围绕数据库、区块链、量子通信、国产密码升级改造、可复用软件模块构件仓库及共享平台、数据共享开放、移动互联网、物联网等领域的先进数字技术，推动北斗导航、遥感等空间信息技术发展。

"FAST+"推进核心技术突破和应用。发挥贵州省中国科学院国家天文台FAST大科学设施基地的区位优势和独特的资源优势，推动贵州省在智能制造技术、大数据中心、FAST射电观测阵列及世界天文大数据中心、超算中心、并联机器人等高新技术发展。将FAST作为贵州科技创新的重要支撑平台，加强天文学科建设及人才培养，以高标准应用倒逼企业技术创新，借鉴FAST建设、应用、管理中的技术及经验，加大对全省实体企业创新支持。开展国际国内技术创新合作，将"FAST+"打造为贵州国际天文新名片。

二、创新平台载体能级提升行动

近年来，贵州省持续提升大数据创新平台载体能级，优化各级各类创新平台功能，聚焦5G、大数据、云计算、人工智能、区块链、工业互联网等领域，打造一批差异化、特色化省级创新平台、公共服务平台和省级大数据创新中心、创新创业基地。一方面，建设了一批省级以上重点实验室、工程研究中心、企业技术中心、创新中心，构建以"国字号"平台为引领、以"省字号"平台为支撑的高能级创新平台体系。另一方面，认定培育了一批省级大数据创新创业基地，加快推动创新创业平台人才队伍、企业孵化、创新研发等方面能力建设，持续推动形成了线上线下结合、产学研用协同的大数据创新创业格局。《贵州省"十四五"数字经济发展规划》明确提出，到2025年，贵州省将新建省级以上各类数字经济科研机构10家左右，打造省级公共服务平台10个左右，培育授牌省级大数据创新中心、创新创业基地20家左右。

打造"平台＋主体＋要素"创新创业孵化链。以推进贵阳高新区大数据应用创新创业示范基地、黔南自治州百鸟河数字小镇、遵义市汇川区等国家级、省级区域双创示范基地为抓手，打造一批国家级、省级孵化器和众创空间，有力支撑大数据电子信息创业创新。同时，推动创新创业平台人才队伍、企业孵化、创新研发等方面能力建设，培育创新创业主体，完善创新创业投融资体系，强化资金、技术、人才等要素集聚，打造大数据创新高地，形成以要素保障双创生态的发展模式。截至2021年4月，累计孵化企业208家，在孵企业150家，带动就业4549人以上。

构建大数据技术创新平台。围绕政府治理能力提升，搭建大数据应用技术国家工程实验室、中科院软件所贵阳分所、大数据战略重点实验室等国家级科研平台，筹建省部共建公共大数据国家重点实验室。成立了国家技术标准创新基地（贵州大数据）、贵阳大数据创新产业（技术）发展中心、太极—IBM贵阳智慧旅游联合创新中心、思爱普贵阳大数据应用创新中心、贵州伯克利大数据创新研究中心等一批大数据创新平台。当前，全省拥有大数据科研机构 28 家，省级大数据创新中心、创新创业基地 21 家，科技企业孵化器 36 家，为大数据人才培养、能力提升提供平台支撑。

打造省级软件名园。在全省范围内培育以软件产业为主导、拥有一批高成长性软件企业、具有较强辐射带动性和品牌影响力的省级软件名园区，落实《贵州省软件名园评估规范（试行）》，推进全省软件和信息技术服务业高水平集聚发展。鼓励各市（州）引导优势企业、重点项目向省级软件名园集聚，提升产业载体引领高质量发展的实效。支持互联网产业园、互联网众创园、大数据产业园等各类产业创新载体错位发展，加快打造产城融合发展新格局。

技术转移及推广应用建设。持续推动大数据技术在防灾减灾、劳动用工、智慧物流、智慧收费、智慧医疗、融媒体、遥感卫星大数据等领域创新应用和成果转化。其中，北斗星防灾应用大数据创新中心推动打造"北斗 + 物联网智能感知 + 大数据应用"，在矿山、交通、水利三个行业的应用创新方面获取实用新型专利 5 项，软件著作权 6 项。贵州省高速公路智慧管理大数据创新中心通过融合应用大数据 + 智慧收费数据，建设 ETC 门架监控运维系统及指挥中心、智慧管理平台等，加速资源整合，持续推进数据共享，提高对内和对外的服务和管理水平。贵州空间地理信息大数据创新中心研究开发了具有自主知识产权的商品化空间地理信息大数据系统和相关领域的应用软件，降低专业性软件应用成本，获得知识产权 5 项。

三、企业自主创新能力培育行动

充分发挥企业在技术创新中的引领作用，进一步强化企业的创新主体地位，提高企业自主创新能力，为构建贵州大数据创新发展格局奠定坚实基础。一方面，强化企业创新主体地位，支持龙头企业牵头打造研发中心和技术产业联盟、成立核心技术研发投资公司，开展突破性技术和产品研发，推动突破性技术、产品迭代研发和科技成果高效转化。目前，云上贵州公司、数联铭品等单位已联合组建贵州省大数据产业技术创新战略联盟，并下设科研机构——贵州数云人工智能研究院，帮助挖掘产业技术需求，激发科技创新活力。另一方面，加强区域性、专业性、非营利性大数据行业协会建设，聚合大数据相关领域企业、科研院所、咨询机构、社会团体及个人等创新资源，打造贯穿创新链、产业链、价值链的大数据产业发展生态系统。目前，全省已有由中电科大数据研究院有限公司、云上贵州大数据产业发展有限公司等单位共同发起成立的贵州省大数据发展促进会，由惠智电子、亨达科技等公司共同发起的贵州省软件开发者协会等多家联盟协会，建立了良好的创新产学研融通的合作共享机制，为发挥本地企业和资源优势、推动产业集聚发展提供了良好环境。

提升企业技术创新能力。不断强化企业在创新体系中的主体地位，深入实施科技型企业"千企面对面"，使企业成为创新重要发源地。2015年以来，贵州省科技创新大会已连续举办7年，培育了一大批科技创新主体。2022年，贵州继续开展十大科技创新成果评选活动，评选范围包括经济效益和社会效益显著的开发研究和应用研究科技创新成果、影响力较大的基础研究科技创新成果。通过奖励和评选的方式，鼓励企业积极承担国家和省级重大科技攻关项目，提升企业技术创新能力，激发企业创新内生动力，推动企业成为技术创新决策、研发投入、科研组织和成果转化的主体。

构建融通创新生态。鼓励龙头企业特别是规上高新技术企业，联合上下游企业、产学研等力量，通过重组、合作共享等方式自主自愿组建共性技术企业类平台，面向行业提供高质量的共性技术供给服务，促进公共科研设备共享共用。支持创新型领军企业开放创新资源和应用场景，鼓励龙头企业采取研发众包、"互联网＋平台""内部众创"等模式，促进大中小企业业务协作、资源共享和系统集成，强化产业链创新。2022年10月，贵州省科协科学技术创新部举办"科创中国"融通平台线上培训会，通过发挥"科创中国"融通平台助力地方和产业发展的作用，切实提升省级学会助力科技与经济融合发展的能力，进一步助力"科创中国"贵阳试点城市建设。

强化金融服务支持。积极引导社会资本开展天使投资、风险投资、私募股权投资、产业投资等，成立一批大数据、云计算、人工智能投资基金，共建多层次投资体系。支持金融机构通过数字技术创新金融产品、经营模式和业务流程，以高登世德、信通科技、普惠链等企业为重点，推动金融业务全流程智慧化转型，加强数字技术在信用评估、风险管理、客户服务等方面的应用，缓解中小微企业融资难、融资贵等问题。鼓励针对科技型中小企业的银行、投资、担保、保险等科技金融专营机构发展，加快完善"投、保、贷"一体化投融资服务体系，创新科技金融产品，推动科技企业创业创新。其中，"贵州金融大脑"成为国内首个打通政府、企业、金融机构、互联网数据的中小微企业智能融资撮合平台。"贵商易"服务平台构建了"5N"服务体系，在政策、市场、金融等领域服务全省中小企业发展。

建立激励优惠政策体系。认真落实国家高新技术企业、软件企业、技术先进型服务企业等各项税收优惠政策，特别是研发投入税收优惠政策，支持大数据企业自主创新。推动创新成果同企业需求、项目生产、薪酬待遇等紧密对接，给予企业承担国家级平台建设任务或引进研发总部扶持，鼓励企业加大研发投入。落实企业研发费用加计扣除、高新技术企业所得税减免、技术开发转让财税优惠等政策，积极引导各类投资主体投入研发活动，重点培育研发投入占比高于5%的科技型企业。对"软件再出发"行动中的企业，建立定期对接、高层对接等机制，采取"一事一议""一企一策"等措施做好服务保障，培育一批高成长性软件企业。

第五章
开展数据资源共享开放
打造全国数据治理示范高地

在人类从数字时代向智能时代迈进的过程中，充分发挥数据的基础性战略资源支撑作用，将数字鸿沟打通，并把那些不涉及国家安全、商业秘密和个人隐私的数据资源放出来供社会开发利用，培育新业态、新产业、新动能，有利于释放数据能量，激发创新活力，创造更高的公共价值。2016年以来，贵州围绕发挥数据要素价值，在全国率先开展数据资源管理与共享开放，实施政府数据"聚通用"攻坚会战，全面推进"数字政府"建设，不断创新数据治理模式，并在安全可控的前提下，以数据场景应用强化公共数据资源有效开发利用，全力打造全国数据治理示范高地。2021年，贵州政务数据共享开放进入全国第一方阵，率先建成全国首个省级政府数据"一云一网一平台"，建立数据指挥调度机制和调度中心，数字化治理水平显著提升。2022年，全国一体化在线政务服务平台试点省加快建设，贵州全面完成国家公共数据资源开发利用试点任务。

第一节　建设"云上贵州"系统平台

作为全国省级大数据服务民生、提升政府治理能力、助推大数据产业发展的综合性平台，"云上贵州"系统平台自运行以来，始终围绕创新数字治理模式这一目标，不断优化和创新"一朵云"承载、"一平台"支撑、"一张网"服务、"一套标准"管理的"四个一"数据治理模式，迄今省市两级政府部门已有上万个业务系统迁入"云上贵州"平台，实现"一云统揽""一网通办""一平台服务"，"数字政府"建设向纵深迈进。

一、"一云一网一平台"系统建设

近年来，贵州在推进政务数据汇聚、融通、应用工作的过程中，发现省级各部门信息化建设存在分散规划、分散投入、分散建设、分散管理、建用脱节、重复建设等问题，导致数据标准不统一、数据共享不通畅、数据开放质量不够高、数据调度困难等矛盾突出。为了从根本上解决以上问题，从 2018 年开始，贵州从"数据从哪里来，数据放在哪里，数据谁来使用"三个问题入手，打造服务全省的"一云一网一平台"数字政府核心基础设施，通过"一朵云"统揽全省政府数据、"一张网"联通省市县乡村五级政务服务、"一平台"解决跨层级、跨地域、跨部门数据调度。

建设"云上贵州一朵云"，实现"一云统揽"，让数据聚起来。贵州奋力种"数"耕"云"，"云上贵州一朵云"在全国率先实现统揽省市县三级所有政府部门信息系统和数据，实现应用汇聚、数据共享、业务协同，所有数据依据权限都能调用共享，推动数据从"云端"向政用、民用、商用落地。通过"云上贵州"总云，对省市县所有应用系统和相关数据实现统一调度和管理，消除"信息孤岛""数据烟囱"，提升政府管理的水平和效率。一方面，探索具有自身特色的"基础平台统一建设、共性应用统一支撑、特色应用整合接入"的省级统建模式，实现政务、经济、社会、文化各领域数据和应用在云服务平台的集约化管理。另一方面，通过不断完善人口、法人、空间地理、宏观经济、电子证照等基础数据库和公共信用、电子文件和政务服务事项等政务服务库，不断提升和丰富精准扶贫、智慧交通、生态环保、卫生健康、食品安全等主题库，平台汇聚能力进一步增强。同时，通过实施云上贵州广电节点上线运营和联通节点、移动节点、电信节点扩容工程，实现四个节点云服务统一管控、四个节点数据互为灾备，云上贵州系统服务能力进一步提高。

建设"政务服务一张网"，实现"一网通办"，让数据通起来。2018年，贵州政务服务网接入全国一体化在线政务服务平台，实现了上通全国、下通基层，形成省、市、县、乡、村五级全覆盖、全省审批业务系统互联互通的贵州政务服务网，企业群众只需进一张网便可办全省事。一方面，围绕"扩展范围、优化功能"，设置行业服务、特殊人群服务、社会职业服务、产业服务、专题服务五大专栏，对应上架 83 个服务专区，推进政务服务网门户功能迭代升级，并将政务服务事项按照个人和企业进行分类，方便企业和群众精准查找办理事项。另一方面，完成省—市（州）—区（县）三级政务外网广域骨干网主备链路自动切换割接，不断推进部门业务专网整合，提升电子政务外网服务能力。2021 年新增教育厅、省电网公司、省邮政集团等 10 家单位44 个专网业务系统与电子政务网安全互通，实现"网络可达、业务可访、数据可用"。同时，深入实施政务服务数据融通攻坚工程，提升政务服务网"全程网办"水平。2021 年累计推动 59 个国垂系统和省直自建业务系统与贵州政务服务网对接融通，推动"结婚证、离婚证、社会保障卡"等 42 类高频电子证照在政务服务中跨部门、跨行业、跨领域互通互认互用，"电子医保凭证、电子身份证、户口簿"等 6 类电子凭证共享应用。

建设"智能工作一平台"，实现"一平台服务"，让数据用起来。贵州积极探索建设全省统一的政务数据平台，通过打造智能工作、高效服务的"一平台"，实现同一平台办公、审批以及获取使用数据。经过国家四轮"互联网＋政务服务"试点示范，贵州一体化政务服务平台现已率先实现与全国一体化政务服务平台的互联互通，实现全网搜索、智能分析和可视化，推动政务服务标准化、政务服务平台化、政务服务智能化、安全及运营保障一体化，构建了贵州省"四位一体"政务服务一体化体系。同时，建成一批部门通用"大中台"，把多部门高频率、可重复使用的技术组件、系统等整合建设成一批中台，为相关系统提供公共服务。其中，"视频中台"接入政法、公安、交通、旅游等单位和行业视频资源 23 万路；"地图中台"为 18 个厅局委办单位提供了 GIS 能力支撑；"移动政务中台"搭建的"贵政通"注册用户 6.4 万人，实现省市县乡跨地区、跨层级、跨部门即时通信、联动办公。

二、"一云一网一平台"工作成效

通过统筹"一云一网一平台"建设，突出"数据资源""应用建设"两个重点，实现了政务信息系统建设从单一系统建设向平台集成建设的转变，政务数据治理从"后治理"向"前治理"转变、从"资源"到"资产"的转变，政务数据安全从"被动"向"主动"转变，形成了具有贵州特色的政务数据治理体系，真正让政务数据在"重构、共享、应用"中产生价值。

建立健全数据治理运行机制，政府数据深度融合应用水平不断提升。应用"一云一网一平台"建设体制机制，统筹建设政务信息化系统，将数据治理作为项目建设核心要件，数据资源目录梳理上架、数据资源治理发布前置为政务信息系统验收条件，创建数据融通新模式，从源头做实数据归集、共享、开放，进一步发挥了数据要素价值，实现数据归集应归尽归，推动政府数据服务社会。2020 年，贵州新建的 108 个系统在上线运行前已全部完成数据资源目录梳理并上架贵州省数据共享交换平台。2021 年，云上贵州政务云平台上云应用系统数为 1243 个，上云率从 2019 年的 65% 提升至 81%。

　　运用政务信息系统统管模式，政府治理体系和治理能力现代化水平不断提升。利用"一云一网一平台"建设契机，初步构建了以大数据辅助科学决策和社会治理的机制，推进政府管理和社会治理模式创新，有效实现了政府决策科学化、社会治理精准化、公共服务高效化。一是打造了一批跨部门的业务协同"大系统"，在国家层面获得高度评价。"大应急"系统纵向打通省市县三级 99 家应急管理部门，横向覆盖公安、交通、文旅、自然资源等 18 家省直单位，为全省统一联动的应急调度指挥体系提供保障；"电子政务云平台"集成省电子政务网、省政府网站集约化平台等系统平台，打造政府服务对内总入口和对外总出口，贵州省人民政府门户网站绩效评估连续 5 年全国前三。二是打造了一批提升政府管理能力典型应用，省公安厅"刑事犯罪大数据应用"获公安部肯定并向全国推广；省发改委"贵州信用云"荣获"中国政府信息化管理创新奖"；省公共资源交易中心上线"公共资源交易 APP"，实现工程招标、政府采购领域"不见面""零跑腿"；省人社厅建成"全省社会保险信息系统"，形成线上线下融合、衔接有序的社会保险服务新格局。三是打造了一批提升政府决策能力的典型应用，省检察院"智能辅助办案系统"、省司法厅"贵州省刑事案件智能辅助办案系统"与"精准征兵""智慧法院""东方祥云"等平台共同实现了司法智能化应用。

　　加快大数据与各行各业的深度融合，民生服务水平不断提升。通过夯实"一云一网一平台"的基础支撑能力，在"数据通"的基础上进行业务流程再造，打造一批数字民生典型示范应用，使公共服务更便捷、更智慧、更高效。在大数据助力疫情防控方面，研发"贵州健康码"，集成新冠病毒疫苗接种查询、预建档、需求登记、标识以及核酸检测结果查询等功能，2021年注册用户数超过5400万人，累计扫码亮卡25.55亿人次。在大数据服务脱贫攻坚方面，"扶贫云"打通扶贫、公安、教育、医疗等17家省直部门的实时动态数据，累计向19家省直部门提供贫困数据2.8亿条；涉农补贴"一卡通"系统2020年度发放补贴资金177.9亿元；"防贫预警主题库"汇聚数据329.98万条，共享交换数据1.17亿批次10.25亿条。在大数据助力民生保障和改善方面，社会保障卡"一卡通"实现扫码登录贵州政务服务网、医疗保险（含新农合）就医购药结算等业务；"阳光校园·智慧教育"工程培育10所示范校；"智慧安防"建成智慧安防小区3217个；110指挥调度平台实现各类互联网警情数据的汇聚和分发；"贵州医保APP"接入国家医保信息平台，实现跨区域异地就医一站式直接结算。

三、省级政务信息化建设机制

改革省级政务信息化建设模式，实施"四变四统、健全监管"政务信息化建设工作新机制。省级政务信息系统建设和运维管理坚持"整体规划、统建统管，共商共建、共治共享，统分结合、分步实施，自主可控、确保安全"的原则。采取企业投资、政府购买服务模式，省级部门作为用户单位，根据业务需求提出本部门政务信息系统建设和运维计划，包括政务服务平台、政务数据平台、政务业务管理系统、政务业务服务系统、政务数据资源库及信息基础设施等方面。从而构建形成省大数据局统一规划、统一预算、统一购买服务，云上贵州大数据集团公司统一建设，第三方机构评审统一把关的"全生命周期闭环管理"的工作机制，从源头上打破"数据烟囱"，避免"建用脱节"，有效规范省级政务信息系统建设和运维管理。

建立信息化建设统一标准和规范体系，夯实大数据应用发展政策条件。贵州按照"急用先行、分类推进、成熟一批、发布一批"的原则，对"一云一网一平台"建设标准规范进行研究提炼总结，系统梳理政务云系列、政务数据系列、政务数据平台系列、政务服务平台系列共4类77项政务大数据相关标准，精准把握云网平台技术规范、技术架构、运行维护等需求，形成了"贵州政务云"标准化体系。2021年，《贵州省"一云一网一平台"标准体系标准汇编》正式发布，该成果共收录建设标准105项，包括国家标准53项、行业标准1项、贵州省地方标准51项。同时，贵州不断探索建立法规标准和创新体系，制定出台《贵州省省级政务信息系统建设项目储备库管理暂行办法》等管理制度，夯实大数据应用发展政策条件。

构建项目建设的"双评估"指标体系，规范省级政务信息系统建设管理。省大数据发展管理局会同用户单位对云上贵州大数据集团提供的政府采购服务项目进行验收审查，每年委托第三方机构对"用户单位需求和使用情况、云工程建设成效"与"项目建设单位服务水平和质量情况"进行双评估。督促建立相应的督查问责机制,用户单位全程参与"一云一网一平台"的规划建设、购买服务、验收评估等工作,全程加强监管,客观反映"一云一网一平台"的建设和运维取得的成效以及存在的问题,形成双评估报告并报送省人民政府,实现"以评促建、以评促改、以评促发展"。省大数据局、省财政厅加强对双向评估结果的运用,完善相应管理制度,并将评估结果作为下一年度安排建设和运维服务采购的重要依据。同时,省大数据发展管理局会同省国资委将云上贵州大数据集团"一云一网一平台"的服务水平和质量纳入年度考核,确保信息化建设和数据质量。

第二节 实施政府数据共享工程

数据连通，一通百通。2020 年以来，贵州在前期实践的基础上，全面实施政府数据共享工程，深入探索和完善政务数据"三融五跨"的共享交换新模式[○]，建立健全数据共享交换调度机制，完善全省数据资源统筹、管理、整合、应用机制，促进数据资源共建共享，推动省市共享平台级联，优化数据共享交换服务能力，推动各部门数据资源实现互联互通，形成跨层级、跨地域、跨部门、跨业务的协同管理和服务。

一、贵州省数据共享交换平台

贵州省数据共享交换平台是全省数据共享服务中枢，为全省各地各部门制定统一的"数据菜单"。2020 年贵州按照一体化

○ 政务数据"三融五跨"共享交换新模式：技术融合、业务融合、数据融合，跨层级、跨地域、跨系统、跨部门、跨业务。

建设思路，不断推动省数据共享交换平台迭代升级，于 2021 年完成省市一体化升级及上线运行，并同步上线遵义市、黔东南州等 7 个市州数据共享交换平台专区，形成了国家、省、市、县四级数据共享交换体系，实现了横纵互联互通。目前，累计 105 个省直部门、9 个市（州）、472 个市级部门、82 个区县的 610 个县级部门开通贵州省数据共享交换平台账号，统一提供数据区归集、元数据管理、目录管理、数据加工、共享交换、开放等功能服务。

从系统功能架构来看，贵州省数据共享交换平台向上已接入"国家数据共享交换平台"，横向可联通至各厅局业务系统及相关数据，通过系统接入、设置专区等形式实现向下覆盖。平台还创新建设了分布式数据区，支持对跨行业数据进行预存储和预加工，让数据权属边界更加明晰、数据标准更加统一，数据不搬家即可实现共享。2021 年数博会期间，贵州省数据共享交换平台入选"十佳大数据案例"。

从数据归集能力来看，贵州省数据共享交换平台的归集水平全国领先。2021 年，平台年累计发布数据资源为 13148 个，数据归集增长是 2019 年的 13 倍，数据汇聚效益明显。截至 2022 年10 月，注册用户 11825 个，累计被访问 1377931 次，提供开放数据服务 2904477 批次；9 个市州累计提供数据服务 650.63 万余批次；平台数据目录 21996 个，挂接数据资源 22274 个；汇聚发布国家数据目录 14822 个，挂接数据资源 12158 个。

从数据交换范围来看，贵州省数据共享交换平台的数据调度共享大有突破。2021 年，平台数据交换条数达 12815.96 亿条，与 2019 年的 211.05 亿条数据相比呈现爆发式增长态势。截至 2022 年 10 月，平台累计交换数据 93.06 亿余批次，累计使用国家疫情数据接口 80.35 亿余批次，36 个部门累计提供数据服务 7921.04 万余批次，开放数据集 17150 个，可机读率 100%。

二、国家电子政务云数据中心南方节点

2017 年 12 月 25 日，国家电子政务云数据中心南方节点正式落户贵州，国家信息中心、省大数据局、省信息中心、贵安新区管理委员会、中国电信贵州分公司、云上贵州公司在京共同签署《国家电子政务云数据中心南方节点战略合作协议》，南方节点成为国家电子政务云数据中心体系（试点示范）建设项目的三大国家级骨干节点之一。2018 年 5 月 27 日，国家电子政务云数据中心南方节点在贵安新区中国电信云计算贵州信息园正式挂牌成立。国家电子政务云数据中心南方节点的建成使用，承载了国家部委政务应用系统和数据资源，服务国家部委和地方政务数据业务，是贵州数据治理的又一重大使命。2020 年，南方节点成为国家政务数据共享交换顶层关键节点，大幅提升了全省政务外网网间流量疏通和网络安全性能、政务外网的通信质量乃至我国南方地区电子政务服务能力。

2021 年数博会成果发布会上，国家电子政务云数据中心体系（南方节点）的首个应用——国家电子政务外网安全邮箱平台贵州分平台正式发布。分平台是全国第一个实现邮件系统用户在电子政务外网和互联网双网安全访问、单向同步数据的邮箱平台，

各部门原有邮箱可与安全邮箱整合，原有邮箱账号、密码、通讯录数据、网盘数据、邮件数据可无感迁移至安全邮箱平台，开创了政务安全邮箱新架构、新模式。平台具有安全性高、跨网访问支撑能力强、开通登录便捷三大技术优势，使用 SM9 国密算法，同时提供互联网端和电子政务外网端安全访问服务，与贵州省电子政务网组织机构人员库打通，有力保障了政务机关电子邮件应用安全可靠，树立了政务应用集中统一模式的新标杆。

据统计，截至 2021 年 5 月 26 日，平台已与"贵政通"平台的系统打通，成为"贵政通"平台的服务功能之一，贵州省人民政府办公厅、贵州省民政厅、贵州省大数据发展管理局、贵州省信息中心等多家单位均开通邮箱服务，总计开通邮箱账号 1239个，平台共发送邮件 696 封，接收邮件 2117 封，拦截可疑邮件1002 封。

三、全国一体化在线政务服务平台试点

作为"全国一体化在线政务服务平台"试点省，近年来，贵州全面实现了省一体化在线政务服务平台与国家一体化在线政务服务平台的互联互通，推动全国政务服务"一张网"建设，使政务服务流程不断优化，政务服务数据资源有效汇聚、充分共享。在推动政务服务能力实现新突破上持续发力，扩大高频电子证照标准化和互认共享，实现政务服务事项 100% 省内通办、高频事项 100% 跨省通办，"一网通办"水平稳居全国前列，贵州的省级政府网上政务服务水平连续 5 年排名全国前三，成为全国一体化

平台建设的典型标杆。

贵州省一体化在线政务服务平台整体上采用"大平台＋大数据＋轻应用＋微服务"的技术架构，基于贵州省政务服务信息化建设成果，依托"聚服务"实现系统一体化，依托微服务实现业务灵活性和便捷性，充分共享政务服务数据，全面提升申报端、业务端、监管端、决策端智慧化服务水平，从而推动实现信息资源从碎片走向整合、信息系统从分散走向集中、政务服务从局部走向整体的目标（见图5-1）。

贵州省一体化在线政务服务平台建设，很好地促进了基层政务服务优化，提升了电子政务现代化水平，取得了良好的社会效益和经济效益。平台聚焦"解决企业和群众关心的热点、难点问题"这一需求导向，着力推动政务服务线上线下融合互通，打造贵州政务服务"智慧大脑"，为应用赋能提供云化服务，推进全省各地个性化服务创新，实现从"线下跑"向"网上办""分头办""协同办"转变，以"数据跑路"代替"群众跑腿"，提升企业和群众的办事体验及办事效率，全省通办、就近能办、异地可办，服务效能大幅提升。

"全省通办"应纳尽纳。2020年3月，贵州启动"全省通办、一次办成"改革，推进"进一张网、办全省事"，除涉密涉敏事项外，各类政务服务事项全部纳入通办范围，共涵盖省市县三级行政许可、行政确认、行政给付、行政奖励、行政裁决、其他类等8类事项。2022年，贵州系统融通取得重要突破，新增融通国家和省级自建系统65个，累计融通139个；全方位推进"一窗通办'2+2'模式"改革，实现"进一个门、取一个号、到一个

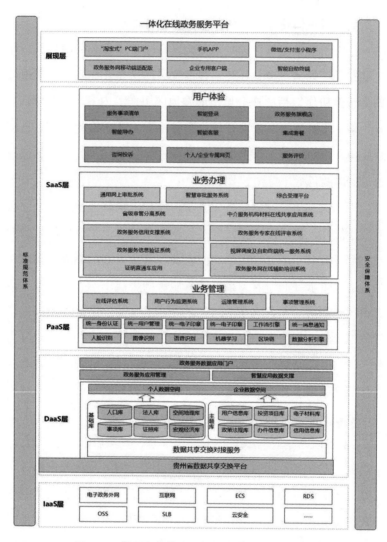

图 5-1　贵州省一体化在线政务服务平台架构图

窗、办所有事"的目标;"全省通办"事项占比不断提升,2022年新增"全省通办"事项93项,累计"全省通办"事项达3728项,应通尽通率达100%,为企业群众节约办事成本约30亿元。

打造"跨省通办"示范。围绕对外劳务输出,对口支援和东西部扶贫协作,与泛珠三角、成渝地区协作等内容,贵州牵头建立了桂渝川贵滇藏六省(市、区)"跨省通办"协作机制,统筹印发15个政策文件,因地制宜探索政务服务"跨省联办"。推动国家162项"跨省通办"事项、西南地区190项"跨省通办"事项以及泛珠地区165项"跨省通办"事项落地,还与20个兄弟省(区、市)建立线下通办合作关系。截至2022年8月,贵州省可对外提供通办事项4.4万项,贵州"跨省通办"办件量已达592万余件,为全国最多省份之一,获国务院第八次大督查典型案例通报表扬。

第三节　实施政府数据开放工程

围绕"打通数据节点，推进共享开放"，贵州深入实施政府数据开放工程，不断优化省政府数据开放平台系统架构，推动形成政府和社会数据开放互动常态机制，实现数据开放常态化。当前，贵州政府数据开放平台汇聚发布数据数量、质量稳中有升，数据开放覆盖面、参与度明显提高，助力脱贫攻坚、"放管服"改革和"一网通办"取得明显成效，全省数据开放水平再上新台阶。

一、贵州省政府数据开放平台

贵州省政府数据开放平台是贵州省"一云一网一平台"体系建设展示的前沿窗口之一，是贵州省"数字经济"新型信息基础设施的重要组成部分，于2016年正式上线运行。通过大数据手段推动政府数据开放，鼓励和引导企业、社会组织和个人应用政府开放数据开展商业模式创业创新，满足企业和公众对政府数据的"知情权"和"使用权"，真正地盘活政府数据资源。目前，贵州省政府数据开放平台已成功接入国家公共数据开放平台，开放文件 12041 个，开放部门总数 3252 个。

拓展数据开放平台功能。2020 年平台进行了迭代升级，系统实用性、数据获取效率和用户体验显著提升。首次面向社会公众开放数据资源清单，支持将社会公众的数据需求信息通过平台简单快捷地上架发布、互联网用户注册认证。在产品功能上，开放平台充分考虑到每一类用户群体的需求，包括普通百姓、软件技术人员、公司企业管理人员等，针对不同的受众群体提供多样化的数据开放形式，从简单的文件下载，到技术要求较复杂的接口程序调用，切实为各类群体提供了权威、可靠且方便获取的绿色政府开放数据。

优化政府数据开放体系。推动省数据共享交换平台与省政府数据开放平台的级联互通，各部门通过省数据共享平台集中统一管理、发布开放数据，推动了政府部门通过数据共享交换平台管理本单位开放数据，省内 9 个市州、贵安新区分别建设了政府数据开放平台，开放辖区内政府数据。2021 年，贵州政府数据开放与浙江、上海、山东等地共同入选 A 类地区，在省域综合指数中排名全国第三并获"数开丛生"奖项。截至 2022 年 12 月，99 个省直部门和 9 个市州及贵安新区在省政府数据开放平台开设账号，开放数据集 17090 个，可机读率 100%。平台上线至今，注册用户 12176 个，平台累计被访问 1385131 次，数据累计被访 675240 次，提供开放数据服务 4511018 批次。

深化数据开放责任清单。按照《贵州省政府数据共享开放条例》要求，广泛征集省直各部门、各市州数据使用需求，制定形成全省政府数据共享目录和开放目录编制指南，定期发布政府数据共享、开放责任清单。2021 年发布《2021 年度贵州省政府数据开放责任清单》，推动全省各部门上架共享数据资源 5965 个、开放数据资源 8160 个，进一步完善人口、法人、自然资源和空间地理、宏观经济四大基础数据库，建成防贫预警主题库。《2022 年政府数据共享开放责任清单》对省市县三级政府数据共享需求及数据开放计划进行收集整理，梳理共享开放数据资源达 8000 余个。

二、国省市县一体化跨行业数据融合应用服务平台

建设"国省市县一体化跨行业数据资源体系及融合应用服务平台"是国家交给贵州的重要任务，围绕这一重要任务，贵州大力推动跨行业、跨地区、跨部门的数据资源体系及融合应用服务平台建设。一方面，打造覆盖国省市县四级政府的数据资源体系，省市两级外网骨干网络实现"IPv4+IPv6"双栈服务，覆盖交通、教育、医疗、旅游、社保等几十个行业领域，形成"物理分散、逻辑集中"的国省市县一体化跨行业数据资源体系。另一方面，建设"三融五跨"的全国一体化数据中心体系，形成服务各级政府部门、企事业单位开展数据共享交换调度的长效机制，以及成熟的数据共享、融合应用、价值创新的服务模式，总结了可复制、可推广的工作经验，得到了国家有关部委的肯定。

　　建成国省市县一体化跨行业数据融合应用服务平台，形成坚实的基础支撑平台。建设全省统一的贵州省数据共享交换平台，将原本分散的市州共享交换平台、开放平台整合，入选《中国数字经济发展白皮书》优秀案例。其中：国省市县一体化跨行业数据融合应用服务平台中的"国"，指平台上联国家信息中心管理的"国家数据共享交换平台"和国务院办公厅管理的"全国一体化在线政务服务平台"，汇聚国家部委的政务数据资源；"省"指贵州省数据共享交换平台，汇聚省级各政务部门归集的政务数据资源；"市""县"指贵州省下辖市州、区县管理的数据共享交换平台和数据共享专区，汇聚各级各部门归集的政务数据资源（见图 5-2）。基于全省统一的数据共享交换平台，各市州、区县大数据主管部门能够对本地区组织用户、数据调度、数据共享交换进行分级管理，实现对辖区内政府数据共享开放的统筹管理和政府数据的协调调度。

　　完善国省市县一体化跨行业数据共享服务体系，对外提供数据应用服务。建立健全安全高效的数据调度协调机制，编制《贵州省数据调度规范》，打造"共享是常态，不共享是例外"的数据共享新格局。以贵州省共享交换平台作为核心枢纽，向上连接国家共享交换平台和全国一体化在线政务服务平台，向下连接市州数据共享交换平台和区县数据共享交换平台级联互通，规范数据共享调度机制。构建"贵州省政府数据开放平台→贵州省数据共享交换平台→贵州省开发利用平台→贵州省政府数据开放平台"的数据申请路径，形成跨行业数据开发利用流转模式。企业在贵州省政府数据开放平台发起数据跨行业融合应用使用申请，

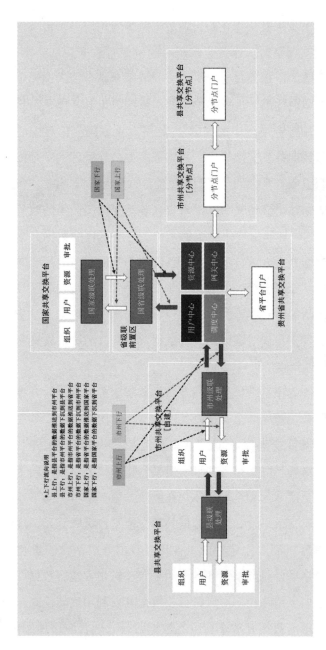

图5-2 国省市县一体化跨行业数据融合应用服务平台架构

数据归集部门在省数据共享交换平台审核批准，通过"数据可用不可见"模式，推动数据安全可控流通。通过增强平台功能，重塑省数据共享交换平台核心业务流程，拓展平台服务功能模块，实现全省数据资源目录、数据资源、数据调度、组织用户的分级管理和集中服务。

依托数据支撑政务服务创新、民生服务创新，探索形成典型经验。依托数据支撑政务服务创新、民生服务创新，有效提升数字政府建设效能、提升政府治理能力，得到了全国各省市、业界专家的高度认可，为国家探索形成典型经验。理论创新层面，在全国率先提出"三权分治、五可调度"模式，国家发展改革委把《贵州省以"三权分治、五可调度"破解政务数据治理难题》作为"数字化转型伙伴行动"典型转型案例向全国推广。机制创新层面，率先研究形成"数据使用部门提申请、数据管理部门审核、数据提供部门响应"的贵州数据调度使用机制，得到国家信息中心充分认可，相关方案核心内容于 2020 年纳入国家数据调度机制，被国家数据共享交换平台、全国一体化在线政务服务平台采用。技术创新层面，根据业务逻辑设置数据专员、调度专员等岗位职责并明确业务流程所处的工作环节，构建完善以监督专员、部门云长为主的监督制度，实现数据共享业务自流程安全、可控。

三、国家公共数据资源开发利用试点

作为国家公共数据资源开发利用试点省，贵州紧紧围绕政府治理和公共服务需求，以公共资源交易公共服务平台为枢纽，以社会需求较迫切、关注度高的场景应用为突破口，着力推进公共数据资源面向社会有序开放、合理利用，释放公共数据资源经济价值和社会价值，破解公共数据资源开发利用中的痛点、难点，努力打造全国领先的公共数据开发利用新生态。

贵州省公共资源交易区块链数据共享平台。该平台于2021年年底正式建成运行，构建了安全防护体系，基于区块链共享平台存储、密钥、确权三分离的数据管理方式，打造了全省数字证书移动互认、链上金融服务及链上市场主体库等应用。通过一系列便捷的移动应用优化公共资源交易服务，形成全省公共资源交易区块链数据治理、共享及应用体系，建立健全数据新人机制和数据确权管理机制，解决了公共资源交易领域数据"确认难、运用难、管理难"的问题，实现全省公共资源交易数据防篡改、可追溯、可信任的管理应用，为全国公共资源交易数据转型提供借鉴经验。

贵州省多源数据安全开发利用平台。该平台运用"多方安全计算、联邦学习、区块链、大数据、容器云"等领域前沿技术，汇聚了政府数据以及水电燃、交通、通讯等领域的公共数据，创新提出了"场景牵引、数据授权、模型审定、数据可用不可见"的管理服务模式，攻克了数据安全交换、数据可信流通和多源数据融合安全计算等3大技术难关，有效破解了安全保护和开发利用的难题，破解了跨区域、跨主体数据共享流通问题，有力推动了政府和企业数据流通和融合创新，荣获工信部"2021年大数据产业发展试点示范项目"称号。

　　此外，贵州还建设了扶贫、信用等 12 个主题数据库，依托公共数据资源开发利用试点省的政策优势，在文化旅游、交通出行、劳动就业、医疗健康等领域积极推进公共数据资源开发利用场景应用建设，探索形成一批新技术、新产品、新应用、新业态、新监管。2021 年，累计形成公共资源交易、普惠金融、文化旅游、劳务用工等应用场景 69 个。研究编制了《贵州省公共数据资源分级分类指南（试行）》《贵州省公共数据资源开发利用成效评估指标体系（试行）》《贵州省公共数据资源开发利用实施细则》《贵州省公共数据资源开发利用模型审定和数据产品安全审查规范》等系列标准规范，指导数据资源目录编制、分类实施、开发利用等工作有序推进。

第四节　构建数据安全保障体系

数据安全的核心是保证数据安全、合法、有序地流动。数据作为一种新型的生产要素，对国家经济和社会发展产生了深远的影响。通过采取必要措施保护数据，使数据得到合法使用，使数据持续处于安全状态，是共创美好数字生活的必要手段。贵州始终坚持大数据发展与数据安全保障并重，将数据安全作为实施大数据战略行动的前提，深入推进大数据安全产业示范区建设，加快构建大数据安全软件、大数据安全装备、大数据安全服务与大数据安全＋行业应用为一体的产业生态，不断提升国家大数据安全靶场能力，持续承接好国家大数据及网络安全对抗演练，着力推动国家大数据及网络安全示范试点城市建设，全面提升大数据安全综合防御能力。

一、大数据安全产业示范区

作为全国首个以大数据安全为主导的产业示范区，贵阳经开区先试先行，在推进大数据安全产业园建设上不断寻求创新突破。五年来，贵阳经开区不断推动大数据安全产业发展、提升预警能力、改变安全危机，形成了涵盖云安全、数据安全、大数据安全分析、移动端安全等安全产品在内的大数据安全软件产业集群，培育了覆盖网络安全设备、安全终端、安全芯片和电子元器件等大数据安全硬件产业，构建了集安全产品研发、安全测评、安全认证、安全运维、态势感知、威胁情报分析等环节于一体的产业链条，为"中国数谷"构筑起坚实的网络安全屏障。2021年，贵阳经开区"贵阳大数据安全产业示范区"成为"中国特色产业园区"合作伙伴。

以"双百"园区打造安全产业高地。大数据安全产业示范区围绕软硬件安全产品研发、企业孵化、人才培训和安全服务等工作，长远发展网络安全、云安全、数据安全、应用安全、安全终端和芯片等较高层次的安全产业，推进大数据安全产品的自主研发与产业化，明确提出要建成特色突出、示范引领、辐射全国的大数据安全产业聚集区，实现产业规模100亿元、培育骨干企业100家，形成大数据安全软件、硬件、服务、应用4大产业集群的阶段目标。截至2022年12月，示范区已聚集360、国卫信安、天融信、爱立示、安码科技、奇安信、安恒信息、闪捷信息科技等大数据安全企业和相关机构130多家，以大数据安全软件产业为核心链、大数据安全装备产业为补充链、大数据安全服务产业为延伸链、大数据安全＋衍生业态为拓展链的大数据安全产业发展生态体系基本形成，现正朝着国际一流、国内第一的大数据安全产业聚集区方向前行。

以新基建促进大数据安全产业应用从虚到实。为真正把大数据安全产业做深做实、做细做透，形成从硬件、软件到应用服务的循环产业生态，贵阳市经开区提出以新基建为总蓝图，构建"万物感知、广泛连接、存算一体、数字安全"的四大支撑体系，以体系促应用，以体系聚产业。2020年以来，发布《贵阳国家经济技术开发区新型数字基础设施建设重点招商项目》两期，先后引进10余家新基建企业，在工业互联网、公共空间全域感知、基础设施等领域推进10余个新基建项目实施。其中，"数字孪生城市安全防护系统项目"成功入选《2020年网络安全技术应用试点示范项目名单》。

以研究机构为载体打造安全技术创新共同体。聚焦科技创新，贵阳经开区紧扣制约产业发展的共性技术、核心难题，在示范园内成立了贵州大数据安全工程研究中心、贵阳大数据及网络安全技术创新中心、贵阳大数据及网络安全应用示范中心、灾备技术国家工程实验室等研究机构，集聚数据安全领域的资源、技术和经验能力，形成大数据安全产学研用战略联盟，实现全方位、高层次、网络化的产学研用合作创新，研发和部署数据加密等信息安全产品和解决方案，推进安全可控的大数据关键装备产业化和部署升级，强化大数据存储、灾备、应急管理服务能力和机制，支持数据安全技术研发及应用，形成以大数据安全为特色的网络信息安全产业。

二、国家大数据安全靶场

作为全国第一个大数据安全综合靶场，贵阳国家大数据安全靶场自 2018 年揭牌以来，坚持从关键信息基础设施安全保护能力、关键数据资源保护能力、数据安全预警能力和溯源能力等方面打牢基础，不断完善靶场功能，提升靶场服务能力，以结果导向倒逼大数据安全防护理念及技术升级，进而推动大数据安全产业发展。2020 年至今，贵阳国家大数据安全靶场相继开展了城市网络安全实战演练 5.0 和 6.0，率先建成实网攻防的国家大数据安全靶场，打造大数据时代网络空间安全防护的"贵阳样板"。

攻防演练 5.0：实施新基建与全场景智慧城市精英对抗演练。2020 年 12 月 1 日，2020 年贵阳大数据及网络安全精英对抗演练在贵阳国家大数据安全靶场举行，本次演练以"筑牢安全防线·护航数字城市"为主题，为期 8 天，以精英对抗探索数字城市建设中的安全短板与防御重点，是全国首次将新基建和智慧城市平台作为靶标，共有 36 支知名攻防战队开展实网对抗。此次演练有两大亮点，一是在新基建板块，是全国首次开展新基建安全威胁实网对抗演练，重点针对城市新型数字基础设施建设，提升新型数字基础设施的安全防护能力。二是在智慧城市板块，是全国首次开展全场景智慧城市精英对抗，对多个典型城市大脑样本开展实网演练，重点对公民个人信息保护情况进行全面检验，提升智慧城市的综合防护能力。

攻防演练 6.0：实施数字城市智能化实网攻防精英对抗演练。2021 年 5 月 17 日，2021 贵阳大数据及网络安全精英对抗演练在贵阳国家大数据安全靶场正式启动。此次演练按照"精英汇聚、实网攻防、体系对抗、安全可控"的原则，为开启"十四五"新篇章，庆祝建党100周年，保障数字经济发展探索贵州方案，是贵阳常态化举行大数据及网络安全攻防演练活动的又一次迭代升级。此演练旨在"实网实战"与"安全可控"的基础上，结合数字孪生城市建设和2021贵州省区域防护工作，以精英对抗的方式，重点展示了靶场群协同演练、智能化实网攻防、区域防护实战水平综合评估等亮点，探索数字城市建设中的安全短板与防御重点，全面提升城市安全防护水平。

发挥靶场集群优势扩展大数据安全产业链。大数据安全靶场以贵阳城市靶场为横向，其他行业级靶场为纵向，横纵串联全国靶场和其他重要城市，联合建设靶标，延伸大数据安全产业链，构建以贵阳靶场为中心节点的"靶场群"。同时，辐射省外人工智能、信创、工业互联网、跨境数据、物联网、金融、能源等分靶场，贴合各地经济发展战略与产业生态格局，形成管理规范、靶标互联、资源共享、能力多样、分工协作的靶场群，推动大数据安全产业逐步向市场化运营拓展，现有茅台集团、深圳广发集团数据安全管控体系等运营项目。通过国家级大数据安全靶场、大数据安全产业示范、科研培训、大数据安全产业孵化、综合商务等功能板块的布局，逐渐成为全国大数据安全产业发展重要聚集区。

推进国家大数据安全靶场不断迭代升级。国家大数据安全靶场的高质量建设，有助于贵阳加速建成具有区域特色、技术先进的国际一流数据安全服务高地。2021年，贵阳国家大数据安全靶场二期建设被列入贵州省"十四五"规划和"强省会"战略行动，构建新型分布式共享网络靶场与联合演训环境被纳入《国家发展"十四五"规划》项目清单。基于此，贵阳实施大数据安全靶场三大能级提升工程：提升攻防演练能级，加快推进国家大数据安全靶场二期建设；提升靶场平台能级，加快软硬件设施的国产化替代；提升安全服务能级，提高大数据安全技术、产品及服务供给能力。面向未来，贵阳国家大数据安全靶场将依托数字城市的全域感知，围绕数字孪生城市靶场建设目标，以5G、物联网、区块链、人工智能和量子计算等关键技术为基础，加强大数据安全靶场标准化建设，打造升级版国家大数据安全靶场。

三、大数据安全示范试点城市（贵阳）

自被公安部批复为全国首个大数据及网络安全示范试点城市以来，贵阳按照"1+1+3+N"的大数据及网络安全总体思路，以总体国家安全观和网络安全观为指引，以提升城市整体安全能力为出发点，开启安全示范城市的"贵阳行动"。构建以《贵阳市大数据安全管理条例》《贵阳市大数据安全保障体系及发展规划》为核心的大数据安全制度体系，以国家大数据安全靶场、态势感知综合防护平台、大数据及网络安全攻防演练为核心的大数据安全防护体系，以公安块数据指挥中心、数据安全成熟度模型（DSMM）研究和推广为核心的大数据安全治理体系，为全国大数据安全工作进行有益探索的同时，提升了贵州大数据应用安全总体水平。

完善的数据及网络安全标准体系。贵阳积极参与大数据安全标准研制和示范验证，围绕重点领域发展需求加快研制大数据安全技术标准，推动大数据创新成果的安全应用。成立大数据安全委员会及专家委员，从大数据安全标准基础、大数据平台安全、大数据服务安全、大数据安全产品测评验证、大数据容灾备份技术要求及管理等九个技术方向开展相关创新科技与技术标准研制工作。推动搭建大数据安全技术标准公共服务平台，聚集国际、国家、行业、地方、团体和企业标准化资源，服务大数据安全产业示范区建设。

大数据网络安全"十大技术创新"。2016 年以来，贵阳以一座城市真实网络目标为对象，连续举办六届大数据及网络安全对抗演练，创造了城市实网攻防的"贵阳模式"。先后形成全国首家数据安全能力成熟度专业测评师（DSMM）培训中心、国内第一个网络空间安全人才 CCSSP 综合技能体系、国内第一个工业级无钥签名数据安全技术体系、国内第一款大数据网络安全入侵监测及漏洞感知平台、国内第一个新一代信用风险评估模型体系、国内第一款大数据应用防火墙、国内第一个大数据系统雷达平台、国内第一个在线攻防风险管控平台、国内第一个大数据移动跟踪系统和国内第一个商业基因图谱检测技术等"十大技术成果"。

敏捷的大数据安全态势感知平台。为增强网络空间安全防护和安全事件识别能力，贵阳市基于公安块数据指挥中心，建成大数据及网络安全态势感知平台。平台汇聚全市辖区重保单位的流量安全检测数据和云端安全监测数据，具有态势感知、安全监测、追踪溯源、通报处置、指挥调度、侦查调查等八大功能，能对网络安全遭遇的攻击威胁进行同步感知、应对和处理，实现了公安机关网络安全"打防管控"一体化管理。截至 2022 年 12 月，贵阳大数据及网络安全态势感知平台监测到漏洞累计 2247 个、网络攻击达上百万余次，拦截 Web 攻击上亿次，确保网络安保工作"零事故、零差错"，有效提升大数据及网络安全整体保障水平 。在互联网监管工作排名全国前三，境外暴恐音视频举报工作排名全国第一。

以 DSMM 为抓手的数据安全治理"贵阳实践"。2017 年，贵阳市人民政府与阿里巴巴集团签署合作协议，落实"数据安全能力成熟度模型（DSMM）"国家标准合作模式，共建贵州大数据安全工程研究中心，开展 DSMM 试点符合性评估及数据安全产业发展的探索工作。五年来，贵阳积极推动 DSMM 从理论落地到实践推广，通过贵州大数据安全工程研究中心，逐步形成了"评估+咨询+认证+培训+产品"五维一体的完整产业发展模式，构建了以 DSMM 国家标准为核心的产业生态体系，形成了具有特色的数据安全治理"贵阳实践"。此外，贵州大数据安全工程研究中心以推进 DSMM 认证工作为核心，依托在贵州的大量项目经验，将已经实践成熟的贵阳模式向广东、天津、四川、重庆等地布局发展，助力推进全国的数据安全认证工作，在北京、粤港澳大湾区、天津、苏州等地积极推广数据安全治理的"贵阳经验"。

第六章

开展大数据创新应用
打造全国数据融合创新示范高地

融合创新，开拓奋进。当前，以大数据、物联网、云计算等为代表的新一代信息技术向各产业领域和层次深度延伸，与传统产业发生深度融合，促进传统领域跨界融合和创新。近年来，在西部大开发新格局下，围绕省委省政府确定的"四新"主攻"四化"主战略，贵州大力推进数据创新应用，大数据融合创新在政府管理、社会治理和服务民生等方面广泛应用，助推政务与民生服务日益科学化、精细化、智能化，更多改革发展成果正不断惠及百姓。2022年，《贵州省"十四五""智慧黔城"建设发展规划》提出，"十四五"期间，贵州将组织实施一系列"智慧黔城"建设重大项目，推进基础设施高水平融合发展，数字经济发展迈上新台阶，进一步提升数字化治理能力和智慧民生服务水平。同时，通过加快发展智慧商圈、智慧街区、智慧超市、智慧餐厅、智慧书店等新业态新模式，以智慧化改造、智能化应用带动城市消费升级，推动大数据由虚向实发展。

第一节　政府治理大数据应用示范

近年来，根据中央关于深化"放管服"改革、推进"互联网＋政务服务"以及数字经济发展的要求，贵州充分运用现代技术手段在政务服务领域开发了一系列智能化、便捷化的管理、服务于与应用场景，全面提升政府服务、管理和决策能力，推进政府治理大数据应用示范区建设，政府治理体系和治理能力现代化水平显著提升。2022年9月，国务院办公厅组织的2022年省级政府一体化政务服务能力第三方评估中，贵州被列为"非常高"组别，连续七年位居全国前列，政务服务实现了从"跟随追"到"领先跑"的跨越发展。

一、"贵人服务"品牌：筑就营商环境高地

作为全国少数、西部第一个主动对标国际营商环境的省份，贵州省聚焦市场主体诞生、发展和退出等"全生命周期"流程，围绕"放管服"改革的重点与方向，持续深化改革、优化服务，

为市场主体自由成立、规范健康成长、发展壮大以及有序退出营造便捷化、规范化的市场环境，深耕厚植"贵人服务"品牌"服务贵人"的营商沃土。全国工商联 2022 年度"万家民营企业评价营商环境"调查显示，贵州省要素环境、法治环境排名进入全国前十位，分别排全国第 8 位和第 6 位。

创新政策机制，实施便利化改革。2017 年，贵州省严格对标最新的世界银行营商环境评价标准，以全省 88 个县作为评价对象开展监测工作，对全省整体的商业环境和投资环境进行了一次清晰的调研和摸底。2018 年 1 月 1 日，作为全国第一个将诚信建设、政府投资服务和纠纷调处等纳入法定职责的地方性法规，《贵州省外来投资服务和保障条例》正式颁布实施，布局了政府服务外来投资的优秀示范举措。2019 年，为进一步完善营商环境建设的战略政策体系，《贵州省营商环境优化提升工作方案》发布，省直相关部门研究制定的改革举措也接踵而至。2021 年 4 月，贵州印发《打造"贵人服务"品牌建设国内一流营商环境三年行动计划（2021—2023 年）》明确提出，到 2023 年，"贵人服务"品牌效益全面体现，成为国内营商环境知名品牌，营商环境进入全国第一方阵。

提出"四贵四心"，增强投资者信心。2020 年 12 月，贵州省政府办公厅印发《关于进一步优化营商环境更好服务市场主体的若干措施》，正式提出打造"贵人服务"营商环境品牌，探索建立网格化服务市场主体模式，设立网格服务专员，在企业开办、融资信贷、纠纷解决等方面主动服务、靠前服务，切实做到"有难必帮、有求必应、无事不扰"，树立以人为贵理念，把企业和群众当"贵人"看待。伴随"四贵四心"这一理念的提出，贵州坚持以人为本、人民至上的理念，紧抓让企业"舒心、放心、省心、安心"的四重维度，把"极速"效率和"极优"服务提上日程，企业家们受到"贵人"的待遇和服务，投资贵州信心不断增强，贵州日益成为投资热土、兴业沃土、创业乐土。

擦亮营商品牌，构筑竞争新优势。营商环境是关乎企业利益的"软"环境，需要政府部门拿出向自己开刀的"硬"举措。从加速自身体制机制改革创新方面来说，贵州需要持续对标国内一流标准和水平，不断探索推动营商环境优化和竞争能力提升的有效路径。为此，贵州以改革与创新作为高质量发展的强大动能，正全面整合全省资源配置的效率与效能，推动全社会资源向优质企业和产品集中，鼓励全市场创新要素自由流动和聚集，以优质的制度供给、服务供给、要素供给和完备的市场体系，增强发展环境的吸引力和竞争力。

二、贵商易：全面形成企业服务新生态

2022年5月26日，贵州上线运行"贵商易"贵州省企业综合服务平台（以下简称"贵商易"平台），围绕绘制企业精准画像、支撑制定精准政策、搭建全省统一服务体系三个方面形成市场主体库，通过企业数据分析，支撑全省近400万市场主体精准画像绘制，实现政策企业双向匹配，从而达到政策应知尽知、应晓尽晓、应兑尽兑、应帮尽帮。

助力政策找企业、企业找政策。作为省内统一的对企综合服务入口，"贵商易"平台紧抓"政策找企业不准、企业找政策不易"这一核心问题和难点，找出能够有效破解拓展市场难、融资贵、融资难等一系列企业经营和发展痛点的方法，建成一个涵盖企业经营画像绘制、政策文件解读、政策信息推送、政策福利兑现等关键环节和功能的综合服务平台。依托"一网通办"体系支撑，这一综合服务平台充分运用贵州政务服务网的优势，激活省、市、县三级政务服务能力，打造"企业、政府、金融机构、消费者"四端数据融通、服务融合的对企服务新模式，推动各项助企纾困政策、资金、项目精准直达企业，引导企业通过平台便捷办理政务事项，实现"进一扇门、办全省事"。

"六找"服务满足企业多元需求。为不断提升政务服务水平和充分发挥市场对要素资源的配置作用，全面形成政府政策兑现，企业上下游供应链对接、金融信贷获取、产销循环、减税降费的企业服务新生态，"贵商易"平台提供找政策、找政府、找市场、找服务、找人才、找资金等"六找"服务。一是找政策，为企业提供全方位政策服务，解决企业"找不到、看不懂、不会报"等政策落实难的问题，让惠企政策直达企业。二是找政府，建立完整的用户认证服务机制、政务办理服务机制和诉求反馈通道，实现用户登录同步、认证同步、数据同步和服务同步，省、市、区（县）三级政务服务联动，企业反馈可查、可看、可评。三是找市场，由发布产品、寻找商机、招投标三部分构成，通过贵商易平台搭建数字经济中台，帮助企业产业链的衍生和完善，实现降本增效。四是找服务，为企业提供全生命周期服务，组建覆盖各类各行业的服务超市、发放助企消费券、引入行业协会等 NGO 组织，通过贵商易平台整合企业资源，实现资金和服务商互通，促进企业发展。五是找人才，由构建贵州省人才智库和发布招聘需求两部分构成，为市场主体提供高效、便捷的"人才推荐聚集地"，帮助企业快速招揽人才，实现人才供需匹配。六是找资金，为企业提供多元化的金融服务，由政策性贷款、贵州金服平台等部分构成。平台通过提供多元化的金融服务产品，响应各类企业多元化的业务需求，为企业提供优质的金融服务。

　　为企业提供智能化、便捷化、精准化服务。目前，在"贵商易"平台"找政策"板块，研究制定 198 条政策标签体系，汇总梳理贵州省省级政策 102 条、贵阳市市级政策 8 条，完成省级培育壮大市场主体行动、工业企业纾困解难等政策文件解读。平台可采取检索功能，挖掘出每条政策条款相匹配的具体企业，通过短信、邮件和电话等方式主动通知到位，让政策精准"找到"企业；与此同时，企业也可通过该平台快速掌握相关申报政策，查看政策库内容，实现"一键申报、一站办理、在线兑现"。"找政府"板块现已破除贵州省政务服务网的共享壁垒，实现 39 个行业、48 个省级部门、超 3000 项政务事项在线可查可办；结合贵州省 12345 政务热线线上诉求回收与反馈的能力，搭建企业咨询、投诉、建议、统一诉求反馈专项通道，实现企业反馈可查、可看、可评。截至 2022 年 6 月，平台累计上线政策文件 924 份、拆解政策 2022 条、上架事项 6651 个。未来，贵州省大数据局还将以精准直达为导向，围绕持续推进"贵商易"平台建设和推广应用，做到"上接天线、下接地气"，确保各项政策直达惠企，推动全省经济高质量跨越式发展。

三、多彩宝：打造数字经济大前端

2018 年，依托云上贵州数据共享交换平台，贵州打造全省政务民生服务移动互联网统一入口，建设"云上贵州多彩宝"政务民生服务平台（以下简称"多彩宝"）。作为贵州政务服务网移动端唯一门户，平台推进全省政务服务、公共服务和社会商业服务数据聚集，统一对外推广和提供服务。截至 2022 年 12 月，多彩宝 APP 集成政务民生高频服务 4000 余项，下载量突破 1.13 亿次，累计服务人次达 7.8 亿次，已成为贵州最大、用户最多、功能最全的数字政务、数字民生及数字商务平台。

数字政务平台：政务服务能力位居全国前列。"多彩宝"APP 是贵州政务服务网移动端唯一门户，全力打造多彩宝"贵人服务"品牌，助力贵州"放管服"改革和"数字政府"建设，打造一流营商环境。多彩宝平台已全面接入贵州政务服务网服务事项，集成全省各类政务、民生高频服务 4000 多项，建成一批便民惠企创新应用场景，接入公安部实名认证体系，在全国率先推出"身份证一站式掌上办"、率先开通代开电子发票已覆盖全省、率先开通社保资格认证等多项便民服务，已基本实现"一个 APP，办全省事"，在贵州乘坐飞机、驾驶汽车可不再随身携带身份证件，平台政务服务能力在全国省级平台中排名前列。同时，在全国率先提出并积极拓展"政务+后市场"，围绕覆盖全省的政务服务，不断培育政务相关衍生服务产品，向社会和用户提供增值服务，做大政务服务新业态，发展数字经济。

数字民生平台：便民服务项目应有尽有。多彩宝建设实施的"推动'多彩宝互联网＋益民服务'城乡全覆盖工程"，是2018年贵州省"十件民生实事"之一。多彩宝平台支持水、电、燃、数字电视等生活线上缴费服务，助力贵州在全国省级区域唯一实现互联网基础民生服务省市县乡村五级全覆盖，以"互联网＋"打通便民民生服务"最后一公里"。同时，多彩宝平台不断深化互联网、大数据在教育、就业、社保、医疗、家政、交通、养老、文旅等民生领域应用，提供各类智慧化增值类服务和产品，持续解决贵州老百姓生活中的难题和需求，提升用户获得感、幸福感。同时，在全国率先提出并积极拓展"民生＋后市场"，围绕覆盖全省的民生服务，不断培育民生相关衍生服务产品，向社会和用户提供增值服务，做大民生服务新业态，发展数字经济。

数字商务平台：数字经济发展助推器。2020年以来，贵州省政府依托多彩宝平台开展"多彩贵州促消费百日专项行动""多彩贵州·暖心冬季""数字贵州·乐享消费"等系列促消费活动，累计发放多彩贵州消费券、多彩贵州文旅消费券、新购汽车加油券、年货礼包券等共计1.94亿元，拉动消费60.43亿元，有效发挥了消费对经济增长的基础性作用，为贵州经济社会发展带来了新活力。促消费活动吸引全省19万家餐饮门店，48万家零售门店，561家重点汽车零售企业，重点家电、文旅、农特产生产企业，三大运营商等参与。多彩宝平台搭建"黔货商城"，助力农特产品产销智慧对接，100天实现本土农特产品销售累计订单量为 96.31 万笔，订单金额 4.28 亿元。其中，超过 87.35% 的农特产品销售到省外，真正实现黔货出山、出省。

数据资源开发利用成效初显。目前，多彩宝已成为贵州省数据最多、维度最广、安全可靠、应用场景最丰富的大数据平台，应用场景覆盖政用、民用、商用，依托用户、数据、算法、安全等优势，正根据国家和省有关法律法规，积极探索推进数据资源转化为数据资产，实现数据资源价值开发。在金融、教育、卫生、工商、交通、水电燃气等场景下已研发推出一批"大数据＋场景创新"的经济价值高的数据应用产品成果。在"大数据＋普惠金融"方面，与金融机构共建个人及企业信用画像、金融风控模型。2020 年，多彩宝与金融机构合作开发"公积金贷"产品，3 分钟完成申请、办理、放款，产品上线仅 4 个月，已完成大数据普惠授信 2.32 万户，在线投放信贷资金 9.94 亿元，让远在山区的群众享受到"一次不用跑"的普惠金融服务。

四、智慧司法：探索贵州司法行政智能化路径

近年来，贵州不断加强对以大数据平台等赋能政法智能化建设应用工作的组织领导，研究制定《贵州省政法智能化三年规划（2019—2021 年）》，不断深化政法大数据办案平台、智能辅助办案系统、政法大数据执法监督云平台建设与融合运用，形成智慧协同、智慧辅助、智慧监督的"智慧司法"新格局，全面提升全省司法办案和监督质效。2020 年与 2021 年，贵州连续两年入选全国政法智能化建设"智慧治理"十大创新案例。

智慧协同，实现案件"一个平台"办理。2018 年以来，贵州深入推进中央政法委确定的政法机关跨部门大数据办案平台建设全国试点省建设。针对政法各部门业务系统研究制定协同业务数据统一交换标准，实现刑事案件跨部门网上业务协同和案件办理全程电子化。截至 2021 年底，该平台已覆盖全省公安、检察院、法院、司法行政部门的各级办案单位。

数据录入"一步到位"。平台在不改变原有政法机关各部门办案系统功能的前提下，通过统一数据标准和接口方式实现业务协同、信息共享以及公检法司办案数据交换。依托一体化办案系统搭建的"信息高速公路"，破解了以往各政法部门办案系统数据无法共享，需由线下人工移送案卷资料并重复录入案件信息等问题。将案件电子卷宗的端口前移到了公安机关，实现了办案机关之间电子卷宗、法律文书等办案信息一次录入、网上推送。"十四五"期间，全省法院建成案件流程管理电子卷宗等 48 个骨干信息系统，实现"让数据多跑路，群众少跑腿"。

数据传输"一网贯通"。平台建立了可靠的数据传输跟踪机制，确保案件数据在各办案部门业务系统和平台之间的传输全程留痕和全程可追溯。为了破解上门办理业务，上门派送案件，往返换押案件等线下烦琐冗长的操作与程序，通过建设打通数据传输"高速公路"，层层打通办案单位之间的案件节点，形成侦查研判、审查逮捕、提起诉讼、案件审判等办案流程线上协同，办案信息线上留痕。2022 年以来，贵州全省法院积极探索开展上诉案件电子卷宗单轨制移送工作，全省上诉案件平均移送时间 39.95 天，较去年同期减少 23.67 天；案件平均审理天数 55.16 天，较去年同期减少 8.96 天。审判更绿色，更高效。

数据交换"一键生成"。为明确省级办案平台数据交换共享的主要功能，平台设计运用松耦合架构予以支持，采取数据文件共享与交换的办法，通过前置交换服务器和各政法单位执法办案软件开展对接工作。各政法业务系统根据统一数据交换标准改造生成交换数据包，通过在其业务系统一键点即可向平台提交案件数据并完成跨部门数据交换。在不替换各级政法机关执法办案软件的前提条件之下，省级办案平台同各级政法机关进行案件数据交换，根据统一数据交换标准，各单位执法办案软件根据案件信息生成规范化标准化的数据包，由省级办案平台进行数据传输与交换，减少了各级政法机关执法办案软件对接难度和阻力，最终达成了刑事案件实现跨层级、跨部门、跨系统网上协同、全流程网上办理的管理目标。

智慧辅助，实现证据"一套标准"认定。深化和拓展政法机关跨部门大数据办案平台应用，在实现政法各部门办案数据互联互通的基础上，依托该平台建成智能辅助办案系统。系统通过平台提供的图文识别、分析引擎等最新人工智能技术，对案件大数据资源进行处理分析，制定统一的证据标准，为办案人员提供智能辅助。

证据指引统一标准。制定兼容公检法司四家的网上协同卷宗标准和证据标准，运用智能辅助工具，通过人工智能技术将 102 种罪名的证据标准转化为数学模型，运用大数据将要素化、结构化的证据标准嵌入办案系统。侦查人员通过辅助工具实现电子卷宗自动识别分类、自动编目，同时有效避免了因证据标准认识不一致而导致办案单位之间相互推诿、多次退侦等程序空转，提升了办案质效。统一标准后，公安机关电子卷宗制作编目时间缩短至原来的 1/10，检察机关和审判机关收案时间缩短至原来的 1/3。

证据收集依据标准。侦查机关通过智能辅助系统证据标准对其收集的证据进行智能分析，依托证据链模型对构成案件的犯罪事实进行结构化梳理展示，指引干警在办案过程中按照标准收集证据，主动补强相关证据，帮助办案人员克服认识局限性和主观随意性，最大限度减少误差和干扰，增强证据的客观性、相关性和合法性。系统还对已收集的证据进行智能检查，阻止证据方面有瑕疵的案件"带病"进入下一环节，促进办案人员及时依法予以补正。

证据审查对照标准。办案人员在卷宗审阅阶段，通过在案件系统中批注案件证据的相关要素，实现对全案证据自动校验和证据完整性、逻辑性的智能审查，快速搜索案件可能存在的瑕疵，并向办案人员提示证据存在问题明细，使案件证据质量由人工审查向智能审查转变，倒逼办案部门按照统一的证据标准，依法、全面、规范地收集、固定、保存、移送、审查证据。截至 2021 年底，通过系统智能审查自动发现证据瑕疵 5 万余个，为提升司法办案质量发挥了积极作用。

智慧监管，实现质效"一把尺子"衡量。采用"基础＋应用"模式，在全国率先建成全省政法大数据执法监督智慧云平台，充分整合运用政法机关跨部门大数据办案平台和智能辅助系统融合应用形成的政法数据资源，通过智慧监管，实现传统的"人盯人、人管案"转变为"数据管案、数据管人"。

程序在线管理。大数据执法监督智慧云平台与跨部门大数据办案平台、刑事案件智能辅助办案系统和信访管理系统挂接，形成从信访举报、证据审查、程序监督、判决结果分析到跟踪事项督办的一整套闭环体系，实现了网上办案全覆盖、全程留痕、全程可追溯、实时预警。

风险在线分析。监督平台基于多元多维执法办案风险识别，通过风险叠加计算公式，计算出每个案件的风险因子，从案件程序、实体、量刑结果三个方面进行风险综合分析，设立风险权重积分规则，重点对高风险评分的案件进行自动风险预警，并根据所得结果分级、分类、分阶段推送给相关部门或个人，督促办案人员参考分析结果，把好案件的实体关、程序关和定罪量刑关。

案件在线评查。政法大数据执法监督智慧云平台在汇聚案件、人员、风险等各类数据基础上，采取大数据技术对各类案件风险进行多维度分析展示。案件评查机关通过评查系统对于风险案件进行在线评查研判，支持风险案件调阅，将风险案件重点或随机分发给案件评查人员进行评查，根据评查要素研判案件，录入相关数据，自动生成评查报告，使评查结果更加客观公正，大大提升了案件评查结论的公信力。

第二节　民生服务大数据应用示范

　　大数据与服务民生融合释放高质量发展的数字红利。近年来，贵州致力于将大数据延伸到民生各领域，利用大数据洞察民生需求、优化民生服务，深度开发各类便民应用，推动大数据与老百姓的衣食住行等服务相融合，打造大数据全服务链，着力解决普惠性民生问题。在大数据赋能之下，贵州省保障和改善民生的能力持续优化，民生服务跑出"加速度"，民生福利不断释放。

一、"互联网＋医疗健康"：促进医疗数据汇聚共享应用

　　2021年以来，贵州省不断加快推进国家健康医疗大数据中心、互联互通试点省和"国家互联网＋医疗健康"示范省建设，全省14个5G+医疗健康应用成功入选国家试点，启动建设7家互联网医院，推动卫生健康信息化和"互联网＋医疗健康"取得明显成效。2021年1月至11月，全省远程医疗服务量77.1万例次，远程医疗累计服务超230万例次。全省县级以上公立医疗机构依

托统一预约挂号平台，提供网上预约挂号 76.3 万人次。此外，省医药综合监管平台接入医疗机构 260 家，加强了医疗服务和药品使用的事前提醒、事中管理、事后监管。

夯实"互联网＋医疗健康"支撑体系。依托"一云一网一平台"，推进线上和线下一体化的服务与监管工作，统筹搭建省、市、县三级全民健康信息平台，强化全行业的数据互联互通与融合共享，打造统一权威、互联互通的全省卫生健康综合监管平台，形成"用数据说话、用数据决策"的良好局面。为了全面提升医疗机构信息化水平，运用先进数字技术推进全省县级以上医院智慧化升级建设。依托"互联网＋"优化诊疗服务流程，加快有条件的医院建设医院集成平台建成，实现以患者为中心的临床业务一体化管理。积极拓展居民电子健康码在诊疗服务、计划免疫、妇幼保健、血液管理等领域的应用，打通全省卫生健康行业内信息共享壁垒。

健全"互联网＋医疗健康"服务体系。深入实施"互联网＋医疗健康""五个一"行动，即依托"一体化"共享服务提升便捷化、智能化、人性化服务水平；依托"一码通"融合服务破除多码并存、互不通用信息壁垒；依托"一站式"结算服务完善"互联网＋"医疗在线支付工作；依托"一网办"政务服务解决办事难、办事慢、办事繁问题；依托"一盘棋"抗疫服务强化医疗卫生、工信、公安、交通运输、通信等部门的信息联动，建立智慧化预警多点触发机制，加强常态化疫情防控信息技术支撑，持续推动"互联网＋医疗健康"便民惠民服务向纵深发展。

完善"互联网＋医疗健康"监管体系。严格对标并积极贯彻国家卫生健康信息化标准规范，推动"互联网＋医疗健康"应用发展政策措施的革新与完善，全面推动病案首页书写规范、疾病分类与代码、手术操作分类与代码、医学名词术语"四统一"。建设省级互联网医疗服务监管平台，规范"互联网＋医疗健康"应用。严格执行《网络安全法》及其配套政策规定要求，落实全行业网络信息安全主体责任，筑牢信息安全底线，确保信息安全，让百姓放心接受"互联网＋医疗健康"服务。

创新健康医疗大数据产业发展。积极探索建立完善的健康医疗数据授权开发利用机制，创新实施全省健康医疗数据共享开放计划。创造良好的招商条件和营商环境，加大招商力度，重点引进新药研发、健康医疗智能装备研发制造、生物 3D 打印等大健康大数据融合的独角兽企业和优强企业，加强对小微企业的孵化支持力度。鼓励和引导社会资本参与卫生健康信息化建设，推进健康医疗大数据"政产学研用"一体化发展，培育产业发展新模式和新业态。

打造"互联网＋医疗健康"应用示范。充分利用国家健康医疗大数据西部中心示范省和国家"互联网＋医疗健康"试点省优势，积极鼓励院校、科研机构、高新技术公司企业应用大数据资源和技术优势，探索健康医疗大数据科研发展新模式，发挥"互联网＋医疗健康"科研示范效应。积极鼓励医疗卫生机构应创新开展人工智能在医疗领域的创新应用，探索"互联网＋护理"等创新发展新模式。推行"互联网＋医疗健康"康养示范，支持提供中医药养生保健、医疗、康复、护理等智能服务，推动中医特色诊疗服务智能化发展。

二、贵州信用云：助推"诚信贵州"建设

以数据为核心，以共享为驱动，以联合奖惩为抓手，2017 年 12 月 7 日竣工的贵州省信用平台网站（以下简称"信用云"）将信用数据服务于实体经济、政府治理、社会管理等方面，通过与贵州政务服务网共建共享，纵向归集了省、市、县 99% 以上的公共管理部门信用信息，横向同省市场监管局、省法院等 20 多个部门完成了信用信息共享交换。在 2020 年，全国信用信息共享支撑中小微企业融资和"放管服"改革观摩视频会上，信用云荣获"特色性平台网站"称号。

数据共享描摹信用画像。信用云收集了税务、企业、金融及相关政府部门的海量数据，按数据统筹标准对涉税大数据进行融合整理，根据使用者需求，以精准画像方式提供定制化服务和推送数据应用服务。以税务信用云为例，税务部门通过开发建设"税务信用云"，按照税务信用评价标准，自动评出市场主体信用级别，将市场主体的涉税数据转化为"信用资产"，替代银行过去要求的实物抵押担保等增信措施。目前，"信用云"已建成企业法人、社会组织、机关事业单位和自然人四大信用主体基础库，并与国家信用信息共享平台实现了数据对接。

红黑名单实现奖惩分明。"诚信者，一路绿灯；失信者，寸步难行。"贵州运用"信用云"推动信用信息公开和共享，加大对诚实守信主体激励和对严重失信主体惩戒力度，形成褒扬诚信、惩戒失信的制度机制和社会风尚。联合奖惩是信用建设的关键，贵州信用通过建设"红黑名单"实现奖惩分明。贵州建工监

理咨询有限公司、贵州燃气集团股份有限公司等 100 家企业被确定为首批"贵州诚信示范企业",这份诚信"红名单"信息已录入省信用信息共享平台,可享受 35 个部门提供的包括税收、工商、企业融资等 61 项联合激励政策。

信息支撑建设诚信贵州。"信用中国(贵州)"网站作为"贵州信用云"的互联网信用服务窗口,以信用信息基础数据库作为支撑,开设了"贵州省信用信息综合查询平台"专栏,可查询企业和重点人群信用记录,免费下载信用报告。截至 2020 年上半年,通过网站和微信公众号、手机 APP 面向社会公众提供公示、信息查询等服务,网站共发布信息 3.6 万条,累计访问量 1270 万人次。在 2019 年全省电子政务网及政府网站创新发展优秀案例评选中,"信用中国(贵州)"网站曾获得全省政府网站第五名。

三、食品安全云:构建大数据全链条追溯体系

食品安全云是国内首个食品安全云平台,该平台以跨地区、跨部门的海量食品安全与营养检测数据、舆情信息为基础,面向社会及时、公开、权威发布食品安全检测和营养分析数据,汇集了北京、广东、山东、山西、新疆、福建、四川、重庆、江西 9 省市的 60 余万条食品安全检测信息。2014 年以来,贵州省大力推进大数据产业,明确把"食品安全云"作为重点领域应用示范工程之一。

"三体系一平台"云服务平台。"食品安全云"构建了"一个数据中心,一个信息平台,两类云端服务,实现六类用户连接",

形成了智慧监管体系、互联网＋检验检测体系、企业认定溯源体系和大数据平台"三体系一平台"的云服务平台。其中，统一的数据中心是指采集检验检测、法律法规、标准、舆情及行为等数据，实现政府、企业、检测机构数据的开放共享；信息化平台是指构建面向各社会主体既相互独立，又互联互通，不同用户分层次分级别使用、私有云和公有云协同的信息服务平台；两类云端服务是指软件即服务和信息即服务，提供食品安全监管和服务效率提升、产品溯源、舆情分析、认证查询等信息服务；六类用户连接是指面向政府、食品生产、商务流通和餐饮企业、检验检测机构、媒体、消费者六类用户，通过信息化手段，实现各社会主体食品安全社会治理的责任。

"食品安全云"应用场景。面向政府监管部门，提供行政许可、舆情监测等信息技术支持。面向食品生产企业、农产品种植养殖企业，提供数据接入管理、认证查询、舆情分析等服务。面向电子商务平台，"食品安全云"和京东、中国农高网、贵州电子商务云等电子商务平台合作，为互联网交易食品保驾护航。面向检验检测机构，"食品安全云"对内提供实验室信息管理系统，实现检验检测机构检测行为的规范化、检测过程的标准化、检测结果的数字化，实现检验检测数据的开放共享；对外提供数据开放共享接口服务和检验检测电商服务，为检验检测机构拓宽业务能力。面向餐饮业，形成了餐饮类企业食品安全保护的技术体系；面向消费者，开发的"食安测"手机软件已经上传到360等手机应用市场，消费者可以通过"食安测"手机软件，对进入食品安全云数据库的超市食品扫码，获取食品品质信息，放心购买食品。

"食品安全云"推动社会共治。依托"三系统一平台"的"食品安全云"综合架构，"食品安全云"提供食品安全监管、产品溯源、舆情分析、认证查询等信息服务，推动食品安全社会共治。2017年，"云上贵州·专家评云"活动结果显示，"食品安全云"获得综合评价考核二等成绩，展示了贵州民生数据"聚通用"成效显著提升，数据集聚量指数级增长。截至2021年12月14日，"食品安全云"已积累了2.87亿条数据，其中，企业信息1780万条，检测数据15003万条，监管数据2194万条，标准法规知识数据423万条，舆情数据9301万条，大力推动了"互联网+"与食品安全社会多元共治格局的形成。

四、"通村村"平台：推进城乡交通一体化

"通村村"农村出行服务平台（以下简称"通村村"平台）是贵州省独立研发的、全国首个解决农村群众出行难、小件物流进出难的智慧交通调度平台，构建了乡村出行物流基础设施骨干网络和末端服务网点。"通村村"平台率先在雷山县开展平台建设试点，于2017年在全省35个县开始推广应用，2018年8月实现全省县县全覆盖。截至2019年底，全省共建成村级服务站点15000余个，覆盖全省所有行政村，初步形成了一张服务全省村民出行和农村物流的"1+9+88+N"[○]的出行和物流网络格局，促进城乡交通一体化。

○　"1+9+88+N"即1个省级中心、9个市州、88个县、N个村级服务点。

破解农村出行难题。"通村村"平台通过人车联网，实现出行需求与运力供给信息实时共享与精准匹配，满足广大农村群众个性化、多样化出行服务新需求。仅包车业务在盘州市、麻江县、雷山县等地单月运输超过 1.5 万人次，单县呼叫班车超过5000 人次。从运行情况看，农村群众出行平均候车时间由原来的2 小时减少到 30 分钟，农村地区客运车辆实载率从平台上线前的56% 上升到 80%。

促进城乡物流互动。按照"多点合一、资源共享"模式，加强部门协作，鼓励多业态融合发展，形成集农村客运、商贸、电商、快递、物流、邮政、金融等于一体的综合性服务点，打通乡村微循环，连接城乡大市场。同时，赋予服务点班线客车预约、车票代售订购、小件快递投递、批量农产品运输包车等增值服务，畅通了工业品下乡和农产品进城双向物流通道。

强化行业安全监管。通过应用"通村村"平台，监管部门能够对运行的客运、货运车辆行驶速度、驾驶人员信息等进行实时监管，有效降低了安全事故发生，最大限度保障了人民群众的生命财产安全。为学生提供定制班车服务，可以让学生出行平均时间减少 50 分钟左右，人均出行成本下降近 20%，确保每个农村学生有车可坐、家长有轨迹可循、行程有安全保障，让学校放心，让家长安心，极大方便了农村地区学生安全往返。

加快乡村旅游发展。平台在升级完善过程中，逐步链接景区景点、传统村落、民俗风情、地方特产，并与携程网等合作，提供旅游攻略、智能导览、酒店（民宿）预订、网络销售等拓展功能。游客通过"通村村"APP，可以预约出行、预定住宿及景区门票等，并能根据展示推介定制最佳旅游路线，获得更佳的旅游享受。目前，全省乡村旅游村寨突破 3500 个，旅游车辆 6100 多辆，有力助推旅游业"井喷"增长。

助推交通强国建设。平台深入推进大数据与交通运输深度融合，为大数据战略行动和交通强国建设提供了"贵州经验"，成为贵州继"县县通""村村通""组组通"之后的又一张靓丽名片。目前，"通村村"平台是交通运输部农村客运智能化应用唯一示范项目，已在湖南、广西等 5 个省份复制推广，先后有 20 多个省份来黔考察学习，贵州交通再次在全国发出了好声音。

第三节　精准扶贫大数据应用示范

2019 年 5 月，中共中央办公厅、国务院办公厅印发的《数字乡村发展战略纲要》明确提出，数字乡村建设既是乡村振兴的战略方向，也是建设数字中国的重要内容。近年来，贵州省通过不断探索，依托全省数据共享交换平台，探索建立了扶贫云、劳务扶贫就业大数据平台、黔菜网和一码贵州等一系列应用场景，实现"大数据 + 精准扶贫"的深度融合。

一、贵州扶贫云：助力扶贫致富乘"云"而上

依托云上贵州数据共享交换平台，贵州扶贫云作为支撑服务全省脱贫攻坚的综合性管理调度、业务工作平台，打通了涵盖扶贫、公安、教育、工商等 12 个省级部门的数据资源。系统共涵盖数据分析、业务工作、数据协同、数据采集、视频云和系统管理 6 个部分，通过对全省贫困人口的监测，实现贫困人口的精准定位。

探索"云端"扶贫新模式。紧握新一轮技术革命的时代契机，以大数据为引领，贵州农业推向全新的数据化时代，向建成"互联网＋大数据＋云计算＋电子商务＋智能物流＋观光旅游"，集线上线下为一体的"种、养、收、加、销、送、旅"的全新智能生态农业综合体大步迈进。自 2015 年建立以来，平台从"扶持谁、谁来扶、怎么扶、如何退"四个方面入手，通过汇聚整合跨部门数据资源，实时全面掌握全省贫困人口实际情况，动态监测帮扶项目资金落地情况等方面情况，着力推动扶贫工作数字化、动态化、精准化建设。

创新建设"明白栏"信息核实平台。2020 年 3 月，贵州成立了扶贫云深化建设工作专班，对贵州扶贫云数据需求清单进行深化拓展，建成投用"明白栏"信息核实平台子系统。同时，通过"三个创新"，有力推进建档立卡贫困户四个"明白栏"全省覆盖。一是创新信息核实方式，根据应纳尽纳原则，将省直部门数据自动导入前端核实界面，在需要核实的各类帮扶信息指标中实现系统自动导入填充 80% 以上。二是创新系统校验机制，综合运用关联运算、逻辑判断、自动校验等功能机制严把数据入库关卡，梳理汇总并定期通报部门数据与现场核实"账实不符"的问题，有效解决帮扶数据口径不一的问题。三是创新系统建设理念，运用"分割包围、重点突破"的战术理念，自接到任务起仅用时 24 小时即完成平台 PC 和 APP 两端主要功能建设并投入试用，有力高效支撑"四个明白栏"全省覆盖向纵深推进。

打通数据流转通道赋能脱贫致富。通过"云上贵州数据共享交换平台"实时向各省直部门提供全省贫困情况数据，并定期获取扶贫领域省直各有关行业部门数据，构建省级层面横向到边的数据共享体系。开发投用"数据自动比对端口"，实现数据流转融合无人化操作，大幅降低相关工作人力物力投入，进一步提升系统整合汇聚各类型数据的能力。截至 2020 年 5 月底，贵州扶贫云已获取全省扶贫领域各有关行业部门数据 55 次、519 项指标、1.3 亿条数据，累计已向 18 家省直部门、2 个市州、2 个县区共享提供贫困数据 36 次共计 2.2 亿条数据，为精准扶贫和精准脱贫提供坚实数据支撑。

二、贵州省劳务扶贫就业大数据平台：支撑全省扶贫就业"一盘棋"

就业是民生之本，是最大的民生工程、民心工程、根基工程，是社会稳定的重要保障。为做好劳务就业扶贫工作，2020 年 5 月 20 日，中共贵州省委办公厅、省政府办公厅正式印发《关于进一步加强劳务就业扶贫工作的实施意见》，首次提出搭建"贵州省劳务就业扶贫大数据平台"，着力整合资源开发就业岗位，打通人岗精准匹配通道促进省内未就业及返乡贫困劳动力稳就业、稳收入、稳脱贫。截至 2021 年 12 月，贵州省劳务就业扶贫大数据平台上线以来，已促进贫困劳动力就业 29.09 万人次，为 44.86 万人匹配推荐就业岗位。

平台总体架构与工作模式探索。平台按照"1+1+2"总体架构建设，即 1 个就业服务监测系统、1 个指挥决策分析系统、2 个基础数据库（劳动力数据库、岗位数据库），探索完善"1+3+N"工作模式，即依托 1 个平台，建设 3 个终端（政府部门管理端、劳务公司匹配端、劳务经纪人服务端），完善人岗匹配、就业跟踪、监测预警等多个功能模块。平台将贫困劳动力与劳务就业岗位进行精准匹配，有效打通劳动力就业愿望和岗位需求之间的联系，建立"线上匹配、线下推荐、跟踪监测、动态服务"的全流程工作服务机制，逐步实现贫困劳动力就业的信息化、动态化和精准化管理。2020 年 5 月 25 日，平台功能开发基本完成，省人力资源和社会保障厅已在全省推广使用。

决策分析"一张图"开发上线。实时掌握省、市、县各级的劳务潜力、人岗匹配、就业区域、行业分布等数据，对全省就业人员、就业岗位及就业形势进行统计分析，实现全省"一盘棋"，为各级业务部门提供决策参考意见。依托国有公益性劳务公司、人力资源机构等市场主体和社区（村、居）干部、网格员、社会保障协理员等基层力量，采集就失业数据，推动平台数据动态更新。依托平台开展就业监测预警，以农村低收入人口、易地搬迁人口等为重点，紧盯 42.93 万"三类"监测对象，常态化开展就业监测，严防规模性失业风险。根据劳动者就业稳定程度，为全口径劳动力建立分级管理、分类更新、分类服务的工作机制，推动实现更加充分、更高质量就业。

贫困劳动力数据库、劳务就业扶贫岗位数据库"两个库"开发上线。对省人力资源社会保障厅统筹收集的各单位和各部门提供的岗位数据以及省扶贫办与省移民局提供的贫困劳动力数据进行清洗入库，贫困劳动力数据库已经上线 4798966 条人员数据，覆盖了全省所有建档立卡贫困户和易地扶贫搬迁户劳动力；劳务就业岗位数据库已上传 1566550 个岗位；实现对全省就业人员与就业岗位的"心中有数"，为实现跨产业、跨行业、跨地域的岗位和劳动力信息融合分析提供数据支撑。

平台人岗"画像"匹配功能。通过搭建"岗位画像"和"劳动力画像"模型，结合贫困户属性、意愿、收入等多维度指标，对岗位和劳动力精准划分，平台自动实现人岗智能匹配，精准实现人找岗位和岗位找人。同时，通过记录每个劳动力务工岗位的薪资标准、就业时长、就业轨迹等信息形成"就业画像"，全力支撑全省人员就业形势分析。另外，为了帮助帮扶干部更加方便快捷地开展就业扶贫工作，还开发上线了平台管理、就业成效、运营监测、预警监测及报表中心等功能模块，实现就业人员的精准管理与就业状态的动态预警监测和分析，帮助各级业务主管部门及帮扶干部实现及时精准调度，使得劳务就业扶贫更加精准高效。

三、黔菜网：助推农副产品实现"黔货出山"

黔菜网（贵州农产品大数据平台）于 2020 年 3 月 31 日正式上线，主要以根植贵州农业行业、传播农业信息、服务农业市场、实现"黔货出山"，助力脱贫攻坚。其通过为全省每天发布全国主要批发市场农产品销售价格信息，定期对贵州农产品销售目的地提出建议，为全省各类经营主体提供销售指导和服务。同时，平台可根据不同农产品、不同目的地计算最合适的运输方式，降低损耗和运输成本，并通过数字化物流流通系统保障运输安全，确保运输效率，全力助推贵州省农副产品实现"出山出海"。

构建全省农产品基地大数据平台。通过设备采集、人工填报、市场摸底、全国各大市场系统接口等方式，初步构建了贵州最大最全的基地大数据平台，详尽呈现全省3000多个种植基地的具体情况。并通过基地信息汇总，数字呈现，全面了解和掌握全省主要基地种植情况、产能情况、现代农业发展情况、即将上市农产品情况、可能滞销的信息并制定应急销售预案等。同时，及时发现贵州农业基础设施短板，发现潜在可孵化的基地经营主体，科学优化资源配置，提高产业效能。目前，平台已经收集呈现了全省30亩以上规模基地3628个，共378.45万亩。

构建校农对接产销云平台。为实现省内省外双驱动，更好地服务当地农业产业发展，以黔西南州校农对接整州推进为依托，在全州构建了校农对接产销云平台，逐步将以往传统的线下采购转到线上下单采买，大幅提高了采购效率，降低了采购成本，实现了集约化管控。平台通过业务数字化，对需求信息精准呈现并推送至合作基地，基地按需调整产业结构，以销定产；通过外联全省市场和省外大市场，实现农产品分地区分级销售，使农产品商品价值最大化。

构建智慧农技服务平台。为助力贵州农业后发赶超，依托贵州农产品大数据平台，贵州蔬菜集团搭建了智慧农技服务平台，通过引入农业相关的社会经济组织包括政府公共服务体系，农村自发形成的农业合作经济组织，涉农企业以及农业院校、科研院所等，以合作经济组织为基础、龙头企业为骨干、其他社会力量为补充，公益性服务和经营性服务相结合、专项服务和综合服务相协调，为农业生产提供产前、产中、产后全过程综合配套服务的体系。

开放共享市场信息。贵州蔬菜集团与全国54个大型农产品批发市场上3000个档口实现互联互通和贸易合作，实现市场数字化、生产数字化，所有数据向平台用户开放，产供销全渠道协同。精准定位贵州农业气候优势、区位优势、品类优势，聚合平台上遍布全国的销售主体，以需求为导向、反向供应链的产业组织方式，从市场角度提供种植建议，供求精准对接的产业链将改变原有的产业发展模式。通过构建线上线下、全流程、一体化的农业供应链体系，让贵州更好更快地融入全国大市场。

激活农产品销售市场。作为电商服务平台，贵州省农产品大数据平台通过融合汇集天气数据、市场贸易数据、全国各产区种植加工数据，通过对数据的分析研判，对可能滞销的单品发出预警，对农业供给侧结构调整提供依据。通过对全国价格行情数据进行整合与分析，发现季节性集中上市、批量供给的大宗农产品机会，指导经营企业拓展价格高、空间大的主销区市场，为贵州农产品销售提供市场方向。截至2021年12月，平台已实现对全国主要农产品批发市场销售数据、价格数据适时抓取、智能分析，已覆盖88个县、3623个基地、378.45万亩基地，线上店铺数量883家。

四、一码贵州：拓展线上线下产销对接渠道

贵州智慧商务大数据平台（以下简称"一码贵州"）于2020年7月23日上线试运营，主要定位是"消费扶贫窗口、智慧商

务平台、优质黔货卖场、市场拓展先锋",通过一站式汇聚供需两端资源,一个平台多种消费场景,满足普通消费者购物、生活服务等多种需求,满足用户集中和大宗采购需求,为生产者提供全新的销售渠道。截至 2022 年 9 月,"一码贵州"APP 累计下载次数 207302 次,平台累计完成交易额 183.66 亿元,订单 599.95 万笔,上线产品 11.67 万个,入驻企业 3.81 万家。

"一码贵州"平台总体构架。"一码贵州"由"信息采集平台、一站式购物平台、数据管理后台"三大板块构成,消费者和供应商均可通过扫码或搜索"一码贵州"小程序进入,根据消费或产品进驻等需求,选择相应服务,旨在实现信息流、商流、物流、资金流"四流合一",实现"小农户"与"大市场"的有效对接,助推黔货出山,助力乡村振兴。当前,"一码贵州"已汇聚各类产品 2 万余种,覆盖全省 9 个市州,入驻企业 97 家,上架产品 146 种,将有效带动贫困户增收脱贫。

构建"平台 + 数据 + 订单 + 生产者"利益联结机制。一码贵州通过完善的数据管理制度,明确的数据治理结构,清晰的数据模型对平台数据进行管理分析,以精准的产销数据,推动"以销定产"订单农业,创新构建"平台 + 数据 + 订单 + 生产者"利益联结机制。围绕"服务下乡,黔货出山",用一个平台一张网,持续推动产业与电子商务的深度融合,将"一码贵州"打造成贵州特色产品知名销售平台。通过不断加强数据管理能力,提升数据资产价值,助力传统产业数字化,助推数字经济健康发展。截至 2022 年 8 月,"一码贵州"已累计吸纳省内外 4.17 万家企业入驻,为广大消费者提供包括特色黔货、农产品、工艺品、酒店预订、出行车票、外卖点餐等不同类型的商品 20 万个，交易额达 225.47 亿元。

开展贵州一码消费扶贫行动。在"贵州一码消费扶贫行动"以及"2020 黔货出山风行天下·夏秋攻势行动"的推动下，全省上下依托"一码贵州"开展消费扶贫行动，通过积极引导和运营奖励等措施，为平台交易数据的快速沉淀提供了有力保障。在"一码贵州"的对接下，将威宁三白、凤冈黄牛、赤水竹笋、织金皂角米等为代表的超过百万斤的贵州农产品销往广东、上海、湖南、重庆、广西、甘肃、云南、四川等地。在平台经济的模式下，推进乡村集货、云仓集单、数据互通、统仓共配的全省电商供应链体系建设，实现"一个产品多仓卖""零碎产品汇集卖"，通过规模化和大数据智能调度降低全省流通成本。未来，在结合省商务厅关于数字经济、智慧商务的产业布局基础上，"一码贵州"平台继续深化"四步走"方略，旨在构建"商务智慧化、购物智能化、交易便捷化、数据本地化"的智慧电商生态系统，构建数字经济新业态，创造更多价值。

第七章

开展数据资源交易流通
打造数据流通核心枢纽

数据是新的关键生产要素，是国家基础性战略资源。中共中央、国务院 2020 年 3 月发布的《关于构建更加完善的要素市场化配置体制机制的意见》，将"数据"与土地、劳动力、资本、技术并称为五种要素，提出"加快培育数据要素市场"。2022 年 1 月，国务院印发《关于支持贵州在新时代西部大开发上闯新路的意见》，明确提出"支持贵阳大数据交易所建设，促进数据要素流通"。贵州省作为全国首个大数据综合试验区，积极培育数据要素市场，探索流通交易数据价值和交易模式，成立了全国首家大数据交易所。2022 年，贵州抢抓数据价值化新机遇，大力探索数据要素资源化、资产化、资本化改革新路径，培育数据要素流通产业生态，数据要素市场探索进入优化提升阶段。

第一节　全球首家大数据交易所

2015 年，贵阳大数据交易所挂牌运营，先行探索数据资源流通和交易路径，在组织架构、数据产品、交易方式、盈利模式等方面开展了诸多实践，得到了各级政府、业界和媒体的高度关注，国家部委领导多次调研指导，社会认知度高，开启了数据资源交易流通的初步探索。2021 年，贵州立足省情，大胆创新，在前期数据交易探索的基础上，结合国家公共数据资源开发利用试点省建设、全国一体化算力网络国家枢纽节点建设，通过强顶层、定制度、建规则、搭平台、育生态，组建了贵州省数据流通交易服务中心，完成贵阳大数据交易所有限责任公司的投资重整，形成"一中心＋一公司"的贵阳大数据交易所新体系架构，打造了数据流通交易新模式，大力推进数据价值化，为国家数据要素市场化配置改革探索提供经验。

一、顶层设计

2022 年 3 月 21 日，贵阳市中级人民法院正式裁定批准贵阳大数据交易所重整计划草案，重整投资人贵州云上数据交易有限公司将整体接收贵阳大数据交易所。2022 年 4 月 19 日完成贵阳大数据交易所公司的工商变更。贵州省大数据发展管理局作为行业管理部门，负责统筹管理贵阳大数据交易所工作，指导制定数据流通交易制度、规则、技术标准规范等，加快数据流通交易市场体系建设。贵州省地方金融监督管理局作为行业监管部门，负责贵阳大数据交易所及其经营活动的监督管理工作，会同行业管理部门共同维护行业秩序。贵州省数据流通交易服务中心作为贵州省大数据发展管理局下属一类事业单位，具体负责数据流通交易、合规监管服务等工作，承担数据流通交易平台建设管理，开展数据商准入审核、数据要素登记等服务，委托贵阳大数据交易所有限责任公司进行平台运营，推动数据要素市场培育。

2022 年 1 月，国务院印发的《关于支持贵州在新时代西部大开发上闯新路的意见》（国发〔2022〕2 号）明确提出："支持贵阳大数据交易所建设，促进数据要素流通。"为抢抓数据价值化新机遇，加快培育数据要素流通市场，贵阳大数据交易所进入优化提升阶段。优化提升后的贵阳大数据交易所负责数据流通交易平台日常运营、市场推广和业务拓展等工作，开展交易撮合、第三方中介等服务，确保交易场所的合规稳定运行。依法依规接受相关部门的监督管理，坚持合规运营，有效防范风险，确保数据安全。积极培育构建数据流通交易市场体系，推动数据要素实现有序流通交易和价值充分释放，力争 2025 年数据交易规模达到全国一流水平，成为国家数据生产要素流通核心枢纽，打造国家级数据交易场所。

为促进数据交易规范化、保障数据交易安全性，贵阳大数据交易所明确所有交易标的须经合规审查、安全评估后，才能在贵阳大数据交易所上架交易，确保了交易流程的安全性。明确交付方式采用 API/SDK 接口、离线数据集、数据报告、数据库 / 数据系统 / 数据平台、云计算服务、云安全接入（代理）服务等多种形式，增强了交易方式的便捷性。明确禁止违反法律法规、侵害个人（企业）隐私信息的数据及数据服务流通交易，保障了交易过程的合法性。

为提高交易品种多样性和市场化水平，贵阳大数据交易所服务范围包括：开展数据流通交易平台服务，运用云计算、区块链、联邦学习、多方安全计算等技术，建设数据流通交易平台，面向全国提供交易、结算、交付等服务；开展数据流通交易登记服务；开展数据商登记、第三方数据服务中介机构登记、数据要素登记、数据信托以及开展数据用益等凭证服务；开展多元数据交易产品撮合服务，线上线下一体的数据产品、算力资源和算法工具等多元化数据交易供需撮合服务；开展第三方中介服务，培育专业的第三方数据服务中介机构，为各方市场参与主体提供法律咨询、数据集成、质量评估、合规认证、安全审查、争议仲裁、人才培训等专业配套服务，打造数据流通交易中介生态体系；探索数据资产金融创新服务，试点开展数据资产质押融资、数据信托、数据保险等服务；探索数据跨境流通数据服务，积极参与建设数字丝绸之路国际数据港，重点面向"一带一路"国家提供数据服务。

二、平台建设

2021年10月11日，贵州省数据流通交易平台正式上线，主要围绕突出政府公信力、强调市场属性、聚焦数据供给，以安全可信的开发利用环境为底座，打造数据流通交易新模式，进一步破解了数据流通交易中公信力缺失、市场供给不足、缺乏安全保障和交易生态弱等瓶颈问题。平台包含了数据产品上架、数据产品交易、数据商准入、交易监管等子系统，上架的数据产品覆盖公共资源、气象气候、地理空间、金融服务、政务民生、道路交通等多个领域。其中，企业数据产品涵盖了气象数据产品、全国物流数据产品、招投标行业数据产品、运营商三要素数据产品等；公共数据产品包括人社数据产品、不动产数据产品、公共资源数据产品、税务数据产品、工商信息数据产品、电力数据产品等。

拓宽市场的同时，在行业深耕方面，贵阳大数据交易所也一直勇于"闯新路"。2022年4月22日，在贵州省气象局和贵州省大数据发展管理局指导下，经贵州新气象科技有限责任公司与贵阳大数据交易所共同努力，全国首个官方数据专区——"气象专区"正式上线运行。这是贵阳大数据交易所首次定制建立行业数据专区，为中国高价值气象数据有序流通交易按下了启动键，经过精细化运营，气象专区已完成500余万交易额。8月18日，全国首个"电力专区"也正式上线，这是继"气象专区"成功上线后的又一行业优质数据资源供给。"电力专区"由贵阳大数据交易所和贵州电网公司共同建立。该专区产品体系包括标准化电力数据产品、场景化电力数据产品、电力数据体验样例、电力数据算力产品等4大类共计28个产品及电力数据权威验证服务1个特色服务，将全力探索推进电力数据全面汇聚、共享互通、创新应用。

为扩大行业影响力，贵阳大数据交易所创建了数据商联盟，为数据商搭建数据要素价值释放的交流平台；同时，借助"中国国际大数据产业博览会"这个国际级的大数据专业交流平台，以承办专业论坛的方式，聚集资源，树立品牌，扩大影响，凝聚共识，巩固地位。目前，中国国际大数据产业博览会与贵阳大数据交易所已形成"一会一所"强强联合，"一会"引流，"一所"转化，相互赋能、相得益彰的数据价值化"贵州模式"。

三、规则制定

在管理模式上，贵州省大数据发展管理局作为行业管理部门，负责数据流通交易统筹管理，组建了公益一类事业单位性质的数据流通交易服务中心，强化公共属性，突出公信力，开展"数据商登记凭证""数据信托凭证""数据要素登记凭证""数据用益凭证""数据中介凭证"等登记服务，开展交易主体、数据要素登记上链确权探索，确保参与市场交易各方主体可信，明确数据的运营权、使用权和收益权，规范流通交易行为，保证交易真实、准确、有效，保护数据要素各参与方的合法权益。

在交易规则上，贵阳大数据交易所发布了全国首套数据交易规则体系，主动抢占全国数据交易话语权。其中，《数据要素流通交易规则（试行）》破解了"数据确权难"的问题，由交易中心开展数据确权登记服务，明确数据使用权和收益权，流通交易数据使用权，通过交易主体登记、产品审核、交易磋商、交易实施、交易结算、交易评价等要求，规范交易行为，发展交易生态。《数据产品成本评估指引 1.0》《数据产品交易价格评估指引1.0》《数据资产价值评估指引 1.0》破解了"数据定价难"的问题，从"成本归集、定价思路、价格形成、资产价值评估"等方面出发，建立数据资产价值评估模型，为交易提供定价依据和价值评估，经交易中心认定的第三方资产评估后，数据产品在省内银行可开展融资抵押，推进数据资产化和资本化。《数据交易合规性审查指南》《数据交易安全评估指南》《数据商准入及运行管理指南》破解了"数据监管难"的问题，"不安全不上架""不安全不流通"，严守数据安全底线；"一产品一审查""一交易一审查"，开展交易前、中、后全流程合规性审查，保障场内交易的合法合规性；明确数据商资质要求、业务范围、准入及退出机制，"一主体一审查"。

四、生态培育

从行业培育和价值创造着手，以贵阳大数据交易所为核心，贵州积极打造数据流通交易全生命周期"三环"，数据交易供需双方为"内环"、数据中介第三方服务为"中环"、场景和需求为"外环",通过丰富有效供给,结合场景应用和数据需求,大力推动交易落地。

按照"聚数据、搭平台、建生态"的路径,努力挖掘更多数字经济新产业、新业态、新模式。一是打造数据要素流通交易生态,培育一批政务、金融、电力、交通、气象、能源、医疗领域的"专精特新"数据商和第三方专业服务机构。二是打造数据"淘宝",以公共数据和企业数据为主导,构建标准化管理、精细化服务、智能灵活的服务平台。三是持续建立并运营数据专区,通过划分政务数据、金融数据、算力资源等不同专区,以精细化、模块化纵深挖掘数据价值,构建安全可控、全程可追溯的专项数据生态产业集群。四是聚焦算力交易,推动算力产品及服务进场交易,打造一批优质算力服务商、第三方算力服务机构和算力产品,健全算力产业链。五是推动深圳数据交易公司和贵阳大数据交易所战略合作,实现全国首例推动跨地域、跨平台、跨领域数据互联互通,推动数据商互认、规则互认和信用体系建设,为全国统一大市场打下坚实基础。

同时,贵州积极打造数据要素集聚开发基地及数据流通市场。在贵阳大数据交易所先行探索的基础上,推动数据开发从公共数据领域向行业数据、社会数据等全领域数据资源扩展,通过场景化的数据开发利用、推广、创新,持续提升数据资源社会价值和经济价值。拓展数据要素市场业务领域,面向政府、企业、公众等主体,开展场景化应用的数据产品和服务交易市场试点,将数据资源优势转化为数据要素产业优势。积极探索设立数据交易专项基金，为数据交易相关优质中小企业提供股权投资、引导基金、贷款担保等投融资服务。鼓励科研院所、市场主体探索数据产品和服务价格形成机制及收益分配方式，构建覆盖数据产品和服务的评估、定价、交易等全环节的数据资源价值变现体系。

第二节 省域数据要素市场自治与可信流通

2021 年 5 月 27 日,《省域数据要素市场自治与可信流通白皮书》在 2021 中国国际大数据产业博览会上发布。该书基于贵州省在大数据领域多年的实践与思考,结合多家企业和机构对数据要素市场配置的研究理解,提出了"省域数据要素市场自治与可信流通"这一创新观点,为全国数据要素市场培育提供有效的理论支撑和落地参考。省域数据要素市场自治与可信流通,即以省为基本单元,省域范围内市场参与主体按照同一套市场规则和技术标准对数据要素交易流通行为进行自我约束和自我管理,以数据自治与可信流通模型(Data Autonomy & Trusted Exchange,简称 DATE)为依托,重点解决尚未建立牢固信任基础的多元主体间的数据交易流通问题。

一、省域数据要素市场自治与可信流通理论框架

数据要素及其特征。数据要素是指那些原始的数据资料经过

拓展、加工和处理后的信息，或者是模型化的预测数据、智能化的数据产品和服务等。与传统生产要素一样，数据要素就是将数据作为一种生产性资源，投入到产品生产和服务过程中，由一般的信息商品转化为新的生产要素。因此，数据要素也是构建更加完善的要素市场化配置的重要组成部分。数据要素作为一种新型生产要素，能够数据化其他要素，赋能并提升其生产效率。从本质上看，与资本、劳动、技术等传统生产要素相比，数据要素具有非竞争性、非稀缺性、非耗竭性、非排他性四个重要特征。

　　数据要素市场与特征。数据要素市场是以数据要素价值的开发和利用为目的，围绕数据要素全生命周期环节所形成的市场。数据要素市场的建立和完善有利于数据要素的整合分析、价格形成、交易流通和开发利用，激发各类市场主体对数据开放和流转的积极性。数据要素的独特特征使得数据要素市场具有一些不同于其他要素市场的规则。一是数据要素市场需求多样化，由于数据采集手段不断增加，数据要素具有较强的非稀缺性（高质量要素稀缺）、非消耗性，可以说是取之不尽、用之不竭，数据量大且涉及面广，涉及经济社会的方方面面，这就导致数据要素市场具有需求多样化特征。二是数据要素市场参与主体多元化，由于数据本身的非竞争性、可复制性，使得同一数据可能涉及多个主体、多种权属，这就导致数据要素市场具有主体多元化、权属关系不清晰的特征。三是数据要素市场联动性强，与传统的要素市场相比，由于数据要素本身流通性较高，因此数据要素在不同部门、不同机构以及不同行业间流通和交易，实现其价值就离不开高度协同联动的市场环境。

数据要素市场的层级划分。根据市场主体间信任程度的不同，可将数据要素市场分为三个层级。零级数据要素市场，主体间信任程度最高，数据要素价值流通难度最低，如一个地区内部政府部门间的数据整合、共享和价值交换。一级数据要素市场，主体间信任程度次之，数据要素价值流通难度增大，如跨地区、跨层级政府部门间的数据整合、共享和价值交换。二级数据要素市场，主体间信任程度最低，数据要素价值流通难度最大，如政府、企业、社会数据的整合、共享、开放和开发利用。不同层级数据要素市场主体的信任机制不同，无法有效发挥各类数据要素的最大化价值。因此，构建可信的流通渠道，打破现阶段的"信任困境"成为培育数据要素市场的核心议题。

数据要素市场自治。数据要素市场自治，即在一定范围内按照同一套规则体系对数据要素市场进行管理和约束。由于数据要素市场的复杂性和不同地区之间的差异性，数据要素市场逐步展现出自治的趋势。根据地理空间的不同，每个国家、每个区域可以是一个自治域；根据数据范围的不同，每个行业可以是一个自治域；根据数据主体的不同，每个政府、企业和个人也可以是一个自治域。每个自治域范围内应遵守同一套管理规则和技术规则，实现自我约束和自我管理。任何数据的开发使用须坚持域内主体知情同意告知原则，数据所有权主体对数据范围、数据用途和开发利用主体有了解和被告知的权利，在知情的情况下有选择、接受和拒绝的权利。不同自治域内的数据价值评估可坚持一事一议、一场景一授权、一场景一评估，可由数据归集方根据数据开发利用主体能力差距和成果价值差距进行核算。

数据要素市场自治路径。根据数据和数据要素发展的特征，贵州提出数据要素市场自治的参考理论框架如图 7-1 所示，对市场自治的主体、活动和保障体系提出建设建议。

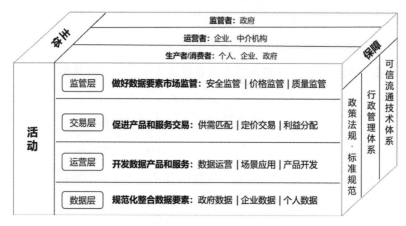

图 7-1　数据要素市场自治参考理论框架

省域数据要素自治需要多元参与主体。数据要素市场自治需要各方主体的参与和部分数据权利的让渡，为数据要素的交易和流通奠定基础。其中个人、企业和政府都可以是数据的生产者和消费者，在生产、生活和管理的过程中，不断产生新的数据，同时也对数据产品和服务产生需求。企业和中介机构是数据要素的运营者，可依托现代数字技术从事的数字化的产品开发和产品服务，以市场中的需求为基准，通过产品开发、电子合约、计量计费、运营服务、统计分析等促进数据要素的流通和交易。政府是数据要素市场的监管者，通过法律法规、标准规范以及监管监察等方式，对数据要素市场的安全、定价和质量等关键问题进行监管，引导和规范数据要素市场主体行为，推动政府数据、公共数据、企业数据和个人数据的有序流通、开放共享和开发利用，实现数据要素市场的良性循环。

省域数据要素自治活动涵盖数据要素管理、数据运营和交易、数据要素市场监管等不同的层面。数据要素管理层面，要在保障数据安全的前提下，规范化整合政府数据、企业数据和个人数据等数据要素，打破各层面的数据要素壁垒，提升数据开放共享的水平，实现数据要素的自由流通和交易。数据运营和交易层面，一是以市场需求为基础对数据要素进行整合和运营，开发出各种类型的数据产品和服务，以适用不同的应用场景；二是要推进数据要素的价值评估和要素产品服务的价值评估，促进数据产品和服务的交易，保障数据要素市场中的供需均衡和利益均衡分配。数据要素市场监管层面，主要有安全监管、价格监管和质量监管，安全监管就是注重保障市场中流通的数据要素的安全以及个人隐私的保护。价格监管就是对数据要素的价格进行监督，管控市场中不正当的定价行为，确保数据要素价格的公开透明，依法保护数据生产者、经营者和消费者的合法权益，确保数据要素市场公平竞争和健康运行。质量监管则是要对数据产品和服务的质量进行管控，避免质量较差的产品和服务泛滥，对数据要素市场的发展造成恶性影响。

在省域内进行自治是推动数据要素市场发展的最优范围。在政策法规、标准规范、行政管理体系、可信流通技术体系四大保障体系的建立健全方面，省域自治更能体现其优势。在政策法规保障方面，相比于国家层面，省级地方条例的创新力度和改革速度更具有优势；相比于地市层面，省级具有立法权，对于数据权属的确立和市场行为的管控更加有约束力。在标准规范保障方面，省级可出台更加具有本土性、引导性和可行性的地方标准对市场自治活动进行规范，一方面能够考虑到不同省之间的经济和技术水平差异，有效控制标准适用范围，使标准更加具有实操性；另一方面可以有效打破地市之间的数据壁垒，不影响省域数据的整合共享和统筹调度。在行政管理体系保障方面，省级层面数据统筹协调难度较低且能形成数据规模效应。目前大量数据归集在国家层面和省层面，而国家层面统筹难度大、地市级数据无法形成规模效应，省级开展相关工作成本收益较为均衡，在省级层面，能够通过行政管理体系的改革更加高效推动政府、企业和个人等多元主体的有效联动。在可信流通技术保障方面，一是省级层面部门间信任基础相对良好，相较于跨区域、跨层级的数据要素流通难度较低；二是随着政务信息系统的整合共享，省级层面逐步建设了越来越多的共用信息化基础设施，由省级层面提出可信流通的技术标准更利于应用实践。

二、省域数据要素市场自治与可信流通技术架构

总体架构。省域数据要素市场自治与可信流通是实现数据要素市场配置的关键路径。省域数据要素市场自治是数据垂直治理体系的加工厂，可信流通是数据横向交易体系的保险箱，只有进行深度加工的政府数据、公共数据和企业数据，才能投入保险箱进行交易，将这样的技术架构称为自治与可信流通模型（Autonomous & Trust Circulation Model，简称 ATCM）。ATCM 是

培育发展省域数据要素市场的参考架构，是以云、AI、区块链为基础，以数据安全共享、可信计算为核心，打造全域自治、安全可信、公平交易和可持续进化的数据全生命周期智能协同系统（见图 7-2）。

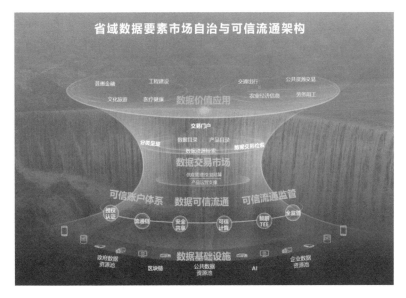

图 7-2 省域数据要素市场自治与可信流通架构

从纵向看，ATCM 包含数据基础设施、数据可信流通、数据交易市场、数据价值应用四个层次；从横向看，ATCM 包含基于可信账户体系的用户身份授权，以及全流程、无死角数据流通安全监管。

数据基础设施。数据基础设施以省为最小单元，以省、市州、区县、乡镇、街道（村）五级电子政务网络体系为基础，以各级政府政务云和政务大数据为依托，以省域数据要素市场自治和可信流通为遵旨，构建分布式数据资源、算力资源和算法资源的新型基础设施。数据基础设施是政企多主体共同参与下，以省域为边界的数据汇聚、存储计算、分析治理、共享交换、安全管理等逻辑统一的数据处理基础设施，分为政府数据自治域、公共数据自治域和企业数据自治域。政府数据自治域通过共享交换平台沉淀政府数据，形成政府基础库、主题库、专题库等政府数据资源池；公共数据自治域沉淀国有企业、事业单位等部门的水、电、煤气、气象等公共数据，形成公共数据资源池；有能力的中大型企业通过自身数据沉淀，直接形成企业数据资源池；中小企业通过数据中介等机构实现数据汇聚、沉淀形成企业数据资源池。数据资源池是数据提供方的数据资产，也是政企数据流通、交易的基石。

数据可信流通。数据可信流通根据数据敏感度由流通链分别调用非加密传输通道和加密计算通道两类可信流通能力。在非加密传输通道引入区块链技术，解决的是身份认证与信用问题，并结合可信账户体系，构建权责清晰的可信共享通道；在加密计算通道引入区块链技术，解决的是数据隐私保护以及流通全过程的监管的存证问题，并结合可信流通监管，构建数据可信计算通道。数据要素来自政府、企事业等多源数据提供方，需要保证数据来源可靠，数据开放利用可管可控。数据开发利用过程中，为了保护数据隐私，需要采用不同的数据隐私计算技术，保证数据提供方和使用方的不同诉求。数据要素在流通的过程中除了要遵循响应的法律法规，还要能保障数据要素流通全链路可追溯、可审计。以数据要素可信流通为基础，探索数据开发利用，有利于优化产业结构，发展壮大数字经济。

数据交易市场。数据交易市场是数据资产市场化运营平台，数据提供方、数据消费方、平台监管方、平台运营方、数据中介等数据要素市场参与主体共同构建数据新型要素市场体系，让每个市场主体可以平等获取、自由买卖、公平交易、智能结算，实现可持续、自循环、平衡的数据交易市场。数据交易市场需要在政府及第三方机构的监管下，制定合适的市场定价机制及收益分配机制，以实现数据消费方和提供方的流通交易，并使各方均获得一定收益，从而保证数据交易市场实现可持续发展。数据交易市场整体包含数据产品运营支撑、交易结算、用户管理和数据产品超市门户四大组成部分，通过建立规范化、流程化的数据要素运营体系，提供数据要素化过程的运营保障，服务于数据要素流通的全业务流程。

数据价值应用。数据要素需要在产品化和场景化中发挥价值，应以社会需求迫切、关注度高的场景应用为突破口，激发市场活力，有序推进数据资源开发利用。目前各行业领域提出了大量的数据需求，发挥数据基础设施、可信流通平台、数据要素市场的核心作用，支持构建普惠金融、文化旅游、交通出行、公共资源交易、农业经济信息、医疗健康等领域规范化数据开发利用的场景，进一步释放数据价值。通过数据价值应用场景不断丰富加深，以此推动政府部门数据、企业数据开放共享，加快培育发展数据要素市场，催生数据经济新产业、新业态、新模式。

信任保障体系。面向数据访问主体多元、访问场景异构的安全挑战，围绕"数据基础设施－数据可信流通－数据交易市场"整体技术架构，参照 RBAC（基于角色的访问控制）访问控制模型，构建以"身份为中心"的信任保障体系，实现基于角色的"实名制"全过程安全管理。为提高信任保障体系的管理效率，借鉴集约模式的云化管理优势，实现业务系统的集中统一管理，按照不同用户按需访问不同业务入口的思路，信任保障体系将依据"统一身份、统一认证、统一授权、统一责任"的四统原则，实现对应用系统的业务、数据、开发测试和运维等复杂要素和复杂环节的集约化、一体化集中管控。

全流程安全监管。全流程安全监管针对数据要素应用特点，尤其是从数据流通视角出发，构建全流程、白名单、多视角的数据安全监管能力显得十分必要。在全流程安全监管方面，围绕"数据基础设施–数据可信流通–数据交易市场"不同环节，利用人工智能、大数据的智能分析能力，对数据流通中的各环节、各关键部位进行细粒度监控，并通过多种手段重点监测、相互印证。在白名单安全监管方面，针对数据流通过程，传统黑名单方式的异常检测发现已经难以保证数据状态是安全可信的，只能以白名单方式聚合数据正常访问的基线状态，防范黑名单分析状态空间爆炸的问题。在多视角安全监管方面，借助相关数据安全采集工具，汇聚网络安全、应用安全、数据安全等领域日志，实现基于实名的建模分析与研判预警。

三、贵州省域数据要素市场自治与可信流通实践

贵州在国内率先推行"一云一网一平台"的"四变四统"信息化建设改革创新模式，实现省域政务数据的统筹和自治，有效

提升政务数据"汇聚、融通、应用"能力。通过加快全国一体化大数据中心协同创新体系国家枢纽节点（贵州）建设，构建算力和数据流通调度的基础设施和核心枢纽。积极探索公共数据开发利用试点，通过构建数据可信流通和开发利用平台实现"数据可用不可见"，推动政府－企业数据安全流通和融合应用。

"贵州省一体化大数据中心"形成省域枢纽，连接全国数据中心。全国一体化大数据中心协同创新体系国家枢纽节点（贵州）的建设，以"数网""数纽""数链""数脑""数盾"建设为重点，构建"五横十纵"的一体化大数据中心体系，在贵州省内部形成省域要素市场枢纽。贵州省全国一体化大数据中心以"数链"为切入点，加速数据流通融合，加快完善数据资源采集、处理、确权、使用、流通、交易等环节的制度法规和机制化运营流程，通过推动央－地、政－企数据共享对接，深化政务数据共享共用，促进省域数据流通和数据交易，构建省域数据要素市场。同时，"数链"借助数据沙箱、联邦学习等可信技术，强化数据流通交易过程中政务信息、企业商业秘密和个人数据的安全保护，保障数据跨省流通应用，打造国内首个省域数据可信流通试点示范样板（见图7-3）。

"一云一网一平台"实现省域政务数据自治与可信流通。通过构建统一基础设施实现政务信息化系统集约化、共享化建设并提升全省政务数据"聚、通、用"成效。通过构建统一基础设施实现省域政务数据的统筹和流通。建立云上贵州系统平台作为"统筹存储、统筹共享、统筹标准和统筹安全"的全省统一政务云计算平台；采用多网融合技术，构建覆盖省、市、县、乡、村

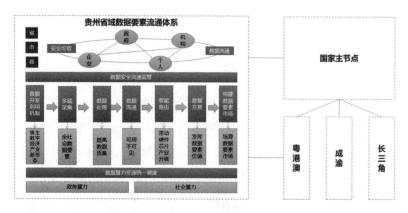

图7-3 贵州省域数据要素市场流通体系与国家节点的联通关系

五级物理的电子政务网络，建立一个安全的网络接入平台；建成省市县一体化政务数据共享开放平台，应用可信数据智能共享模型，实现省域政务数据的互联互通和共享交换；按照最新的网络安全等级保护制度2.0要求，建立统一的安全防护能力，确保云上贵州系统平台底座和数据安全合规。通过体系化数据治理实现政务数据的自治。出台《贵州省政府数据共享开放条例》，由省大数据作为全省政务数据主管部门，建立数据共享交换标准流程，严格执行数据共享交换审批制度，防止政务数据被滥用和非法访问；在国内率先制定并应用数据目录编制、元数据描述、数据分类分级等近20项政务数据地方标准，为"一云一网一平台"新建项目提供统一的数据标准，有效提升政务数据标准化及质量；建立统一政务数据中台，提供元数据、主数据、数据质量、数据标注、数据加工、数据可视化、数据智能搜索等数据治理及分析能力，开展政务数据体系化数据治理，构建形成业务图谱、知识图谱和数据图谱，实现数据与业务和行业属性的深度关联，提升数据的识别、理解和共享、融合能力。

"数据开发利用支撑平台"打造数据要素市场闭环生态。实施"一场景一申请、一需求一审核、一场景一授权、一模型一审定"的管理机制和建立"数据供给区、数据加工区、数据开发区、数据运营区"的数据可信流通和安全开发利用平台，实现数据清洗、脱敏、标注、融合和封装的生态化、协作化，形成标准化、定制化、融合化的数据块或数据接口服务，实现模型开发、模型训练和模型运行，利用多方安全计算、联邦学习、区块链等技术融合实现数据"可用不可见，用途可控可计量"，建立数据模型审定、数据产品审定系统，确保数据开发利用的合规性、安全性。建立统一的数据服务和产品交易平台，提供数据申请、服务查询、数据撮合、需求发布、模型超市、产品超市等。

第三节　数据要素市场化配置改革创新

2022年2月，新国发2号文件明确提出贵州"推进数据确权，推动数据资源化、资产化改革，建立数据要素市场化配置和收益分配机制"。建立健全数据要素市场规则已成为激活数据要素新价值、培育经济发展新动能、创新社会治理新模式、开创合作新格局的关键所在。为充分发挥数据的基础资源作用和创新引擎作用，贵州以培育数据要素市场为核心目标，建立数据资源管理、数据交易流通、数据要素市场、数据监管治理等重点突出、规则合意、执行有效的制度，促进数据要素自主有序流动、提高数据要素配置效率，进一步激发数字经济主体创造力和数据资源市场活力，为数据要素市场培育和促进数字经济发展提供制度保障。

一、数据要素市场建设改革探索

当前，世界各国纷纷推进数据立法进程，全球大部分国家或国际组织制定了数据开发利用相关的法律法规。综合国外数据资源立法的情况看，尽管各国社会制度、经济实力和信息发展水平不同，加之数据立法本身也还处于不断探索和完善的过程中，但仍具有一些共同特点，即不断对原有法律进行确认和修订，消除传统法律制度对数据应用造成的障碍。同时，也不断地制定相关法律法规，解决数字社会发展中出现的新问题。相较而言，我国的数据立法相对滞后，无论在立法的数量上还是在立法的层次上，都与现实需求有不小的差距。在维护国家数据安全、加强数据内容管理、规范电子商务活动等方面，还面临着法制不健全的困难。总体来看，全球数据立法主要呈现出两种趋势。以欧盟为代表的数据立法朝着强化数据主体权利、确保对个人数据使用可控制的方向发展，以美国和韩国为代表的数据立法朝着鼓励数据流通和数据利用的方向发展。无论哪种趋势，在数据要素市场快速发展的阶段，如何兼顾发展和安全，平衡效率和风险，在保障安全的前提下，挖掘利用大数据价值，都是当前全世界在数据管理中面临的共同课题，通过数据立法建立起相应完善的制度体系，将成为全球数据要素市场健康发展的重要保障。

我国在国家立法层面，《网络安全法》《数据安全法》《个人信息保护法》《关键信息基础设施安全保护条例》已颁布施行，全国人大有关专门委员会已建议将制定《大数据管理法》列入全国人大常委会立法规划或计划，《网络数据安全管理条例》已公开征求意见，国家数据相关立法呈现数量多、分量重、节奏快的特点。总体来看，我国数据治理模式呈动态化、多层次和整体性特征，国家层面的数据立法多为单行法，并以坚持保障数据安全与促进数据开发利用并重为基本原则，以维护数据动态安全与促进数据资源价值化为导向，试图构建全生命周期的数据安全保障与数据开发利用保障与促进法制体系，从立法层面规范数据处理的所有环节都应当满足正当、合法、有效之要求。整体呈现以下亮点特色：一是基于全面、动态的全球治理规则研判，更加强调与政策战略相匹配的系统明确的顶层设计框架，以基于公平分配的原则来推动实现各类数据要素的充分开发，高效流转。二是更加追求细分可行的差别规范制度安排，既有一般性要求，也有政务数据、公共数据及未成年人保护、反垄断等一系列特殊制度安排。国家立法留白了大量倡导性规范的内容，较强的制度弹性能够兼顾数据安全保护与创新，同时也给地方立法留下了较大的立法空间。如何把握好数据安全与鼓励数据开发提升公共服务之间的平衡点，实现数据价值释放过程的数据安全均衡治理，是地方立法需要值得思考的问题。

在国家培育数据要素市场的方针指引下，各地方数据立法开始先行提速，地方性数据法规规章逐渐增多，深圳、上海等地方数据立法试点及先行探索，不断为国家及各地方数据相关立法提供宝贵经验。数据作为新的生产要素，基于数据资产形成的新模式、新业态、新市场、新领域、新技术的变革与发展，推动数字经济在各个领域的发展，培育数据要素市场成为促进数据要素高效流动和优化配置的重要抓手。从全国范围来看，数据要素已然成为各地立法探索重点，地方数据立法多为基础性、综合性立法。其中，浙江、山东、山西、黑龙江、吉林等地在规范公共数据和政务数据管理促进大数据发展应用、加快培育数据要素市场等方面探索出系列创新举措，深圳、上海、天津在数据权益、个人信息的保护、数据交易流通管理等方面提供了丰富经验借鉴。如何在不涉及数据权属的前提下，突破制约数据流通的瓶颈问题，加快培育数据要素市场，将是下一步地方数据立法的关键点。

贵州及贵阳围绕国家大数据综合试验区建设有关要求，将立法规则创新、政策制度突破、体制机制探索作为大数据制度创新试验重点，以政府数据为立法突破口，初步构建起数据共享开放、安全管理、行业应用等相互衔接、互为补充的大数据地方性法规规章保障体系。随着我国大数据产业及数字经济的蓬勃发展，数据成为新型生产要素，加快数据要素市场培育成为各地数据地方立法的重点之一，贵州及贵阳仅对政府数据规划、建设、管理和应用进行了规范，还未深入到社会或公共数据规范，尚缺乏促进数据要素相关领域的单行法，且现行地方性法规已无法满足当前发展需要及未来发展需求，正面临数据开发利用路径不明晰、数据交易流通机制不完善、企业间数据竞争不正当、数据共享标准不统一、数据资源流通不畅、数据监管机制不完善等制约数据价值化的关键问题，亟须通过数据立法推动数据统筹利用和有序流动、规范数据相关方市场行为、激发市场主体活力，推动数据要素市场发展，继续助力贵州在实施数字经济战略上抢新机，持续为各地方乃至国家加快大数据及数字经济发展提供经验借鉴。

二、数据要素价值释放现实困境

充分发挥数据的基础资源作用和创新引擎作用，破除阻碍数据要素自由流通的体制机制障碍，加快培育数据要素市场，促进数据要素流通规范有序、配置高效公平，实现数据价值的充分释放，是推动数字经济创新发展的重要环节。但是，数据资源开发利用当前还面临较多的问题和挑战。

数据资源管理统筹难。目前数据资源统筹管理力度仍不够，数据资源"拥而不用"、数据平台"统而不通"、数据要素"汇而不慧"、体制机制"新而不兴"问题依然突出。在政府管理层面，虽然《贵阳市政府数据共享开放条例》颁布实施已有四年多，通过连续的执法检查和此次调研反映出数据汇聚困难、共享开放率低、应用效能不高的问题仍然存在，但跨部门、跨系统、跨区域统筹协调难度大。在政企之间，数据双向开放意愿低，数据质量管理指引、规范、标准欠缺，导致数据资源对接难度较大。

数据要素市场培育难。数据流通与数据安全的矛盾、数据资源开发利用的紧迫性与数据资产化体系建设的滞后性的矛盾、数据供需与数据要素市场发展滞后的矛盾还未得到有效破解。在供需层面，数据市场需求旺盛，数据有效供给不足；在市场层面，市场主体培育力度不足，数据流通技术体系不完善；在制度层面，数据要素市场管理制度体系滞后。

数据资源权益保障难。目前我国尚无法律对数据的确权、价值评估、交易规则等有关事项做出规定，就数据权属问题还未形成统一认识，难以通过地方性法规创设"数权"这一新的权利类型。在我国积极推进数据要素市场化的背景下，只有确认数据的财产权利，为数据资产建立产权制度，才能最大程度促进数据流通、释放数据价值。

数据交易流通破局难。目前数据交易流通尚处于探索阶段，国家现有立法尚未对数据交易、数据流通等合法性进行明确，权属界定不清、要素流转无序、定价机制缺失、安全保护不足等问题一直是束缚数据交易流通的痛点。在交易事前阶段，缺乏针对数据产品和交易商的评估体系，数据真实性、完整性、准确性、时效性难保障；在交易事中阶段，缺乏统一的交易撮合定价体系，加剧了数据滥用和诈骗等现象的滋生；在交易事后阶段，缺乏统一的数据可信流通体系，进一步阻碍了数据要素的顺畅交易。

数据市场监管治理难。从数据纠纷的现状看，数据不正当竞争行为集中在数据获取和数据利用两个领域，主要原因在于数据竞争的边界和规则不清晰。数据要素市场重构新的市场竞争方式和竞争规则，给数据监管执法带来新挑战。一方面，原有针对传统企业的监管模式、条块分割的监管体制以及线下执法为主的监管手段，与当前数据要素的高效流动性、协同联动性、线上线下一体化等特性不相适应；另一方面，数据市场监管体制机制有待完善，各部门监管职能分散、监管边界不清，多头监管和监管空白并存，难以形成数据市场监管合力。

三、数据资源开发利用制度突破

数据作为新的生产要素，是基础性资源和战略性资源，也是重要的生产力，重视和利用数据要素价值，已经成为社会各界的广泛共识和世界各国的重大战略抉择，对数据资源的管理及治理掌控能力已经成为衡量各国核心竞争力的重要指标。随着国家大数据发展战略的全面推进，数据资源法律保护水平较低的问题日益突出，非法采集、窃取、交易、滥用数据等侵权或犯罪行为频发，数据作为一种新的经济资产类别，不断引发新的社会矛盾和经济纠纷，通过数据资源立法、规范数据要素市场培育构建，"十分重要、非常紧迫"已成为共识。一方面，作为劳动对象的数据要素，通过开发数据产品、服务以及高效的运作模式，能够有效激发数据潜在价值，从而拥有价值和使用价值；另一方面，作为劳动工具的数据要素，在关联、融合、创新中推动传统产业的优化重组和升级，实现生产效能的提升和生产力的发展。因此，利用好数据要素是驱动数字经济创新发展的重要抓手。要从战略高度深刻认识数据要素的重要性，加快建立数据确权、流通、交易、治理、监管等数据立法制度，推动数据作为生产要素参与生产，进行市场化配置，形成生产要素价格体系，也就是实现数据要素价值化的过程。

党中央、国务院高度重视数据资源管理和开发利用。2015年《促进大数据发展行动纲要》要求"积极研究数据开放、保护等方面制度，实现对数据资源采集、传输、存储、利用、开放的规范管理，研究推动数据资源权益相关立法工作。引导培育大数据交易市场，开展面向应用的数据交易市场试点，探索开展大数据衍生产品交易，鼓励产业链各环节市场主体进行数据交换和交易，促进数据资源流通，建立健全数据资源交易机制和定价机制，规范交易行为"。2020年《关于新时代加快完善社会主义市场经济体制的意见》提出，"加快培育发展数据要素市场，建立数据资源清单管理机制，完善数据权属界定、开放共享、交易流通等标准和措施，发挥社会数据资源价值。"2020年《关于构建更加完善的要素市场化配置体制机制的意见》提出，"探索建立统一规范的数据管理制度，提高数据质量和规范性，丰富数据产品。研究根据数据性质完善产权性质。建立健全数据产权交易和行业自律机制。引导培育大数据交易市场，依法合规开展数据交易。"2021 年《中华人民共和国国民经济和社会发展第十四个五年规划和 2035 年远景目标纲要》提出，"建立健全数据要素市场规则。统筹数据开发利用、隐私保护和公共安全，加快建立数据资源产权、交易流通、跨境传输和安全保护等基础制度和标准规范。建立健全数据产权交易和行业自律机制，培育规范的数据交易平台和市场主体，发展数据资产评估、登记结算、交易撮合、争议仲裁等市场运营体系。"

2022 年，《中共中央 国务院关于构建数据基础制度更好发挥数据要素作用的意见》（"数据二十条"）印发，关于怎样理解"数据二十条"的主要内容，国家发展改革委负责同志答道："一是把握一条主线。坚持促进数据合规高效流通使用、赋能实体经济这一主线，以充分实现数据要素价值、促进全体人民共享数字经济发展红利为目标。二是构建四个制度。建立保障权益、合规使用的数据产权制度，探索数据产权结构性分置制度，建立数据资源持有权、数据加工使用权、数据产品经营权'三权分置'的数据产权制度框架；建立合规高效、场内外结合的数据要素流通和交易制度，从规则、市场、生态、跨境等四个方面构建适应我国制度优势的数据要素市场体系；建立体现效率、促进公平的数据要素收益分配制度，在初次分配阶段，按照'谁投入、谁贡献、谁受益'原则，推动数据要素收益向数据价值和使用价值创造者合理倾斜，在二次分配、三次分配阶段，重点关注公共利益和相对弱势群体，防止和依法规制资本在数据领域无序扩张形成市场垄断等各类风险挑战；建立安全可控、弹性包容的数据要素治理制度，构建政府、企业、社会多方协同的治理模式。三是推进四项措施。加强党对构建数据基础制度工作的全面领导；加大政策支持力度，做大做强数据要素型企业；积极鼓励试验探索，支持浙江等地区和有条件的行业、企业先行先试；稳步推进制度建设，逐步完善数据产权界定、数据流通和交易等主要领域关键环节的政策及标准。"

数字经济时代，数据具有基础性战略资源和关键性生产要素的双重属性。具体而言，数据要素对传统要素市场化改革发挥的作用主要体现在三个方面：一是价值倍增，通过数据赋能传统要素生产效率提升，实现劳动、资本、技术等单一要素的价值倍增。二是资源优化，数据要素能够优化劳动、资本、技术等资源配置效率，推动传统生产要素优化组合和高效配置。三是投入替代，数据要素可以驱动创新，对传统的生产要素产生替代效应，以更少的投入创造出更高的价值。利用好数据要素是驱动数字经济创新发展的重要抓手，需要解决好以下五个方面的关键问题：

数据资源管理。建立数据资源管理制度体系，建立数据资产目录和数据资源清单管理机制，制定数据资源分类分级管理规则，明确数据运营规则和风险控制机制，以统筹推进数据要素配置管理和监管工作，为数据要素高效配置提供法律依据和监管底线。2017 年 7 月 10 日由贵州省大数据发展领导小组办公室印发的《贵州省政府数据资产管理登记暂行办法》正式施行，标志着贵州省成为全国首个出台政府数据资产管理登记办法的省份，在政府数据资产管理登记方面走前列、树标杆。《贵州省政务数据资源管理暂行办法》《贵阳市政府数据资源管理办法》的实施，为数据资产管理立法奠定了制度基础。例如，《黑龙江省促进大数据发展应用条例（草案修改稿征求意见稿）》第三章专门对数据资产管理进行规定。《浙江省数字经济促进条例》第三章专章对数据资源进行了规定。《深圳经济特区数据条例》第三章公共数据第一节对数据资源管理进行了规定。

数据权益保障。数据的所有权是数据产权的核心，只有界定清楚数据的归属，才能进一步明确数据其他权利的主体和边界，否则使用权的让渡、交易权的行使、收益权的实现都将在执行层面产生矛盾和冲突。参考深圳数据条例，探索数据相关权益范围和类型，明确自然人对个人数据依法享有人格权益，包括知情同意、补充更正、删除、查阅复制等权益；自然人、法人和非法人组织对其合法处理数据形成的数据产品和服务享有法律、行政法规及条例规定的财产权益，可以依法自主使用，取得收益，进行处分。例如，《深圳经济特区数据条例》总则第三条第四条对人格权益、财产权益进行了规定。当前我国数据要素市场全面进入了依法治理、有序发展的新阶段，但是也存在一些相关定义概念不清晰，权属界定不清晰，数据要素流转无序、数据安全保护不足等关键难点。在企业调研中反映非常强烈的是数据要立法、能不能够赋予数据的财产权利、能不能赋予财产的保护。关于确定数据财产权的问题，可能不属于地方立法权限，而属于基本的民事制度，由法律保留。《浙江省数字经济促进条例》在初审稿当中提到了数据财产权益，但终稿去掉了。深圳的数据条例在征求意见稿中也提到了数据权，最终也相对保守了一些。如何在中央尚未立法的情况下，在地方立法权限的范围内保护数据财产。《浙江省数字经济促进条例》的写法是：第一，所有的内容加上"依法"二字，依法采集的数据，依法可以交易，依法保护，这实际上是强调，只要上位法有任何调整，都坚决遵守依据上位法。在上位法没有规定的范围之外，没有违反上位法，通过合同安排、自我约定等各种形式形成的数据财产可以得到保护。第二，规定保护的是"财产权益"而不是"财产权"。财产权益保护财产权利和财产性利益。是否存在数据财产权，可能需要法律予以明确，现阶段地方立法强调的是各种合法的财产权益可以依法予以保护。地方立法这样的写法或许还不能满足市场需求，解决问题的核心还是在国家立法层面，建议全国人大考虑给有关地区一个单独的授权立法试点进行先行先试。

数据交易流通。数据对生产力的贡献要在流通中形成，数据要以"流转"来实现价值创造的循环。数据交易流通是释放数据价值的动力源泉，数据交易流通主要为市场主体的自愿行为，目前主要通过鼓励、引导的方式促进数据流通，加快释放数据价值。一是规范数据交易主体，对数据供需双方、数据交易服务机构的合法合规性进行规定，明确数据交易主体的权利和义务，鼓励各类主体参与到数据交易平台的建设中。二是加强数据交易平台管理，明确数据交易平台的功能、资质、风险防控、权利和义务等，引导数据流转交易采用分类分级的方式进行，创新平台数据资产估值、数据交易定价及数据成本和收益计量等不同交易策略和定价策略，探索适当的数据交易报价、成交机制、数据移交和担保流程。三是规范数据交易行为，明确交易申请、交易磋商、交易实施、交易结束、争议处理等环节的相关规则，健全数据交易的检测认证、信息披露、流程追溯、监督审计等相关配套制度，探索更多数据定价模式，形成统一、规范、有序的数据定价规则。

数据要素市场。规范数据要素市场化行为，推动数据的有序流动和数据产业的健康发展，促进数据要素市场的培育和发展。研究制定数据交易监管制度、互通规则和违规惩罚措施，明确数据交易监管主体和监管对象。建立数据交易跨部门协同监管机制，健全投诉举报查处机制。开展数据要素交易市场监管，打击数据垄断、数据不正当竞争行为。参照深圳数据条例设立的数据公平竞争有关制度，针对数据要素市场"搭便车""不劳而获""大数据杀熟"等竞争乱象，规定市场主体不得以非法手段获取其他市场主体的数据，或者利用非法收集的其他市场主体数据提供替代性产品或者服务，侵害其他市场主体的合法权益；不得利用数据分析，无正当理由对交易条件相同的交易相对人实施差别待遇；不得通过达成垄断协议、滥用在数据要素市场的支配地位、违法实施经营者集中，排除、限制数据要素市场竞争；对数据不正当竞争行为规定了相应的法律责任。例如，《广东省数据要素市场化配置改革行动方案》《深圳经济特区数据条例》《黑龙江省促进大数据发展应用条例（草案修改稿征求意见稿）》《陕西省大数据发展应用条例（征求意见稿）》对数据要素市场培育进行了专章或条款规定。

　　数据监管治理。数据资源监督管理的立法思路从明确数据资源监督管理的主体，理顺数据资源监督管理的体制与协调机制，确定数据资源监督管理的具体职责与监督程序等几个角度来具体展开。一是规范数据要素市场化行为，建立数据竞争秩序制度，加强数据反垄断制度建设，强化数据要素反垄断执法，坚决打击各种数据不正当竞争行为，推动数据要素市场公平竞争和健康运行。二是建立数据资源监督管理制度。明确数据资源监督管理的监管主体，建立数据监督管理体制与协调机制，构建大数据工作部门和行业主管部门共同管理的协同联动机制，形成政府监管、平台监管与行业自律相结合的一体化管理体系。三是建立数据资源安全保障机制，把握好数据安全与鼓励数据开发之间的平衡点，实现数据价值释放过程的数据安全均衡治理，制定数据资产管理的风险应急机制，开展数据安全合规内外部审计，确保数据资产安全可控。加强数据跨境流动风险防控机制，积极参与统一的数据安全的国际规则和标准制定，实现数据资源自由、安全的跨境流动。

第八章

开展数据中心整合利用
打造全国数据算力服务高地

近年来，贵州扎实推进数据中心整合利用系统性试验，打造以数据资源整合利用为重点的服务体系。通过加强数据中心集群建设、实施东数西算工程、加大信息网络基础设施，建成了世界一流数据中心集群，中国南方数据中心示范基地集聚效应凸显，推动了全国一体化算力网络国家（贵州）枢纽节点的建立，综合算力迈入全国第一方阵，国家级互联网骨干直联点、根镜像服务器和国家顶级域名节点相继建成，云、网、边一体化协同创新模式逐步形成，为开展数据资源的整合利用打下坚实基础。如今，以数据中心为基础的数据资源整合利用工作正有序推进，算力、算法、数据、应用资源集约化和服务化创新日渐融入各领域，政企协同、行业协同、区域协同全面支撑各行业数字化升级和产业数字化转型。未来，贵州将持续推进数据中心的集群化发展与能级提升、不断优化新型网络基础设施建设、打造全国算力服务高地，推动网络一体化、能源一体化、算力一体化、数据一体化、应用一体化发展。

第一节　全球超大型数据中心集聚区

2013 年以来，贵州大力推进全省数据中心规模化发展，一批世界级、国家级、行业级、区域级的优质数据中心资源向贵州集聚。目前，全省投运及在建重点数据中心达到 37 个，其中大型、超大型数据中心 18 个，贵阳贵安已成为全世界聚集超大型数据中心最多的地区之一，三大运营商以及苹果、华为、腾讯等多家行业巨头数据中心落户贵州，已基本形成以贵阳、贵安为核心，黔西南州为补充的"两地三中心"数据中心的发展格局。"十四五"末，全省规划服务器总量将达 400 万台，力争成为南方最大、全国顶级、世界一流的数据中心集聚区。

一、数据资源汇聚工程

大数据时代，数据中心是算力设施的基础底座，数据中心"地基"的牢固与否，关系到数字经济"大厦"能否稳固屹立。近年来，贵州发挥气候、能源、地质等方面的优势，抢先布局以数据中心为代表的数字新基建，如今，仅在贵安新区，就云集了7个超大型数据中心。进入"十四五"时期，在新一轮数据中心建设中，贵州以贵阳贵安为核心，大力实施数据资源汇聚工程，继续扩大数据中心发展优势，在统筹、管理、调度上进行谋划布局，为下一步数据资源的汇聚与整合利用打下坚实基础。

统筹谋划推动全国数据资源在贵州集聚。高标准推动数据中心建设，在三大通信运营商超大数据中心基础上，开展面向国家各部委、金融机构和大型企业的数据资源招商，积极争取了公安部大数据备份中心、国家市场监管总局网上可信身份认证中心、工信部工业互联网标识解析国家顶级节点灾备中心等国家部委数据中心落地；持续推动中国人民银行、研祥工业数控、华为云等数据中心落地与升级扩容；推进与金融818、建设银行、兴业银行、南方能源数据中心、京东数据中心等金融机构、互联网头部企业数据中心项目签约、落地。总体上，形成了以贵安新区三大通信运营商超大数据中心为核心，贵阳、黔西南等多个大型专业数据中心为补充的数据中心布局。

谋划推动科技创新领域数据中心落地。深入实施"数聚贵州"工程，以科技创新为方向，加强科技创新领域数据中心建设，夯实数字底座。建设贵州科学数据中心，打造国家科学数据和算力资源布局的重要基地，建立超算、人工智能等公共算力平台。推进生物医学大数据中心（基地）建设，拟打造成面向生物测序平台和人体肠道微生物组的国家生物大数据中心。推进天文大数据中心建设，加强与国家天文台合作，深度参与国家星际探测研究，打造国际知名天文科研基地。加强文献（科技）大数据中心、遥感（地球科学）大数据中心和高性能计算中心等重大创新平台建设，布局"大型＋边缘"数据中心、人工智能超算中心，推动贵州数据中心向科技创新领域迈进。

推进数据中心整合。探索数据中心建设运营新模式，形成数据中心规模化运营服务机制，统筹政府数据资源、社会数据资源，面向本区域、其他区域和中央部门、行业企业等用户提供优质、安全、可靠的应用承载、数据存储、容灾备份等数据中心服务，逐步整合各地分散数据中心，发展第三方服务数据中心，集聚了一批国内外数据资源。同时，提升数据中心资源整合服务能力，建设了自主可控、行业领先的"贵州省多源数据安全开发利用平台"协同创新体系，推动政府和企业数据流通和融合创新，有力推进数据汇聚、存储、共享、交换等方面的探索，提高以数据中心为基础的数据资源利用效率。

推动数据中心节能管理。以发展绿色经济为方向，深入推进节能降耗，坚持能源消耗总量和强度"双控"并重，强化节能监察，加强数据中心节能管理，大力推广合同能源管理模式，实施数据中心绿色化节能改造，有力推动了腾讯、华为及基础电信企业等超大型、大型数据中心从推动存储型数据中心向生产型、高安全、绿色化数据中心转型升级。全省数据中心 PUE 平均值达到 1.4，远低于全国数据中心的 PUE 平均值 1.6，其中位于贵安新区的富士康绿色隧道中心 PUE 值低至 1.05，成为全国唯一获得国际上最高等级认证的绿色数据中心建筑，全省 8 家数据中心进入国家绿色数据中心名单，获批数量位居全国前列。

强化数据中心与关键枢纽设施布局。优化完善与提升新型网络基础设施与周边重要城市、平台载体对接的网络直连服务。推动省本网直联电路与周边省会城市、重要节点城市、数据中心城市连接，积极推动互联网企业或第三方企业建设数据中心直连网络，进一步提升以数据中心为基础的数据资源统筹、调度与利用能力。预计到 2025 年，全省数据中心规划安装服务器 400 万台以上，建成 P 级算力中心。

二、中国南方数据中心示范基地

2016 年工业和信息化部办公厅发函授予贵州省"贵州·中国南方数据中心示范基地"称号，这既是因为贵州平均气温低，地质结构稳定，水煤资源丰富，在数据中心建设方面拥有天然条件优势；也是因为贵州 2014 年以来坚定不移实施大数据战略行动，抢抓大数据发展机遇，持续推进数据中心布局建设，探索推动大数据相关应用服务，积极吸引相关产业在贵州聚集。近年来，贵州坚持"创新、协调、绿色、开放、共享"的发展理念，推动数据中心应用服务水平提升、绿色节能降耗、保障安全可靠，建设成全国领先的数据存储灾备基地和大数据应用服务基地，并使云计算数据中心服务逐步向南方地区辐射，为全国数据中心发展布局起到一定的示范作用。截至目前，贵州投入运营及在建的重点数据中心已达 25 个，包括电信、移动、联通、中国人民银行、南方电网、京东、苹果、华为、腾讯等一批国际国内的优质的数据中心，其中大型、超大型数据中心 18 个，绿色数据中心数量居全国第二，吸引了相关产业在贵州聚集，成为中国南方数据中心示范基地，是中国乃至全球集聚超大型数据中心最多的地区之一。

中国电信云计算贵州信息园（数据中心）。作为中国电信集团两大云计算数据中心之一，中国电信云计算贵州信息园已成为中国南方运行规模最大的数据中心，在工信部评选的 2021 年国家新型数据中心中典型案例中，入选绿色低碳类大型数据中心。总投资 70 亿元，规划 6 万个机架，85 万台服务器、PUE 值达 1.32。贵州信息园全力打造高科技、低成本、绿色节能的信息园，建成国内领先水平的大规模云计算数据中心、云计算研发应用示范基地，面向政府、企业、公众客户提供业界领先的主机托管、资源出租、系统维护等方面的云计算运行与支撑服务。目前，园区已建成数据中心机楼、后勤保障中心及柴油发电机组等配套设施，已具备 1 万架机柜承载能力，在运行服务器超 8 万台，每日数据量超过 100G，初步形成了以核心企业为龙头、中小企业为配套支撑、"绿色、高效、创新"的国家级数据中心和国家级战略性新兴产业发展示范区，已取得中国电信五星级 IDC 数据中心、国际数据中心 Uptime MO 认证等十余项荣誉，正向打造世界一流国家级绿色数据中心的目标迈进。

中国联通（贵安）云计算基地数据中心。中国联通数据中心是沃云云计算平台的一级节点，是国家级信息容灾备份基地、国家级信息后援支持基地，在工信部评选的 2021 年国家新型数据中心典型案例中，入选绿色安全可靠类大型数据中心。该中心项目总投资约 60 亿元，规划总机架 3.2 万架，可容纳 100 万台服务器（预估值），主要满足 IDC、云计算、大数据等业务发展需求以及配套的运行维护等管理及辅助用房需求，其业务范围覆盖西南、辐射华南、服务全国，入驻客户类型涵盖国家部委、互联网企业、金融保险行业、大型企业等。

中国移动（贵州）数据中心。中国移动（贵州）数据中心以 Tire4 为标准建设，以规模化、集约化、标准化和绿色节能环保的建设运营理念，为企业提供 IDC 存储、云计算等 7 大类服务，旨在打造立足西南辐射全国，面向全球的新一代数据中心。项目总投资 20 亿元，建成容纳 4.6 万个机架，65 万台服务器的能力，PUE 值 1.39。项目分三期实施，目前一期、二期新型绿色数据中心及配套设施等已建成，装机容量达 9656 架，7 万台服务器建设已通过验收。截至 2021 年 5 月，交通运输部重要信息系统数据异地容灾备份项目、中国船级社（CCS）灾备项目已成功落户中心。

贵安华为云数据中心。贵安华为云定位为华为云全球总部，数据中心项目规划总投资 80 亿元，目前已建成可容纳 100 万台服务器的数据中心单体建筑及相应配套设施，承载华为云和华为流程 IT、消费者云等业务，并辐射重庆、广西、广东、云南、四川等周边省份和地区。同时，贵安华为云数据中心将绿色和智能技术融入整体设计中，具备绿色低碳、智能可靠的特点，能效比 PUE 仅为 1.12，处于业界领先水平。此外，贵安华为云数据中心在承担华为全球 IT 维护工程师基地、员工培训实习基地的职能基础上，将打造全国首个全场景国家级数字经济创新中心，助力贵州"在实施数字经济战略上抢新机"。

腾讯贵安七星数据中心。腾讯贵安七星数据中心由山洞数据中心、洞外扩展数据中心和研发生活配套区构成，其中隧洞的面积超过 3 万平方米，能存放 30 万台服务器，总体采用腾讯 T-BLOCK 第四代技术，是一座特高等级绿色高效灾备数据中心。数据中心按国家高等级人防标准建设，核心设备位于洞内，日常运行实行无人值守模式，并实现了网络、主机、业务 3 级云安全布防和人脸识别、安防机器人等保障措施，具备"高隐蔽""高防护""高安全"等特点。建成后可容纳超过 5 万台服务器，将存放腾讯公司全球核心数据，提供高安全高可靠的云服务。

苹果 iCloud 中国（贵安）数据中心。由云上贵州与苹果公司联合建设 iCloud（贵安）数据中心，项目投资 13 亿元，规划机架数 0.3 万架，规划服务器数十万台。iCloud（贵安）数据中心作为中国大陆 iCloud 服务的重要基础设施，采用世界领先的设计理念和先进的设备设施，在安全性、可靠性等方面最大程度保障数据中心的稳定运行。iCloud（贵安）数据中心是国内首个 100% 使用绿色可再生能源的数据中心，取得了国际环境和能源领先的 LEED 金奖认证。

中国人民银行贵安数据中心。中国人民银行贵安数据中心定位为大型全功能数据中心，是支付系统以及人民银行总行关键业务系统的"多地多中心多活"数据中心之一，突出高安全高防护特点，为人民银行运行的各关键信息基础设施提供强有力的支撑和保护，为人民银行技术架构转型和 IT 资源建设提供基础资源，将成为人民银行信息化建设和网络安全工作的主要阵地，实施"产业金融中心""金融产业中心"双轮驱动，打造一流的金融基地，为贵阳贵安向数字金融产业园建设打下基础。

南方能源数据中心。贵安新区与南方电网数字电网研究院有限公司合作打造项目，项目规划投资 100 亿元。南方能源数据中心是基于南方电网公司信息 A 级标准建设的超大型数据中心基地，定位为电力系统的生产数据中心、异地灾备中心，建成后将打造成一个绿色节能、共享开放、国际领先的超级能源数据中心，并在未来成为国家能源数据服务的重要枢纽，面向全社会提供能源数字服务。前期拟投建 1560 个 10 千瓦的高密度机架，于 2022 年底正式投产。

黔西南义龙数据中心。作为贵州省三大云计算数据中心之一、"云上贵州"的第三节点，也是以数据内容中心、数据金融中心、数据服务中心等为重点的"中国南方云示范基地"，是全国各个数据节点不可缺少的组成部分。通过构建"一个中国南方云示范基地 +N 个应用服务"的大数据发展构架，该中心让黔西南成为西南片区的招商引资中心、政务服务中心、民意调查中心、人才交流中心、科技文化中心、信息汇聚中心，为西南片区的发展提供强有力的科技支撑。

贵州（安顺）数据中心。该数据中心采取由政府主导、企业运营的能源管控模式，按照国际 Uptime T4、国内 A 级、PUE ≤ 1.3、网络安全等保三级、抗震八级等高标准规范完成设计和建造施工，是国际、国内现阶段最高行业等级标准的存算一体化 IDC 云数据中心。作为省内高端行业应用级专业数据中心，可容纳 22000 台服务器和实现数据存储量超 40EB，实现行业整体实力和水平与世界同步。中心平台建设主要围绕智慧城市、节能减排等领域对工业企业、公共建筑、商业楼宇等能源系统生产、运输和消耗、交易等环节实施集中扁平化的动态监控管理。

富士康绿色隧道数据中心。其位于贵安新区富士康第四代绿色产业园内，占地 2518 平方米（约合 4 亩），投资约 1.3 亿元，以冬暖夏凉的隧道方案兴建数据中心基础设施，满载 12 个集装箱，6000 台服务器，达 3 亿 GB 数据存储量，满载 1500kW 用电量。该数据中心充分利用贵安自然环境特点，通过超高效、超节能的制冷系统设计与运用，采用动态自然冷却技术，能耗指标 PUE<1.1，是世界上唯一不需要安装空调的绿色数据中心，全国第一家获美国 LEED 铂金级认证。

国家北斗导航位置服务数据中心贵州分中心。采取"北斗＋大数据"深度融合的方式，建设贵州北斗卫星导航公共位置服务中心、贵州省北斗卫星导航定位基准站网、贵州省北斗时空信息大数据云平台和贵州北斗卫星导航终端产品质量认证中心等，以贵州北斗时空云平台为数据中台，与 5G、云计算等结合形成"北斗＋"信息技术产品，采集城市定位数据、政用数据、商用数据搭建基础框架，开发智慧城市、行业定制应用等，在城市管理、社会治理、公共服务、抗震救灾等方面发挥作用。

三、全国一体化大数据中心体系

随着各行业数字化转型升级进度加快，特别是 5G、人工智能、物联网等新技术的快速普及应用，全社会数据总量爆发式增长，数据资源存储、计算和应用需求大幅提升。一体化大数据中心及其网络体系作为汇聚数据资源、连接与处理数据、支撑各行业"上云用数赋智"的重要新型基础设施，加快其建设建成，对数字经济的发展具有举足轻重的作用。

全国一体化大数据中心协同创新体系。2020年12月，国家发改委等四部门联合出台的《关于加快构建全国一体化大数据中心协同创新体系的指导意见》指出，以深化数据要素市场化配置改革为核心，优化数据中心建设布局，推动算力、算法、数据、应用资源集约化和服务化创新，对于深化政企协同、行业协同、区域协同，全面支撑各行业数字化升级和产业数字化转型具有重要意义。《意见》明确了围绕国家重大区域发展战略，根据能源结构、产业布局、市场发展、气候环境等，在京津冀、长三角、粤港澳大湾区、成渝等重点区域，以及部分能源丰富、气候适宜的地区布局大数据中心国家枢纽节点。这为贵州利用能源丰富、气候适宜等优势，优化数据中心基础设施建设布局、建立完善云资源接入和一体化调度机制、加强数据流通与治理、深化大数据在各领域的协同创新、提升大数据安全水平，推进全国一体化大数据中心体系建设提供了依据。

创新大数据中心体系构建。贵州在一体化大数据中心体系构建上，主动谋划推动，深入开展全国一体化大数据中心体系研究，以"数网""数纽""数链""数脑""数盾"总体思路，利用得天独厚的自然资源，依托以数据中心为基础的先发优势，不断优化数据中心供给结构布局，加快核心枢纽节点建设探索；推进网络互联互通，推动算力资源服务化，加速数据流通融合，深化大数据应用创新，强化大数据安全防护，积极融入国家一体化大数据中心协同创新体系，为抢滩数据资源市场，开辟数字经济新版图打下了坚实基础。

优化数据中心布局。优化数据中心供给结构，以政策为指引，提供财税、用地、用电、改革创新等配套资源支持，推动贵阳贵安开展算力网和电力网联动建设、协同运行，持续推进500千伏马场变输变电工程等项目建设，进一步降低数据中心用电成本，引导数据中心向贵安集群化发展。以市场需求为导向，瞄准全国算力资源需求缺口，推进政务、金融、工业、能源、物流、健康、文旅等国家重点领域大数据中心或灾备中心建设，积极推进工业互联网标识解释国家顶级（贵阳）灾备节点建设，引进部署一批小型化、分布式的边缘计算中心和以机架租赁业务为主的第三方数据中心。推进网络互联互通，积极推动贵州数据中心集群与京津冀、长三角、粤港澳数据中心和北京、上海、广州等主要城市互联互通，目前贵阳贵安国家级互联网骨干直联点已实现同全国25个城市建立网络。拓展基础设施国际合作，抢抓"一带一路"、西部陆海新通道、内陆开放型经济试验区建设等重大机遇，积极融入国内国际双循环，以贵阳贵安为数字码头，推动数字丝绸之路节点服务建设，加快推动数据中心联通共用，面向共建"一带一路"国家提供数据服务，提升全球化信息服务能力。

推动算力资源服务化。构建一体化算力服务体系，探索云资源接入和一体化调度机制，以数据中心为基础，通过云服务方式提供算力资源，降低算力使用成本和门槛。上线"东数西算"贵州枢纽算力调度平台，以"需求一点接入、算力无处不达"为目标，构建逻辑集中、物理分散、主备结合的公共算力池，通过组织算力提供方、需求方和上下游企业进场，让高品质的算力与用户直接见面，高效匹配，推动算力跨地域、跨业务、跨平台集中高效调度，实现算力资源层面的统一管理、编排和调度。优化算力资源需求结构，融入全国一体化大数据中心总体布局，探索形成"东数西算"服务机制，搭建算力调度平台，引导对于需要后台加工存储、对网络时延要求不高的业务，向贵州数据中心集群调度，对于贵州境内和其他算力需求，支持向本区域内数据中心集群调度，面向全国提供高安全、高可用的云服务和算力服务。

加速数据流通融合。健全数据流通体制机制，稳步推进数据资源立法工作，探寻数据资源采集、处理、确权、使用、流通、交易等环节制度法规规范和机制化运营流程。建成国、省、市、县一体化数据资源体系和数据融合应用服务平台，形成跨层级、跨地域、跨系统、跨部门、跨业务的数据融合服务体系，有效促进数据共享与融合应用。促进政企数据对接融合，通过政务服务平台逐步开放对民生服务、社会治理和产业发展具有重要价值的数据。深化政务数据共享共用，依托全国一体化政务服务平台，推动数据资源跨部门、跨地区、跨层级的数据资源共享共用。

强化大数据安全防护。通过加强核心技术攻关与打造大数据安全示范区，实现大数据的安全防护。推动核心技术突破及应用，加大围绕云操作系统、云数据库、分布式计算与存储、数据流通等环节，加强对关键技术产品的研发支持，推动易鲸捷分布式数据库等安全可靠产品在金融机构的应用。强化大数据安全保障，以贵阳经开区为基础打造了全国首个以大数据安全为主导的产业示范区，逐渐构建了集大数据安全软件、安全服务以及行业应用为一体的产业生态，铸造"中国数谷"网络安全屏障。

第二节　东数西算工程

2021 年 5 月，国家发展改革委、中央网信办、工业和信息化部、国家能源局联合印发《全国一体化大数据中心协同创新体系算力枢纽实施方案》，首次提出"东数西算"工程，贵州为国家八个枢纽节点之一。同年年底四部委正式批复同意在贵州启动建设全国一体化算力网络国家枢纽节点。2022 年 1 月，《国务院关于支持贵州在新时代西部大开发上闯新路的意见》（国发〔2022〕2 号）明确要求贵州加快推进"东数西算"工程，建设面向全国的算力保障基地。2022 年 7 月，贵州省人民政府办公厅印发《关于加快推进"东数西算"工程建设全国一体化算力网络国家（贵州）枢纽节点的实施意见》（黔府办函〔2022〕68 号），提出 7 大专项行动，共 27 条措施，加快推进"东数西算"工程。

一、全国一体化算力网络国家（贵州）枢纽节点

2021年5月24日，国家发展改革委等四部门联合出台的《全国一体化大数据中心协同创新体系算力枢纽实施方案》明确提出，布局全国算力网络国家枢纽节点，启动实施"东数西算"工程，构建国家算力网络体系，推动数据中心合理布局，供给平衡、绿色集约及互联互通。在定位和作用上，提出对于贵州、内蒙古、甘肃、宁夏等可再生能源丰富、气候适宜、数据中心绿色发展潜力较大的节点，重点提升算力服务品质和利用效率，充分发挥资源优势，夯实网络等基础保障，积极承接全国需后台加工、离线分析、存储备份等非实时算力需求，打造面向全国的非实时性算力保障基地。在数据中心布局上，要求贵州、内蒙古、甘肃、宁夏节点内的数据中心集群，优先承接后台加工、离线分析、存储备份等非实时算力需求。在起步阶段，对于贵州、内蒙古、甘肃、宁夏等单一行政区域的国家枢纽节点，原则上布局1个集群，注重集约化发展，明确数据中心建设规模、节能水平、上架率等准入标准，避免盲目投资建设。

2021年12月20日，国家发展改革委等部门发布《国家发展改革委等部门关于同意贵州省启动建设全国一体化算力网络国家枢纽节点的复函》（发改高技〔2021〕1842号），同意在贵州启动建设全国一体化算力网络国家枢纽节点。复函指出："贵州枢纽要充分发挥本区域在气候、能源、环境等方面的优势，发展高可靠、高能效、低碳数据中心集群，优化东西部间互联网络和枢纽节点间直连网络，通过云网协同、多云管理等技术构建低成本

的一体化算力供给体系，重点提升算力服务品质和利用效率，打造面向全国的算力保障基地。贵州枢纽规划设立贵安数据中心集群，起步区边界为贵安新区贵安电子信息产业园。围绕贵安数据中心集群，抓紧优化存量，提升资源利用效率，以支持长三角、粤港澳大湾区等为主，积极承接东部地区算力需求。"

2022 年 7 月 13 日，贵州省人民政府办公厅印发《关于加快推进"东数西算"工程建设全国一体化算力网络国家（贵州）枢纽节点的实施意见》（黔府办函〔2022〕68 号），提出 7 大专项行动，共 27 条措施，进一步加快全国一体化算力网络国家（贵州）枢纽节点建设。意见指出："以在实施数字经济战略上抢新机为主线，以建设数字经济发展创新区为抓手，按照统筹协调、布局合理、创新引领、技术先进、效益优先、集约高效、绿色低碳、自主可控原则，适度超前布局有利于国家发展和引领产业升级的算力设施，保障国家对算力快速增长的需求，提升算力服务品质和利用效率，构建高安全、高性能、智能化、绿色化、低时延的面向中国全国的算力保障基地。"

二、"东数西算"工程的贵州优势与机遇

作为国家八大算力枢纽节点之一和大数据中心集群所在地，贵州肩负国家"东数西算"工程的重任，贵州是我国南方数据中心示范基地，是全球超大型数据中心聚集最多的地区之一，被称为"中国数谷"和"中国机房"，发展大数据优势明显，加快"东数西算"工程建设对贵州加快推进大数据电子信息产业，实

现工业大突破注入了新功能，意义重大。

　　贵州具有实施"东数西算"工程的资源优势。与东部一线城市相比，贵州生态良好，气候适宜，地质结构比较稳定，自然资源丰富，水能充沛，是中国南方煤炭资源最丰富的省区，是"西电东送"的起源地，近些年来又大力发展风电、光伏产业等清洁能源，贵州无论是电力成本还是土地、人力成本都远低于东部，具备竞争优势。众所周知，数据中心的最大特点是高耗能，电力成本目前已经占到数据中心运营成本的50％以上，其中一半是机器设备散热需要的空调费，而贵州的夏天比较凉爽，贵州尤其是贵阳贵安，以"爽爽"的夏天闻名于世，天然的优势吸引着众多世界级的数据中心在此布局。在"双碳"战略背景下，国家大力发展新能源，贵州要抢抓发展机遇，实现新能源发电向数据中心供电，就地消纳富余的清洁电能，更好地促进新能源产业发展，实现新能源产业与数据中心联动发展。

　　贵州具有实施"东数西算"工程的区位优势。近年来，贵州的交通设施建设飞速发展，已经实现了四通八达，是西部第一个实现县县通高速的省份，省会贵阳是全国十大高铁枢纽城市，贵州民航业快速发展，已实现了民航运输机场9个地市（州）全覆盖，贵阳还是西部陆海新通道枢纽以及重要战略节点城市，正在加快构建"粤港澳－贵州－成渝"数据新走廊，努力服务长三角、粤港澳大湾区等中国东部地区算力资源需求。此外，贵州通过实施"信息基础设施三年大会战""光网贵州、满格贵州、数聚贵州"等行动，已建成中国国家互联网骨干直连点、国际数据专用通道、根服务器镜像节点和中国国家顶级域名节点，成为中国少数几个同时具备这三大信息基础设施的省份之一，已实现同中国 25 个城市直联，建成贵阳·贵安国际互联网数据专用通道，可谓在实施"东数西算"工程上不仅传统交通方便，物流方便，而且处于数据走廊重要节点，架起了网络"信息高速路"，区位优势不言而喻。

贵州具有实施东数西算工程的产业优势。贵州的大数据产业起步于 2014 年，从"一张白纸"到全球瞩目，成为中国首个大数据综合试验区，如今已有 5000 多家企业落户。其中，不乏三大运营商、苹果、华为、阿里巴巴、联想等龙头企业，已形成了存算一体的数据中心发展格局，目前投入运营及在建数据中心达 37 个。作为省会的贵阳数字产业集聚成势，成为承载全国大数据领域试点示范最多的城市。近年来，贵州始终坚定不移地推进大数据战略行动，加快数字经济发展，加强大数据人才培养，省会贵阳的信息技术服务产业集群成为首批国家战略性新兴产业集群。

贵州发展大数据占据了天时地利人和的先天优势，正以实施"东数西算"工程为新的契机，努力在实施数字经济战略上抢新机，进一步放大这一先发优势，推动大数据产业创新发展、大数据与实体经济深度融合发展，把大数据产业做大做强，助力新型工业化，建设名副其实的"中国数谷"。作为数字产业东西部同步的大动脉，实施"东数西算"工程，有助于实现数字资源、数字算力、数字产业、数字服务等数字经济生态的合理布局，是贵州加快数字经济与实体经济深度融合、转型发展、绿色发展的新机遇和新路径。

"东数西算"将进一步巩固贵州在全国大数据产业发展

中的地位。数据作为新一代生产要素，已被提升到国家战略资源层面加以规划利用。"东数西算"的布局，表明贵州在国家数字经济发展战略中有着十分重要的地位，各种推动数字经济发展的政策、项目等，都将贵州考虑在内。这将有利于贵州在原有的良好基础之上，加快发展大数据相关产业，全力以赴在实施数字经济战略上抢新机。同时，"东数西算"将为贵州在数字领域催生新技术、新产业、新业态、新模式提供"加速度"。客观而言，贵州近些年大数据产业的发展，囤"数"的规模远大于用"数"的规模。如何用好这些数据资源，是贵州大数据产业今后发展的关键，"东数西算"落子可谓正当其时。利用好数据中心产业链条长、投资规模大、带动效应强的特点，大力推动数据产业链上下游企业集群发展，贵州的数据应用将跃上新台阶。近年来贵州大力布局的新能源汽车等产业，也有望在算力的支持下，呈现更好更快的发展。

三、东西部协作"贵州大数据+"合作模式

数据作为基础战略性资源和重要生产要素渐成共识，数据要素市场化配置改革成为新的行业热点。从国内发展形势及需求来看，我国东部地区的北京、上海、广州、深圳等一线城市对数据存算、信息服务等需求仍然十分旺盛，同时贵州开展大数据东西部协作的条件和基础不断成熟，优质要素供给与东部地区成熟市场有机衔接，在承接东部地区产业转移、产业资源配置、重大项

目布局等方面迎来了巨大机遇。

贵州数据交易市场＋东部数据流通资源。"十三五"期间，贵州大力推进大数据流通与交易服务平台建设，培育了贵阳大数据交易所、贵阳众筹交易所、数据堂、数据宝、数联铭品等一批大数据资源流通与交易服务机构和技术支撑企业。贵阳大数据交易所参与制定了《信息技术—数据交易服务平台—交易数据描述》《信息技术—数据交易服务平台—通用功能要求》《信息安全技术—大数据交易所服务安全要求》等国家标准，被全国信标委授予"大数据交易标准试点基地"，为全国数据交易市场建设积累经验。贵阳贵安本地企业数据宝拥有全国范围内100余家央企、120余个国家部委直属机构、1000余家重点国企科研院所一手合法数据资源，同时获得了30余个国家部委授权数据加工资质，为数据交易流通提供了坚实的国家级数据支撑和技术保障。从成都移根并在贵州大数据沃土发芽苗壮成长的贵州数联铭品科技有限公司，打造了大数据一体智能分析体系，该体系具有国际领先的动态本体建模和图计算、图挖掘能力，为全国各地实体经济企业发展提供全面的智慧支撑。"十四五"时期，贵州通过贵阳大数据交易所与公共数据开发利用组成"双轮驱动"，探索打造全国一流的数据流通支撑平台，构建数据采集、数据标注、数据分析、数据加工全产业链数据交易流通体系，形成"立足贵州、服务全国"的数据交易生态，为东部数据资源有序有效流通提供平台、技术以及数据资源支撑，构建"贵州数据交易市场＋东部数据流通资源"的合作模式。

贵州云服务基地＋东部云服务市场。近年来，贵州全力引培云服务龙头企业，累计引进培育腾讯云、华为云、白山云、云上贵州等20余家全国知名的云服务企业，云服务创新能力大幅上升，形成了数据中心和云服务协同发展的良好生态环境。其中，华为云为除北方七省外的全国其他地区提供服务，2021年收入超201亿元；云上艾珀是国内唯一运营苹果iCloud业务的供应商，苹果iCloud中国用户数据正式迁入云上贵州，服务2亿多国内iCloud用户，全年云服务收入超3.2亿元；白山云作为国内领先的服务商，为国内CDN内容分发服务厂商前四，已经在全球10多个国家部署服务器近15000台，为超过81%的中国网民和2亿海外互联网用户提供云服务；还有腾讯云、满帮、航天云网、朗玛信息、迦太利华、世纪恒通、东方世纪等一批云服务、数据清洗加工企业快速壮大。"十四五"时期，贵州将以华为云为龙头，带动白山云、腾讯云等企业建设面向公共服务、社会管理、智能化生活、经济建设等领域的云服务平台，进一步壮大云服务领域的"独角兽""单项冠军"方阵。同时，依托数据资源招商，吸引更多金融机构、互联网头部企业等在贵州开展全国性、区域性云计算，将云服务打造成贵阳贵安数字经济"首位产业""品牌产业"，打造全国一流的云服务产业集群和云服务基地，面向东部提供区域性、全国性云服务。

贵州算力网络枢纽＋东部算力资源需求。得益于无地质灾害、气候适宜的自然地理资源和丰富且相对廉价的电力资源（大型以上数据中心执行电价0.35元/kW·h），贵州建成中国南方数据中心示范基地，集聚了中国移动、中国联通、中国电信和苹果、腾讯、华为、富士康等一批国际级、国家级行业级数据中心、灾备中心落地，算力基础设施支撑能力持续得到夯实。"十四五"时期，贵州将充分发挥中国南方数据中心示范基地优势，瞄准东部算力资源需求缺口，重点承接延时要求不高的算力需求，加快形成与粤港澳、长三角、京津冀等地大数据中心集群的算力资源输送通道，缓解东部数据中心"一柜难求"的发展窘境，有效化解全国算力资源"东部不足、贵州有余"的不平衡局面，支撑构建"东数西算"国家数据网体系，推进算力统筹、云网协同，构建"贵州算力网络枢纽＋东部算力资源需求"的合作新模式。

贵州大数据实验田＋东部数字经济创新探索。贵州先后获批国家级大数据产业发展集聚区、大数据产业技术创新试验区、国家跨境电子商务综合试验区、公共数据资源开发利用试点省、中国南方数据中心示范基地等国家级试点示范，在数字经济发展方面先行先试、成效显著。在制度支撑上，率先出台《贵州省大数据发展应用促进条例》，开创了全国大数据立法先河，并在全国范围内首设大数据管理机构——贵阳市大数据发展管理局，引导、规范大数据发展。在产业集聚上，引培一批优质大数据发展企业，借助贵州省、贵阳市良好的政务数据共享开放环境，深化各自在不同领域的应用，推动做大做强企业规模。在应用发展上，涌现了"数据铁笼""信用云""党建红云""社会和云"等一批典型应用，其中省政府办公厅"贵州省电子政务网"荣获"2019 中国政府信息化管理创新奖"，省公共资源交易中心"数字证书互认"得到全国推广，贵州政务 APP 成为全国 9 个省级政府优秀政务 APP 之一。在标准创新上，贵州获批建设全国首个国家技术标准创新基地（贵州大数据），主导、参与编制大数据相关国际标准、国家标准、地方标准及团体标准 175 项；同时大数据技术创新能力大幅提升，建成提升政府治理能力大数据应用技术国家工程实验室，大数据创新平台支撑力进一步夯实。在数据安全防护上，率先建成集实景攻防演练、态势感知、溯源反制于一体的国家大数据安全靶场。通过先行先试，逐步探索出了一条具有贵州特色的大数据安全发展路线。"十四五"时期，贵州将持续强化大数据"试验田"的打造，构建数字经济交流合作大平台，深度融入国内大循环、国内国际双循环，推动贵州成为国际性大数据创新发展风向标、跨区域大数据联动发展引领区。探索大数据"飞地经济"模式，推动与东部发达地区在贵州共建数字经济小镇、数字经济楼宇等，形成要素密集交互、深入融合的跨区域大数据生态圈。探索大数据"反向飞地"模式，引导贵州大数据市场主体在东部地区布局创新合作平台，主导和参与打造虚拟产业园、虚拟产业集群，不断推进数字经济发展资源共享、机制协同，推动数字经济发展模式创新、技术创新、产业创新。

第三节　新型网络基础设施

贵州在数据中心先行先试基础上，实施数字设施大提升行动，高水平推进国家级互联网骨干直联点、根镜像服务器和国家顶级域名节点、贵阳·贵安国际互联网数据专用通道、5G、IPv6、FAST 等新一代数字基础设施建设，通过强化运营支撑，初步打造形成了低成本、智能化、大存储、低时延、高安全的网络基础设施服务体系。

一、贵阳·贵安国家级互联网骨干直联点

随着作为底层基础设施的数据中心不断升级，政府、企业和社会对数据传输的需要呈递增态势，网络性能优劣和网络效率高低在一定程度上影响了数字经济发展的质量。加强对优化网间通信效率和质量的骨干节点建设，已成为各地数字经济迭代发展的重要契机。作为一切信息活动的数字设施底座，互联网承载了大量数字经济活动的数据存储、传递和交换功能，可以说数字经济

所涉及的生产、贸易、服务以及社会化等环节的全生命周期活动都有赖于互联网网络基础设施的高质量建设、运行。

以互联网骨干直联点为代表的新型数字基础设施，能够有效疏通网间流量，减少各单位间的网络延迟，为云计算、数据中心等对网络需求较高的行业如工业互联网等提供优质的网络基础，还能对时延和丢包率敏感的 VR/AR、物联网、数字文创等产业升级提供重要支撑。贵阳·贵安国家级互联网骨干直联点作为 20 个国家级互联网骨干直联点之一，是国家重要通信枢纽，主要用于汇聚和疏通区域乃至全国网间通信流量，是我国互联网网间互联架构的顶层关键环节。

2016 年 11 月，贵阳·贵安国家级互联网骨干直联点通过工信部专家评审。获批建设国际互联网数据专用通道，是贵州省数字设施建设又一重大成果，在贵阳、贵安相关产业园区与国际通信出入口局之间建立起一条直达专用数据链路，减少数据流量绕转和拥堵，提升贵州省国际通信网络性能和服务质量，对满足企业发展实际需要、促进产业转型升级、支持建设"一带一路"节点城市具有重要意义。

2017 年 6 月，贵阳·贵安国家级互联网骨干直联点建成试运行，标志着贵阳贵安正式进入国家通信枢纽行列，彻底改变了之前互联网流量经北上广及重庆绕转的格局，极大提高了网间流量疏通能力，提高了网络安全性能，提升了我国互联网间的通信质量。

2019 年贵阳·贵安国家级互联网骨干直联点完成扩容工程，网络带宽利用率峰值为 60%，网络时延从最高 10ms 下降到

2ms，丢包率降接近为零，网间带宽从扩容前的 60Gbps 提升至
180Gbps，总带宽提升了 3 倍，通信质量得到大幅提升。贵阳·贵
安国家级互联网骨干直联点的建设，进一步推动云计算、数据中
心以及各种互联网信源向贵阳贵安的聚集，进而优化我国互联网
产业的东西布局，加快中西部地区产业转型升级，推动区域协调
发展。

"十四五"期间，贵州明确了要基本建成泛在感知、高速互
联、智能敏捷、安全可信的新型数字基础设施，贵阳·贵安国
家级互联网骨干直联点互联链路带宽达到 600Gbps。同时，随着
"东数西算"工程的开展，将能源资源紧张的东部地区的"数"，
调往能源资源充裕的西部地区"算"也逐步拉开帷幕，打造"跟
得上节奏"的基础网络，提升数据传输能力，助力数据传输到西
部地区进行计算，或传输到西部地区进行存储，对贵阳·贵安国
家级互联网骨干直联点基础设施提挡升级建设，提升数据传输能
力提出了更高的要求。

二、根镜像服务器和国家顶级域名节点

全球域名系统（DNS）是互联网的重要基础服务和"中枢神
经"，是互联网安全和稳定的保障，关系到互联网应用及其承载
的经济社会的稳定运行，世界各国均把域名系统作为互联网重要
基础设施和国家重要战略基础设施。根服务器镜像节点和国家顶
级域名节点就是推动域名系统的最关键环节，加快根服务器镜像
节点和国家顶级域名节点建设具有重要战略意义。

2019 年 12 月 10 日，贵州省根服务器镜像节点和国家顶级域名节点（简称"两个节点"）揭牌仪式在贵安新区举行，标志着"两个节点"正式在贵州建成并上线运行，至此，贵阳贵安成为中国中西部地区第 1 个根服务器镜像节点、第 3 个国家顶级域名节点。"两个节点"的建成与运行大幅提升了贵州乃至中西部地区互联网域名系统的服务水平和安全保障能力。

"两个节点"在贵安的落户，同贵阳·贵安国家级互联网骨干直联点、贵阳·贵安国际互联网数据专用通道互为补充，标志着贵州在西部地区的信息枢纽地位已经逐渐形成。有效提升了访问域名根服务器的效率，增强互联网域名系统与网络抗攻击能力，减少国际链路故障对互联网的安全影响，整体提升互联网运行的安全性和稳定性，对推动我省域名产业发展，提升国家域名服务的解析速度、安全监测和应急保障能力具有重要作用。同时，通过积极向全球进行地址广播服务，有效促进互联网访问数据互联互通，实现互联网访问数据"聚通用"，对支撑国家西部大开发战略、实施网络强国、"一带一路"、大数据等国家战略具有重要意义。

此外，贵州省大数据发展管理局、贵州省网信办、国家计算机网络与信息安全管理中心贵州分中心、贵州省各市州、贵安新区大数据主管部门等 13 个部门机构获赠"数博会.中国""贵州网信.中国""数智贵阳.中国"等 36 个".中国"域名，对于弥合数字鸿沟、普及互联网有着重要意义，也给其他非英语国家解决此类问题树立了典范。

三、贵阳·贵安国际互联网数据专用通道

国际互联网数据专用通道是从产业园区直达国际通信出入口局的专用链路，通过减少路由跳数，以园区为接入单位、以企业为服务对象、以优化提升国际通信服务能力为目的的一类国际通信基础设施。2019年8月，工业和信息化部正式批复同意贵州省建设贵阳·贵安国际互联网数据专用通道，贵阳贵安按照省委、省政府关于大力实施基础设施"六网会战"的决策部署，围绕《贵州省互联网新型数字设施建设专项行动方案》，以贵阳贵安辖区内相关产业园区为抓手，总投资3000万元，启动数据专用通道建设，以满足贵州信息化建设和对外开放合作发展的需求。

2020年底，贵阳·贵安国际互联网数据专用通道正式开通，具有低时延、高可靠等特点，打通了贵州与国际互联网直达高速链路。该通道主要覆盖贵阳综合保税区、贵阳国家高新技术产业开发区、贵阳经济技术开发区、贵安综合保税区等四个对外开放平台，致力于服务数字经济、互联网产业、数据跨境合作等领域，以区域内制造、商贸等工商企业和市场主体为主要对象，通过提供优质国际互联网访问服务，大幅提高国际网络访问性能，改善企业国际互联网访问体验，不断优化贵州省国际营商环境。

基于专用通道，贵州省拥有240Gbps带宽"直达"国际通讯出入口局，减少了中间环节，网速大大提升。经整体测试专用通道网络平均访问时延为230.30ms，平均丢包率为0.81%，较非专用通道平均访问时延性能提升17.54%，平均丢包率性能改善比例达91.09%，显著改善了园区内企业国际互联网访问体验，有效解

决了传统宽带专线在访问国际互联网时的网络延迟及拥塞、在开国际视频会议时时延等问题。同时，在连接国际各地区通信过程中统计发现，对欧洲、非洲、北美洲、拉丁美洲、中亚和南亚等国际方向的网络访问丢包率可降至1%以下，达到美国、德国等欧美发达国家水平；网络访问延时平均缩短10%以上，与日本、韩国、中国香港等周边发达国家、地区基本相当，大大提高了贵阳贵安相关产业园区的国际通信能力，有力地助推了贵阳贵安高水平对外开放。

贵阳·贵安国际互联网数据专用通道的建成，是贵州省继国家级骨干直联点、K根服务器镜像节点、顶级域名节点等重要信息基础设施建成之后的又一关键基础设施，标志着贵州打通了国际互联网直达高速链路，提高了相关产业园区的国际通信水平和对外开放水平，提升了通信业对外向型企业尤其是中小企业和民营企业的服务支撑能力，更对促进贵阳、贵安云计算、大数据、电子商务、高端制造、服务贸易、医药健康等产业发展，满足企业发展实际需要、促进产业转型升级、提升当地信息化和对外开放合作水平、支持建设"一带一路"节点城市，进一步提升贵州省在世界互联网体系的重要节点地位、加快贵州省大数据发展发挥了重要作用。

四、5G 通信及 IPV6 发展

5G 作为构建万物互联的关键网络基础设施，已成为推进供给侧结构性改革的新动能、振兴实体经济的新机遇、建设制造强国和网络强国的新引擎。贵州作为中国首批 5G 试点区域之一，在推动 5G 产业发展上不遗余力。2019 年，贵州省政府办公厅先后印发《贵州省推进 5G 通信网络建设实施方案的通知》《省人民政府办公厅关于加快推进全省 5G 建设发展的通知》《贵州省 5G 发展规划（2020—2022）》等文件，发挥政府主导和推动作用，加强体系化布局，为我省新型数字基础设施建设提供有力的政策保障。2018 年 4 月，贵阳被国家发改委列为全国 16 个 5G 试点城市之一。2019 年，移动、电信、联通和广电均把贵阳作为国内首批 5G 商用城市，随后贵阳市中心城区实现 5G 商用，全国首个省级 5G 融媒体中心正式启用。

通过大力实施"电信普遍服务"等项目，全力部署推进 5G 通信网络基础设施建设，贵州网络通信服务进程进一步加快。贵州移动与贵州广电携手，以共建共享的方式，利用 700M 频段覆盖面积广、穿透能力强的特点，拓展延伸 5G 网络覆盖范围，在乡镇、农村热点区域开展 700M 5G 基站建设，并结合此前建设的 900MHz 和 2.6GHz 等站址资源，高效快速地实现了城市的深度覆盖和郊区乡村的广域覆盖，实现了从"县县通"向"乡乡通"的飞跃，惠及更多百姓搭上信息快车，助力经济社会高质量发展。

截至 2021 年底，贵州累计建成 5G 基站 6.2 万个，实现各区市县主城区及乡镇 5G 网络连续覆盖，农村通信难的问题得到历史性解决。"十四五"期间，贵州在广覆盖、低时延、高可靠的 5G 网络基础上，将建设 5G 基站 13 万个，5G 基站占比 33% 左右，平均每万人拥有 5G 基站数达 33 个，将 5G 网络高质量融入社会生产、人民生活、社会治理等方方面面，进一步提升农村地区网络供给能力，助力现代山地特色高效农业、偏远地区远程医疗及远程教育等方面的普及应用，让更多偏远山区的群众享受数智化新生活，使空间上的"万水千山"变为网络里的"近在咫尺"，让 5G 真正成为乡村振兴开新局的"助推器"。

IPv6 是下一代互联网商业应用解决方案，是互联网演进升级的必然趋势，也是支撑国家新基建重大战略的核心技术和推动其发展的关键因素。2021 年 10 月 22 日，贵州省通信管理局牵头积极与贵州省委网信办、贵州省工信厅、贵州省大数据局开展联合部署，印发《贵州省 IPv6 流量提升三年专项行动计划（2021—2023 年）》，建立工作专班，完善工作机制，明确主体责任，并对各相关部门及企业的工作进行细化分工，实施清单化管理，促进贵州省 IPv6 流量规模持续提升，确保 IPv6 流量提升专项行动取得实效，加速推进互联网向 IPv6 平滑演进升级，为贵州省高质量发展提供有力支撑。

近年来，贵州严格贯彻落实国家推进 IPv6 规模部署行动计划，通过细化分工，建立了点对点的高效沟通机制进行工作推进和调度，同时，采用明察暗访及利用监测平台监测等多种方式对基础电信企业的工作完成情况和质量进行监督，省基础电信企业已基本完成基础设施的 IPv6 改造升级，成效显著。根据国家 2021 年 11 月 IPv6 发展监测平台数据显示，贵州省 IPv6 综合发展指数为 60.37%，IPv6 活跃终端占比 62.85%，IPv6 流量占比 13.49%，贵州省的 IPv6 流量占比位列全国第四位，标志着我省 IPv6 已达到全国中上游水平，为 5G 等新基建应用发展奠定了坚实基础。

"十四五"时期，贵州将加快通信网络、数据中心、内容分发网络（CDN）等基础网络和应用基础设施的 IPv6 全覆盖，推动 IPv4/IPv6 双栈向 IPv6 单栈过渡，提升 IPv6 网络性能和服务能力，大力促进 IPv6 新技术与经济社会各领域融合创新发展。

第九章

开展大数据平台创新
打造全球资源要素配置高地

如果说大数据让贵州贵阳受到全球瞩目，那么数博大道、贵阳大数据科创城、大数据战略重点实验室等一批优秀创新载体平台则搭建起了贵州大数据连通全球、走向世界的平台。数字经济时代，全球数据互联互通已成为必然趋势，贵州以独特的优势和敏锐的嗅觉，借力大数据平台不断扩大国际化交流合作，通过一项项领先工程，协同推进技术、模式、业态和制度创新，切实用好数据要素，着力推进数字产业化、产业数字化、数据价值化、数字化治理，为经济社会数字化发展带来强劲动力，加速与世界的共融互通，打造全球资源要素配置高地，书写践行大数据战略行动实现跨越赶超、与世界共融互通的美丽篇章。

第一节　数博大道

如同纽约华尔街是美国的金融腹地，坐落于贵州贵阳的数博大道则是大数据产业在全国起引领性和标杆性作用的关键引擎。为深入贯彻落实习近平总书记致 2018 中国国际大数据产业博览会贺信精神，打造贵阳贵安融合发展的城市中轴线，引领中国数谷高质量发展的标志性工程，2019 年 5 月，《中共贵阳市委贵阳市人民政府关于加快推进数博大道建设的意见》和《贵阳市建设数博大道核心区三年行动计划》印发，明确贵阳市将以大数据金融城、大数据产业城、大数据健康城、大数据智慧体验集聚区"三城一区"为主线，按照"一年规划设计、两年集中建设、三年完善提升"步骤，构建大数据产业、大数据应用、大数据法律、大数据标准和大数据安全五大体系，深耕人工智能、量子信息、移动通信、物联网、区块链五大新领域，把数博大道打造成为"中国数谷"核心区、永不落幕的数博会。

一、融合发展的城市中轴线

《周礼》的第一句话就是"惟王建国，辨方正位，体国经野，设官分职，以为民极"。《周礼·考工记》中描绘了理想的都城建设蓝图，其中就有中轴线的存在。从数千年前夏宫"中轴突出，两翼对称"的格局，魏晋南北朝时的都城洛阳出现明显的中轴线，隋唐时期长安城以宽约 150 米的朱雀大街为中轴线，北宋的东京以"御街"为中轴线，再到金中都的中轴线，中国古代都城不断向《周礼·考工记》中的都城规划理想靠近着。城市中轴线是彰显东方文明和智慧的文化符号。被誉为"大数据之都"的数谷贵阳，以数博大道为城市中轴线，涵养城市气韵，彰显文化自信。

贵阳贵安融合发展是实现贵阳和贵安高质量发展的关键一招和必由之路，是从城市和新区融合发展的大局出发，为我国建立更加有效的区域协调发展新机制探索路径和经验。2020 年 2 月，贵州省委、省政府出台的《关于支持贵安新区高质量发展的意见》明确提出"促进贵阳市、贵安新区融合发展。支持贵安新区和贵阳市在产业布局、要素配置、城市规划建设、社会管理等方面统一规划、统一建设、统筹管理"。

从贵阳贵安在全国城市体系中的地位来看，加快推进贵阳贵安融合发展，有助于破解城市价值链中低端面临的基础底子薄、产业空间小、要素资源弱、集群程度低等制约瓶颈，推进资源要素同用、城市营运同体、竞争优势同构，着力发挥"1+1>2"的融合效应，推动城市价值链迈向中高端，在未来中国城市格局中，共同打造双轮驱动、千万人口支撑、万亿规模体量的西部区域中心城市。

从贵阳贵安在西南五省区市中的优势来看，贵阳贵安在西南地区拥有生态、交通、大数据三大独特优势，面对未来继成渝之后西南"第三城"的竞争，加快推进融合发展，有助于全面提升开放承载力和拓展开放新空间，着力将区域独特优势转变为核心竞争优势，在深化对外开放和区域协作中，力避虹吸效应，共同打造开放带动、改革推动、创新驱动的内陆开放型经济新高地。

从贵阳贵安在全省发展格局中的作用来看，加快推进贵阳贵安融合发展，有助于贵阳有效拓展发展空间、创新城市发展方式、放大辐射带动效应、充分发挥省会城市龙头作用，有助于贵安新区加快建城市、聚人气、广招商、兴产业，形成两地合理分工、优势互补、互利共赢的区域经济格局，从而全面提升省会首位度和新区贡献度，共同打造双核联动、两极支撑的黔中城市群核心都市圈，切实肩负起全省高质量发展战略支撑的辐射带动作用。

数博大道是助力贵州省"强省会"五年行动、形成"城市中轴贯通、东西两翼协同、南北双向拓展、组团分步推进"发展格局的贵阳城市"中轴线"。数博大道北起乌长高速修文北互通，南至贵安新区思雅路，全长66.12公里，其中北延伸段17.15公里，中段（创筑路口到太金线）22.59公里，南延伸段26.38公里，串联修文县、高新区、白云区、观山湖区、云岩区、经开区、花溪区、贵安新区等区域。截至2021年底，已建成27.02公里，含白云区白金大道、观山湖区长岭北路和长岭南路、云岩区黎苏路及贵安新区思雅路部分路段。

"数博大道"是打造以贵阳贵安为主城，修文扎佐为北部新城"双城三轴，协同发展"的重要抓手，北延伸段路线周边规划有矿区小镇、修文东部新城等重要片区，将进一步促进修文高端产业集聚，并最终加速北部新城与贵阳贵安主城区的融合发展，推动贵阳贵安发展空间、资源要素等加快复合叠加、加速整合优化，大力提升贵阳贵安城市圈的综合竞争力，为打造首位度高的省会城市、影响力大的中心城市提供有力支撑。

"数博大道"将成为贵阳贵安城市跳动的脉搏，推动整个城市的前进发展和价值流动，改变贵阳贵安的发展方向与格局。"数博大道"北延段南起高新区青山路路口，向北经白云区至修文县，终点接规划贵阳外环乌长高速修文北落地互通，为新建城市主干道，设计时速 80km/h，双向 8 车道。串联了贵阳贵安八大城市核心区域，"数博大道"这一城市通行的主干道，见证并描绘着贵阳贵安城市的轮廓，也优化着城市人居空间，围绕数博大道所构建的密集路网，渐渐成为贵阳贵安城市发展的驱动力、生活便捷的助推器。

"数博大道"作为构建"一环一轴"城市主骨架的支撑性工程，贵阳贵安城市圈的中轴线，其南北双向延伸将贯通贵阳贵安主要城市区域，拉开城市发展的骨架，加强区域交通功能，带动沿线经济发展，让贵安新区和东部产业新区遥相呼应、老城区与新城区关联互动、贵阳贵安融为一体，将极大拓展贵阳贵安城市发展空间，为打造千万人口级别的经济体量大能级城市提供足够承载能力。

数博大道作为贵阳贵安优势叠加的融合发展助推器，正在实现政策、发展空间、资源要素等优势的整合优化和复合叠加，打通要素流动通道，大幅度提升城市综合竞争力。已建成的数博大道核心区，贯穿贵阳贵安云岩区、高新区、观山湖区和白云区四大城市核心区，沿途顶级大数据企业聚集，全球互联网、大数据、人工智能和实体经济在这里深度融合，兼具创新、生态、展示、体验和智慧等功能，市民无须大费周章，便可与大数据亲密接触，享受其发展的最新成果——这是贵阳数博大道的美好愿景。

数博大道沿途顶级大数据企业聚集，全球互联网、大数据、人工智能和实体经济深度融合应用。数博大道将推动技术人才和资本等各类资源要素集中汇聚和融合互动，成为更加高效的载体、更高层次和更宽领域的实体开放平台。按照规划愿景，数博大道将建设成为贵州大数据落地生根的重要承载区、贵州大数据融合发展的先行示范区、全球大数据产业发展的合作交流区，是一条集中展示贵州大数据发展创新和实践成果的示范走廊，一个互联网、大数据、人工智能等最新成果的"贵阳展示"国际平台。

二、数字经济发展的新引擎

数博大道引领贵阳大数据落地生根。建设数博大道，用大数据手段推进全产业链、全治理链、全服务链优化重组，建基地、引人才、聚企业、促创新、优服务，探索实践数据驱动型创新体系和发展模式，推进以大数据为引领的数字经济与实体经济深度融合，有利于大数据在贵阳经济高质量发展中发挥更大作用，构筑更加高效的载体、更高层次和更宽领域的实体开放平台。以建设数博大道为抓手，发挥数据的基础资源作用和创新引擎作用，推动大数据和实体经济深度融合，壮大以创新为主要引领和支撑的数字经济，有利于不断提升经济发展的数字化、网络化和智能化水平，助力贵阳在建设数字贵州的实践中走前列、作表率。

这条 66.12 公里长的数博大道，正在成为贵阳贵安大数据战略行动的主战场、主阵地，成为加快推动数字经济与实体经济深度融合、加快数字孪生城市建设、加快建设全国最大的数据中心集聚区的核心和关键。数博大道不仅成为未来大贵阳都市区的发展主线，也将成为"中国数谷"品牌化和国际化的重要标志。当前，数博大道沿线产业初步集聚，结合大数据企业轻资产、城市化等特点，重点打造了南明区集聚示范基地（花果园亚太中心）、观山湖区集聚示范基地、高新区集聚示范基地（德福中心）、云岩区集聚示范基地（京玖大厦）和白云区集聚示范基地（金融北城）等 5 个市级大数据产业集聚示范基地，总入驻企业 184 家，实现营收 113.43 亿元，其中软件业务收入达 68.47 亿元，占 2020 年全市软件业务收入的 33.7%。

数博大道是集产业大道、智慧大道、创新大道、展示大道、体验大道、生态大道、文旅大道功能为一体的"中国数谷"的核心区。贵阳通过充分整合并优化配置资源，集聚高端创新要素，提供优质共享公共服务，涵养人文精神，全面提升数博大道发展能级。做大做强、做优做美数博大道，使其成为"中国数谷"乃至国家大数据（贵州）综合试验区的强大引擎，打造成以大数据产业高度聚集、中高端消费和中高端制造为重点的实体经济集群发展、大数据与实体经济深度融合、大数据创新力度显著增强、大数据治理精准施策、大数据服务精准高效的"中国数谷"核心区。

产业大道。聚焦大数据、人工智能、5G、物联网、区块链、量子通信等数字经济发展新领域，发展航空航天、高端装备、新材料、新能源、电子信息等现代制造业，生物工程、基因工程、生命科学、"互联网＋大健康"等大健康产业，"双创"经济、总部经济、会展经济、现代物流、电子商务、互联网金融、软件及服务外包等现代服务业，综合发展旅游服务、商业商务、休闲娱乐、居住生活等复合产业功能，贵阳将把数博大道打造成大数据产业高度聚集、大数据与实体经济深度融合、大数据创新力度显著增强的产业大道。

智慧大道。立足打造智能、便捷、高效的智慧大道，引进一批大数据、人工智能、物联网、区块链应用及终端设备布局数博大道，优化路网体系，构建一体化快速交通，实施"互联网＋便捷交通"行动，打造智能交通管理，推进智能站点、智慧停车等设施建设；以共享为途径，推进智慧政务、智慧教育、智慧医疗等大数据公共服务设施建设，重点推进沿线智慧社区建设，多样化、多方式展示数博大道前沿技术创新应用，通过建设一体化的智慧全服务，实现数博大道管理核心功能及区域行业增值服务。

创新大道。努力建设大数据应用场景转化与推广平台，引导大数据应用场景的推广和发展，全力推动人工智能、物联网、区块链、大数据等场景应用加速发展与聚集；加快沿线高层次人才公寓、专家楼建设，着力打造一批大数据孵化器、众创空间和创客产业园，推进一批异地孵化器和研究院建设，将数博大道打造成全国大数据创新创业的首选地、筑梦场和试验田。

展示大道。结合大数据特色在重要的城市公共空间，打造国际一流的现代光色视觉与文化内涵兼备的灯光秀、音乐秀、喷泉秀等，通过人工智能、物联网等技术实现科技照明、视频监控、智能交通、态势感知、环境治理、城市 Wi-Fi、智慧应急、道桥安全、节能减排、文化旅游、城市生活、智慧停车等科技应用展示和科技服务展示，将数博大道打造成世界领先、全国一流、绚丽多姿的展示大道。

体验大道。加快数据融合技术在数博大道的应用，打造工业数据融合平台、金融行业数据融合展示中心、旅游大数据融合展厅、民生大数据融合示范平台等数据融合应用场景。大力发展无人驾驶体验、VR 三维全感阅读馆、大数据阅读数据库等大数据文化体验内容，打造大数据智慧体验集聚区、大数据娱乐城，建设标志系统、民族雕塑等特色文化形象工程，完善文化长廊、广场等文化休闲设施，借鉴好莱坞星光大道和环球影城建设模式，将长岭北路打造成大数据星光大道和体验大道。

生态大道。建设数博大道生态绿廊，利用沿线城市公园、生态绿地优美的自然景观资源，重点提升打造小湾河湿地公园、大数据创客公园、观山湖公园、白云铁路记忆主题文化公园、罗格湖公园等十大生态公园，将技术创新与城市建设结合，把大数据发展元素融入标志性景观系统、道路景观系统、边界景观系统、城市区域景观系统、节点景观系统等，体现贵阳市独特的山水生态城市特色，搭建生态云平台和生态环境监测调度指挥平台，构建覆盖大道的生态感知物联网，推动"大数据＋大生态"融合发展，将数博大道打造成山、水、林、湖、园、绿有机串联的生态大道。

文旅大道。利用互联网和大数据加快建设数博大道智慧旅游综合服务体系，加快沿线吃、住、行、游、购、娱六大旅游要素完善提升，沿线重点布局城市艺术橱窗、旅游公共设施结合文化休憩空间、口袋公园、可移动式旅游服务驿站等"潮贵阳"旅游文化产品，深度挖掘提炼数据文化、会展文化、美食文化、旅游文化"四大文化"，大力开发文创街区和文化休闲旅游街区，将数博大道打造成贵州文化旅游融合发展的展示窗口。

三、未来之城试验田

伴随新一轮科技革命的持续深化，数字经济时代已经全面降临，信息技术的飞速进步赋予了城市发展更多可能性。加快数字化城市建设，成为决定一个国家发展水平和国际竞争能力的重要因素。在探索数字城市建设的路途中，贵州贵阳凭借在数字经济领域的先发优势，依托数博大道奋力构建数字城市的社会新形态。为此，贵阳市先后出台了《中共贵阳市委 贵阳市人民政府关于加快推进数博大道建设的意见》《贵阳市建设数博大道核心区三年行动计划》《数博大道数字孪生城市顶层设计》《贵阳数博大道产业规划》《数博大道沿线详细城市详细设计》《贵阳市数博大道智慧楼宇改造建设标准指引（试行）》《贵阳市数博大道智慧建筑改造建设标准指引（试行）》等文件，实现了数博大道物理空间与数字空间同规划、同建设。

根据《数博大道数字孪生城市顶层设计》，数博大道以聚焦数字化、智慧化为发展目标，以"数字孪生城市"为总体发展理念，试点示范各种新技术、新模式、新场景，积极探索未来城市建设，以更好地服务贵阳"中国数谷"的发展。项目将建设数博大道感知体系支撑城市综合感知平台，现实城市与虚拟城市同步规划、同步建设，全方位展示全球最新大数据成果和未来数字城市形态。

建设高效运行、多元先进的信息基础。围绕全面建成数博大道"连接、计算、安全"的信息基础体系，全面推进城市5G网络建设，实现智能网络高速率、全普及、广覆盖；部署边缘化、泛在化的计算设施，形成"存算一体、布局合理、规模适度、绿色集约"的格局。

建设全域布局、集约共享的感知体系。通过统筹集约部署全域覆盖的感知设施，打造高效、互联的传感网络，实现数博大道多维感知数据的融合汇聚，形成全域覆盖，人人、人物、物物互联互通的智能感知体系。

建设深度学习、智能操控的数博大脑。以"自学习、自反馈、自优化"功能为核心，紧密围绕数字孪生模型平台（CIM）和多元数据集合，充分运用人工智能技术，为数博大道打造深度学习、智能操控的数字孪生中枢（数博大脑），为各行业应用精准赋能。

打造精准共治、高效智能的数字治理空间。立足数博大道运行监测、管理、处理、决策等治理需求，依托全域覆盖的感知体系和高效先进的信息基础设施，在数字空间形成政务服务、公共设施、生态环境、立体交通、公共安全、信用治理及运营管理的实时映射，促进跨层级、跨地域、跨系统、跨部门、跨业务的城市治理协同。

打造以人为本、情景交融的数字民生空间。以大数据、人工智能、区块链等核心技术为基础，以人工智能赋能平台的海量用户信息和超算能力为驱动，面向社会各类市民群体，围绕医疗、教育、社区生活、文化休闲等方面建设新一代的智慧服务应用，打造精准定制化、便捷普适化、场景舒适化、安全可信化的数字民生空间。

打造数据赋能、业态融合的数字经济空间。以打造中国数谷为契机，充分发挥贵阳市大数据产业的发展优势，全方位、全角度、全链条地推动数字经济与实体经济各领域渗透融合，推进经济向高质量、高水平、高速度的方向发展，不断催生新技术、新产业、新业态、新模式。

打造场景多元、开放包容的展示互动空间。以数博大道为载体，利用数博大道大数据展示中心、数博大道沿线 VR 体验等场景，集中呈现全球最新技术创新和研发成果，打造大数据智慧应用极致体验区；以服务展会及参展企业为核心，搭建参展企业对外展示和沟通合作双向平台，提供展会大数据等增值服务，打造引领行业发展的国际性盛会新标杆。

　　从国家大数据综合试验区到"中国数谷"，大数据已经融入贵州的千行百业，赋能生产方方面面，渗透生活点点滴滴。依托数博大道，贵州谋划实施一批引领性、带动性和标志性的城市精细化管理，引进 5G、数据中心、物联网等新基建项目，在核心区开展基于信息化、智能化社会管理与服务的智慧小区改造，加快推进智慧环境监测、智慧市场监管、智慧交通、智慧灯杆等项目建设，创新布局无人超市、无人餐馆、无人配送、智慧导购等智慧场景应用，构筑未来城市的雏形。在数博大道沿线修建产业大道、创新大道、生态大道、展示大道、体验大道和智慧大道，充分发挥"数博效应"，让产业与城市融合，既做到了发挥城市空间优势，也将产业更好融入城市内核中，在提升土地价值的同时，创造更多产业活力，使数字应用与城市生活紧密联结在一起。

第二节　贵阳大数据科创城

一座充满前景与机遇的"科创新城",正在黔中大地光芒闪耀,吸引着四海八方的志同道合者,紧抓大数据发展机遇,共谋大势,共创未来。2021年12月,贵州省人民政府对贵安新区管委会、贵阳市人民政府《关于建设贵阳大数据科创城的请示》做出批复,同意建设贵阳大数据科创城。国发〔2022〕2号明确提出要推进贵阳大数据科创城建设,培育壮大人工智能、大数据、区块链、云计算等新兴数字产业。贵阳大数据科创城以高端化、绿色化、集约化为发展方向,以"以产促城、产城融合"为建设理念,以科技创新为支撑,以人才集聚为重点,聚焦发展云计算及数据服务产业、信创工程产业、数据场景应用产业三大产业,聚合贵阳贵安数字经济优势资源,打造数字产业和人才集聚区、数字场景应用示范区、生态文明展示区,建设国内领先的数字经济创新区,汇聚"数字力量",推动"数字文明"发展进程。

一、数字产业和人才集聚区

数字产业和人才集聚区主要聚焦发展云计算及数据服务产业、信创工程产业、数据场景应用产业三大产业，搭建科技创新平台，汇聚大数据人才，强化产业配套建设。根据贵阳大数据科创城建设和发展规划，预计到 2025 年，贵阳大数据科创城将引进培育大数据及关联企业 3000 家，实现年营业收入 500 亿元（不含华为云），汇集科技创新和公共服务平台 100 家，聚集软件及相关人才 10 万人。截至 2022 年 12 月 15 日，围绕云计算及数据服务、信创工程、数据场景应用三大产业，贵阳大数据科创城已招引企业 405 家，超额完成阶段任务，大数据产业聚集效应显现，发展势头良好。

贵阳大数据科创城将着力培育云计算及数据服务、信创工程、数据场景应用三大产业。围绕全国一体化算力中心建设，发展以云平台、云应用、数据服务为重点的云计算及数据服务产业；围绕贵州省、贵阳贵安以及在黔国企的国产化替代，发展以基础软件、应用软件、信息安全为重点的信创工程产业；围绕数据场景应用示范区建设，发展以智慧交通、智慧旅游、数字金融为重点的数据场景应用产业。

贵阳大数据科创城将围绕科研实验、公共算力支撑、公共检测、数据开放、软件共享开放、数字内容共享六个方面搭建科技创新平台，重点建设贵州省科学数据中心、华为云创新中心、"一云一网一平台"数据开放平台等。围绕数字基金小镇、科技成果转化平台、孵化创新平台、综合服务中心等四个方面搭建公共服务平台，重点建设数字产品（服务）超市、华为鲲鹏创新中心等。到 2025 年，集聚一批科技创新和公共服务平台。

二、数字场景应用示范区

数字场景应用示范区以打造数字应用场景、强化智慧城市建设、搭建线上线下平台为主要任务。根据贵阳大数据科创城建设和发展规划，围绕网络货运、鲲鹏鸿蒙产业、数字政府、数字金融、工业互联网、智慧文旅、智慧医养、北斗应用、数据交易、数据安全等 10 个重点领域，打造一批数字场景应用示范。围绕城市治理、民生服务重点领域，统筹安全、管理、交通、生态等多领域，谋划实施一批数字化标杆项目。数字场景应用示范区将完成新型基础设施建设投资 50 亿元，发布场景应用 1000 个，向中小企业预留的政府采购份额应当占本部门年度采购项目预算总额的 30% 以上。

推进智慧交通建设，依托大数据分析、AI 智能驾驶、知识图谱、车路协同等技术以及互联网实时数据等技术手段，构建全路网感知、全要素融合、全业务智能的城市交通治理新体系，治理拥堵等城市交通顽疾，实现城市交通运行管理服务态势实时感知、实施动态调控、运行安全绿色、道路畅通高效。

推进智慧社区建设，以智能安防为基础，以智慧物联为支撑，打造全时空、立体化的社区安防感知体系，实现对居民社区的安全防范、社区消防、人车管控、反恐维稳等，结合社区健康管理、社区智慧养老等特色服务，构建智慧平安社区网。

推进智慧城管建设，以采集多元化、流程极简化、运行智能化为目标，实现城市事件智能识别，充分利用城市视频、无人机、网格员拍照等方式，实现城市精细化、常态化管理；结合接诉即办、知识图谱能力，实现案件智能分发派到，提升效率；构建城市管理联动指挥体系，实现部门处置线上智能、线下协同。

推进智慧生态建设，数字化、智能化是引领生态环境治理新模式的抓手，优化升级现有环境监测基础，将大数据技术应用于城市生态环境治理中，挖掘环境数据价值，多维度投射场景应用，进行城市环境质量预报预警、城市生态资源及环境状况分析和评估，推进业务协同管理。

搭建线上线下平台。建设数字场景开放中心，开放城市场景应用，为创业者搭建场景应用培育、验证和落地实验平台，吸引创新主体创新创业。通过政府门户网站、数博会平台加强典型应用场景宣传推广。建设应用场景"线上发布大厅"，推动数字技术和创新成果的集中应用、长期展示，促进供需双方精准对接，将应用场景转化为市场机会。

三、生态文明展示区

贵阳既是全国首个获批建设的生态文明示范城市，也是贵州建设国家生态文明试验区的先行区。近年来，贵州贵阳牢牢守住发展和生态两条底线，坚持生态优先、绿色发展，奋力走出了一条绿色经济化、经济绿色化的发展新路。2021年12月，贵州省政府赋予贵阳大数据科创城三大战略定位，其中"生态文明展示区"这一定位格外醒目。贵阳大数据科创城打造生态文明展示区,将"绿色""生态"理念作为指导思想纳入在未来城市建设发展的总体谋篇布局中,既是响应国家生态文明试验区的重大举措,也是全力推进"生态大保护"、奋力书写"生态大文章"、持续做强"生态大品牌"的生动实践。

2022年10月,《贵阳大数据科创城生态文明展示区建设规划》正式发布,将贵阳大数据科创城生态文明展示区定位为"绿色发展示范区、生态文明大数据应用创新区、生态文明制度改革先行区",明确以"以人为中心,营造健康幸福、兼容并包的人文环境;以境为本底,打造自然亲和的生态环境;以业为动力,构建竞争力强的绿色生态产业体系;以城为依托,打造智慧宜居的城市空间;以制为保障,建立完善的生态文明制度体系"为目标。提出构建"5+15+36"生态文明指标体系,涵盖"以人为本、环境亲和、绿色发展、生态宜居、制度建设"5类评价标准;"引才聚人、环境保护、绿色经济、舒适宜居、管理有序"等15类评价准则和36项评价指标,为贵阳大数据科创城的生态文明建设提供了可量化的考核依据和标准。

贵阳大数据科创城托山体、水系、绿地等自然基底,将公园形态和城市空间有机融合,建设敞开式、景观化的公园、山体、广场、院落等公共生态空间,实现园在城中、城在园中、城园相融。通过保护生态本底,以立体绿色慢行网络缝合生态与城市,构建"一轴七线"的生态通廊;通过落实绿色建筑要求、引导城市三维绿化、引入绿容率指标,引导城市绿色营建;通过建设宜居、宜业、宜游的高品质空间,有机融合城市和生态,形成公园里的城市。最终实现保护自然资源、促进环境亲和、实现绿色发展、实现生态宜居的发展目标。根据贵阳大数据科创城建设和发展规划，人均公园绿地面积超过 12 平方米，公众对环境质量的满意度超过 85%，绿色经济占 GDP 比重超过 50%。

保护自然资源。贵阳大数据科创城将通过构建城市生态格局红线体系，明确生态安全空间管控。绿化覆盖率超过 40%，人均公园绿地面积超过 12 平方米，绿地率超过 35%，天然水域面积保持程度超过 9%。

促进环境亲和。贵阳大数据科创城将通过关注环境对人生活品质的影响，确保人与环境和谐共生，为城市可持续发展提供有力的保障。城市空气质量优良天数比率全国领先，生活污水集中处理率达 100%，每万人拥有绿道长度达 2 公里。

实现绿色发展。贵阳大数据科创城将通过低投入、低排放、低消耗的"绿色发展"的建设模式，在生产和公共服务活动中实现绿色化发展。新建绿色建筑比例超过 90%，公共交通出行比例超过 90%，中水回用比例超过 60%。

实现生态宜居。贵阳大数据科创城将建设可持续发展的"生态人居"环境，社区小学步行服务半径在 500 米以内，社区文化设施步行服务半径在 1000 米以内，市政管网普及率达 100%。

城市让生活更美好，既要有先进的理念、科学的规划，更要有创新实干、久久为功的坚持。让经济增长、人民幸福的曲线持续向上，污染排放、生态破坏的曲线不断下降，贵州贵阳生态文明建设持续向绿而进，逐绿而行，让绿色发展更好地引领经济转型、改善生态环境、惠及群众生活。

第三节　创新载体平台

　　作为承载全国大数据领域试验、试点、示范最多的城市，全球集聚超大型数据中心最多的地区之一，大数据不仅成为贵州全新的名片，还增强了贵州拥抱世界、走向世界的底气和信心，以更开放的姿态同世界一起拥抱大数据。贵州打造的一批面向世界的大数据创新载体平台，包括纳入国家工程研究中心新序列的中国首个国家大数据工程实验室"提升政府治理能力大数据应用技术国家工程研究中心"；我国大数据领域唯一一个国家重点实验室"贵州大学省部共建公共大数据国家重点实验室"；贵阳市人民政府与北京市科学技术委员会共建的首家中国大数据发展新型高端智库"大数据战略重点实验室"；以贵州伯克利大数据创新研究中心、贵阳高新（莫斯科）创新中心、云上贵州（班加罗尔）大数据协同创新中心为代表的国际合作公共服务平台，正在成为贵州大数据发展的重要支点，并引领"中国数谷"成为全球资源要素配置高地。

一、提升政府治理能力大数据应用技术国家工程研究中心

2016 年 11 月，国家发改委批复由中电科大数据研究院有限公司（简称"中电科大数据院"）联合电子科技大学、国信优易数据股份有限公司、贵阳块数据城市建设有限公司、贵阳信息技术研究院等多家单位作为共建单位筹建实验室。中电科大数据院作为中国电子科技集团有限公司与贵州省、贵阳市共同组建的新型协同创新实体，支撑实验室建设和运行。2017 年 12 月，实验室创新能力建设项目纳入国家高技术产业发展项目计划。2020 年 10 月，实验室通过主管部门贵州省发改委组织的验收。2021 年 12 月，实验室通过国家发改委评价，纳入国家工程研究中心新序列，成为提升政府治理能力大数据应用技术国家工程研究中心（简称"工程中心"），同时也是贵州省唯一一家国家级的工程研究中心。

引领技术创新，促进成果转化。工程中心建设发展以来，在提升政府治理能力、加强数字政府建设、推动数字经济发展方面积累了丰富的实践经验。围绕政府治理大数据应用技术领域，突破了政务数据采集治理和跨部门数据关联融合等 41 项关键技术，形成发明专利受理 105 项，软件著作权登记 77 项，发表 SCI/EI 检索 /CCF/ 核心期刊论文 135 篇；设立"大数据 + 政府治理"开放基金，培养科研团队 34 支；同时参与实施了全国一体化政务服务平台、全国一体化算力网络国家枢纽节点"东数西算"工程等 40 项国家重大任务或重点工程建设；作为国家技术标准创新基地（贵州大数据）建设发展委员会秘书处承担单位，牵头 / 参

与编制并发布国际标准、国家标准、地方标准等共 53 项。工程中心所承建的"智慧白云"平台成为工信部 2021 年大数据产业发展试点示范项目；牵头建设的"一趟都不跑、一次就办成"大数据政务服务平台入选 2021 年度贵州省级数字治理示范项目；自主研发的物联网数据管理平台入选 2022 中国国际大数据产业博览会"十佳大数据案例"。

打造人才高地，搭建科技桥梁。工程中心在政府治理大数据领域进行技术创新和成果转化的同时，也为做好贵州大数据行业人才持续、稳定及良性发展积极探索，始终以构筑"中国数谷"大数据人才高地为人才建设目标，多措并举，以引入院士专家资源、高端人才、关键人才为抓手，兼顾积极引进人才与自主培养人才的方式，形成了一套大数据人才建设新模式。2022 年 6 月，工程中心被贵州省科协授予建立"贵州省科技工作者之家"；7 月，工程中心科学技术协会成立大会顺利召开，标志着工程中心将充分发挥国家级科研平台"桥梁""纽带"作用，着力引入优质学术资源，不断扩大学术交流层次和范围，努力促进交叉学科之间的科研交流与合作，奋力在科研投入、应用示范和人才培养方面赋能贵州，为贵州大数据产业发展、"中国数谷"建设提供有力支撑。2022 年 8 月，中国科协科学技术创新部发布《2022 年"科创中国"创新基地认定结果公告》，工程中心打造的"科创中国"政府治理大数据创新基地通过认定，成为全国首批 194 个"科创中国"创新基地之一。

聚焦重大战略，构筑创新体系。工程中心根据工作目标和任务，聚焦国家数字经济、数字政府建设与发展的重大战略需求，全力构筑创新体系，积极推进建成政府治理大数据创新基地。引入院士专家团队、科研机构开展大数据应用共性技术研究和一体化政务服务大数据应用、智能卫生健康、乡村振兴产业互联网等方向的智能技术攻关及产业研究，推进研究成果落地转化。同时，工程中心创新产学研合作机制，定期组织贵州省中小企业参与"走进国家工程研究中心"等系列活动，充分利用工程中心的技术能力和科技产品，帮扶中小型科创企业释放市场能力，携手促进产业数字化、数字产业化发展；逐步健全完善政府治理大数据创新基地成果转化机制，实现产业资源和技术能力高效汇聚，着力推动政府治理大数据应用技术进步，牵引数字经济产业发展。

站在新的历史起点，工程中心围绕服务国家战略、推动产业发展和强化自身建设的总体目标，提出产业创新横向做宽、技术创新纵向做厚的"一横一纵，横纵联动"发展思路，制定了"三三三"的建设布局。形成了服务政府治理的三大技术创新能力、服务社会治理的三大产业创新能力和服务数字政府建设任务的三大服务能力，努力成为数字经济产业发展的牵引者和技术提供者。经过多年建设，工程中心在数字政府业务领域积累了多项核心能力，包括一站式数据治理所需的关键技术、产品和服务能力，构建了国内领先的数字政府大数据体系，并推动发布了一系列规范标准；提供了集数据分析、知识图谱分析于一体的数据智能服务与数据运营服务综合能力等，为政府公共数据开发利用与开放共享提供助力。

二、公共大数据国家重点实验室

为抢占公共大数据核心技术创新制高点、把握关键科技发展主动权的战略前瞻。2015 年 11 月，公共大数据省级重点实验室立项建设；2018 年 6 月，部省会商筹建省部共建公共大数据国家重点实验室；2021 年 4 月，《省部共建公共大数据国家重点实验室建设运行实施方案》通过科技部组织的专家论证；2021 年 6 月，科学技术部、贵州省人民政府召开省部共建公共大数据国家重点实验室专题协商会议；2021 年 9 月，国家正式批准省部共建公共大数据国家重点实验室建设；2021 年 10 月，省部共建公共大数据国家重点实验室举行揭牌仪式。省部共建公共大数据国家重点实验室成为我国大数据领域第一个也是当前唯一一个国家重点实验室。

重点实验室主要研究领域包括公共大数据融合与集成研究、公共大数据安全与隐私保护研究以及块数据与区域治理等三个方向。围绕大数据战略，针对公共大数据变成数据要素、公共大数据"聚、通、用"等科学问题开展研究，设置公共大数据融合与集成、公共大数据安全与隐私保护、块数据与区域治理 3 个研究方向。建设了公共大数据基础研究平台，具有 PB 级的分布式存储能力，人工智能算力为 12PetaFLOPS。近两年来，实验室先后承担了国家重点研发计划、国家自然科学基金重点项目等 160 余项；共发表"三类高质量论文"340 余篇、出版专著 28 部，获发明专利 90 余件。

下一步，重点实验室将围绕"四新"主攻"四化"服务产业、服务民生、服务政府。服务产业，针对产业数字化、数字产业化需求，研究数据治理融合、流通交易等数据要素化科学问题，推动数据要素市场化、以大数据赋能新型工业化、大数据与实体经济深度融合，成果应用于白山云、贵州工业云、贵州磷化大数据决策平台等。服务民生，研究智慧农业、数字乡村、农业大数据融合模型与算法，研究病虫草害智能识别、自动监测预警与调控等智慧植保与大数据技术，解决大数据服务民生科学问题，服务农业现代化，助力乡村振兴。服务政府，研究块数据、主权区块链社会治理机制与管理模型、国产密码关键模型与算法，开展劳动用工大数据、教育大数据、科技政务大数据、智慧法院、云上贵州、大数据安全靶场等融合创新，推动公共治理现代化。

公共大数据国家重点实验室使命清晰、定位明确、基础坚实、机制创新、保障有力，正奋力建设全国有影响力的高水平创新基地、优秀科研人才培养聚集基地、促进国内外合作基地，成为促进区域经济社会高质量发展的新引擎与助推器，为国家大数据战略贡献战略科技力量。

三、大数据战略重点实验室

大数据战略重点实验室成立于 2015 年 4 月，是贵阳市人民政府和北京市科学技术委员会共建的跨学科、专业性、国际化、开放型研究平台，是中国大数据发展新型高端智库。自成立以来，大数据战略重点实验室以创新的思维和创新的方法，不设级别、不设编制，构建起以"政府主导、社会运作、区域协同、立法保障"为特色的研究新体制，彰显了大数据战略重点实验室在全国大数据领域的独特性和创新性。该实验室已列入 2016 年1 月经贵州省第十二届人民代表大会常务委员会通过的《贵州省大数据发展应用促进条例》中，以地方立法的形式加快推进大数据战略重点实验室的建设发展。这种通过立法保障支持智库发展的模式，在全国是独一无二的。多年来，大数据战略重点实验室围绕平台创新、理论创新、制度创新、标准创新、场景创新、品牌创新，不断助力贵州抢占大数据战略制高点，为大数据发展贡献了贵州智慧和中国方案。

平台创新。大数据战略重点实验室依托北京国际城市发展研究院和贵阳创新驱动发展战略研究院，建立了大数据战略重点实验室北京研发中心和贵阳研发中心，建立了全国科学技术名词审定委员会研究基地、浙江大学研究基地、中国政法大学研究基地、上海科学院研究基地和中译语通多语种语言服务研究基地，并批准成立了贵州省块数据理论与应用创新研究基地、贵州省城市空间决策大数据应用创新研究基地和贵州省文化大数据创新研究基地，形成了"两中心、五基地、三平台"的研究新体系和区域协同创新新格局。汇聚全国科技创新资源，推动创新要素交流合作，为贵阳贵安大数据发展构筑"专家库""人才池"。组建大数据战略咨询委员会，指导和协助贵阳贵安大数据发展资源对接、理论研究、实践应用和地方立法等。

理论创新。大数据战略重点实验室研究出版了被誉为"数字文明三部曲"的《块数据》《数权法》《主权区块链》等理论专著，成为重塑数字文明新未来的三大支柱，抢占了大数据理论创新制高点，在海内外引起较大影响，为大数据理论创新贡献了贵州智慧和中国方案。尤其是"数权法"一词由大数据战略重点实验室主任连玉明教授首次提出，后经全国科学技术名词审定委员会审定发布，中国成为全球首个提出数权法的国家。理论专著引起国际社会的广泛关注和强烈反响，国际主流媒体对此高度评价，认为数权法的提出"为人类从工业文明迈向数字文明奠定了法理基础，并将成为打开数字文明未来之门的新钥匙"。

制度创新。大数据战略重点实验室紧紧围绕以地方立法为引领的制度创新，助力构建有利于数据驱动创新发展的政策法规体系。在全国率先开展大数据立法，参与研究起草中国首部大数据地方性法规《贵州省大数据发展应用促进条例》、中国首部地方政府数据共享开放条例《贵阳市政府数据共享开放条例》，《贵阳市大数据安全管理条例》，《贵阳市健康医疗大数据应用发展条例》等大数据地方法律，正在开展《贵阳市数据资源条例》立法调研，助力贵阳成为全国设区市出台大数据法律最多的城市。同时，为贵阳创新构建大数据发展制度支撑，积极营造促进发展的良好政策环境，充分发挥法治对数字经济的引领和推动作用提供智力支持，助力贵阳抢占大数据制度创新制高点。

标准创新。大数据战略重点实验室承接贵阳市"数典工程"，研究出版迄今为止全球首部全面系统研究大数据标准术语的多语种专业工具书《数典：大数据标准术语体系》（汉、阿、英、法、德、意、日、韩、葡、俄、西对照），形成了统一规范、符合国际通用规则的多语种学术话语体系和术语标准体系。在《数典》

的基础上，研究出版了全球首套系统研究大数据百科术语的多语种智能化专业辞书《大数据百科术语辞典》（20卷），创造了三个"世界首次"，首次在全球全面系统构建了统一、规范、符合国际通用规则的大数据标准术语体系，并实现全部术语经过全国科学技术名词审定委员会权威审定发布；首次实现覆盖全球21种语言的大数据标准术语多语种对照，并全面对接"一带一路"国家和地区语言服务；首次研究开发并独家拥有大数据多语种语音库，并实现大数据标准术语多语种平台链接和有声点读，并在此基础上成功研发并上线"大数据多语种知识服务全球共享平台"。

场景创新。大数据战略重点实验室助力国家首个大数据综合试验区核心区贵州贵阳，围绕政府治理打造出了"数据铁笼""数治法云""党建红云""社会和云""同心合云"等品牌，在大数据政府治理方面走在了全国前列。其中，"数据铁笼"是贵阳大数据治理的重大创新，已经成为贵州全面启动提升政府治理、引领全面改革的重要实践探索。这种探索的成功，不仅对贵阳推进数据治理具有重要的先导作用，而且对全省乃至全国都有特殊的借鉴意义和示范作用。在"数据铁笼"工程启动之初，大数据战略重点实验室就作为试点工作专班业务指导组，全面参与并推进"数据铁笼"建设，提供了顶层设计和政策咨询，总结了"数据铁笼"贵阳模式，制定了实施方案等配套文件，为贵阳提升治理体系和治理能力现代化贡献智库力量。

品牌创新。持续跟踪深化中国数谷研究，围绕国家大数据（贵州）综合试验区的实践，大数据战略重点实验室研究出版了《创新驱动力：中国数谷的崛起》《中国数谷（第一版）》《中国数谷（第二版）》，不断总结和挖掘中国数谷的品牌价值，推进中国数谷的品牌化和国际化，讲好大数据发展的贵州故事、中国故事，不断加强大数据全球传播体系建设，抢占大数据品牌创新制高点。此外，大数据战略重点实验室还出版了《大数据蓝皮书：中国大数据发展报告》，自 2017 年首次编撰出版至 2022 年已连续出版六册，构建《大数据蓝皮书》数字中国指数群，构建数字竞争力指数、数字经济指数、数字社会指数、数字政府指数、数字法治指数、数字安全指数等数字中国指数群，持续对中国与世界大数据发展状况和热点问题进行年度监测并对未来趋势进行研判，为实施国家大数据战略、加快建设数字中国提供支持，助力"中国数谷"树立全球大数据发展风向标。

第十章

开展大数据国际合作

树立全球大数据发展风向标

合作发展，共赢未来。面对百年未有之大变局，世界各国人民命运紧密相连，为推动构建人类命运共同体，让发展红利普惠全球人民，必须坚持团结、开放、共享，凝聚最大共识，汇聚最强力量，摒除干扰杂音，实现全球多边主义高效能发展。近年来，贵州坚持平等合作、互利共赢原则，开展大数据国际合作交流，有效推进与有关国家在大数据相关的产业、技术、政策和应用以及安全标准等方面的交流与项目合作。以大数据产业博览会为载体和纽带、以大数据理论创新为引领和突破、以数字国际交流合作为契机和驱动，贵州大数据名片不仅在业界具有举足轻重的影响，在世界范围内也拥有一席之地。通过积极推动数字国际交流合作，贵州已基本构建起大数据产业国际国内要素市场，并不断向数字经济、数字贸易等产业延伸，带动更多领域的合作与发展，开辟更加广阔的新天地，中国数谷正不断走向国际化、现代化。

第一节　中国国际大数据产业博览会

数博会是贵州与世界的"数字之约",也是贵州与未来的"发展之约"。数博会是全球首个以大数据为主题的国家级博览会,由国家发展和改革委员会、工业和信息化部、国家互联网信息办公室和贵州省人民政府共同主办。八载耕耘,数博会已在贵州大地成长为全球大数据发展的风向标和业界最具国际性、权威性的交流合作平台。数博会的成功,不仅彰显了贵州发展大数据的决心和魄力,更让"中国数谷"的名片享誉世界,让一场全球大数据领域的年度盛会,演绎为中国智慧、中国方案、中国实践集中展示的生动史诗。

一、数博会的世界意义

数博会诞生于"爽爽贵阳",为这场盛会的参与者和这座富有活力的城市提供了一个撬动人类数字文明发展的强大支点。回望人类发展的历史长河,我们已然走过了原始文明、农业文明、工业文明。新的时代，人类正站在迈向数字文明的风口上。数博会，无疑是一个充满创新精神、合作机遇和无限潜力的国际性盛会，是业界专家和国际同仁共商发展大计、共享最新成果的世界级平台，是汇聚全球智慧、顺应时代潮流、紧扣历史动脉所搭建的共同助推人类数字文明不断走向更美好未来的全球性开放平台。数博会始终秉承"全球视野、国家高度、产业视角、企业立场"的办会理念，积极探索数字经济时代国际合作新模式、新变革、新机制，助推全球大数据技术创新应用和产业大发展，为全球大数据发展提供中国方案，贡献中国智慧，展现中国担当。

数博会已成为全球大数据领域影响最大、业界精英汇聚最多的国际性盛会之一。论坛研讨高端前沿热点。数博会紧贴时代脉搏，论坛主题聚焦前沿热点，邀请政、商、学、研、媒各界嘉宾从不同维度将议题谈深谈透，力求既有理论高度又有实践深度，既能引领世界前沿话题，又能充分体现数字中国和贵州特色，提出了一系列关键性、全局性、战略性的新思想、新观点和新论断。重磅嘉宾群英荟萃。国内外相关领域政要精英、专家学者、行业翘楚出席有关主题论坛，政府领导、两院院士、知名机构负责人、知名企业嘉宾、学界代表分享真知灼见，碰撞智慧火花，助力大数据产业发展。

数博会已成为专业化程度最高、前沿技术最多的国际展示平台之一。数博会面向全球征集领先科技成果，经过院士挂帅组长、相关部委领导任副组长、多领域专家组成的评审专家组评审，最终评选出最前沿、最具颠覆性、最具影响力、最具创新性的领先科技成果，涵盖工业、农业、旅游业等领域。既有 5G、人工智能、区块链、虚拟现实等新兴前沿技术成果展示发布，又有涵盖国家数字经济、数字产业、数据安全等宏观话题的研讨交流，体现了业界顶尖水平，为业内外人士献上了一场场大数据科技盛宴。

数博会已成为全球最权威、引领行业发展的风向标。数博会聚焦大数据产业发展与技术前沿，牢牢占据制高点，发布了以"十大黑科技"为代表的新技术，以《大数据蓝皮书》等为代表的新理论，以"小i情感机器人"为代表的新产品，以"全球大数据市场十大趋势预测""全球区块链应用十大趋势"等为代表的新判断，以《大数据优秀产品、服务和应用解决方案案例集》等为代表的新案例，以"大数据十大新名词"为代表的新标准，发布了中国大数据独角兽企业榜单。此外，还展示了贵州在国家大数据综合试验区建设以及政府数据开放共享、大数据安全、区块链、人工智能等方面的创新思路、实现路径和建设成效。集聚了一批业界大咖、院士专家，成为各方关注的热点、焦点、亮点，成为引领行业发展的风向标。

数博会已成为全球媒体聚焦、发出中国大数据好声音的重要窗口。数博会坚持立体传播、融合传播、内外传播导向，组织了中央媒体、网络媒体、行业媒体、海外媒体参与宣传传播，持续扩大全球影响力，到会媒体和记者数量每年创造历史新高。全球传播方面，哥伦比亚广播公司、美联社、福克斯新闻、韩联社、日本共同社、美国广播公司、雅虎金融等知名海外媒体竞相报道。全媒体传播方面，中央电视台"新闻联播""晚间新闻"等栏目、中央主要新闻单位重要版面和客户端、微博、抖音等平台、各类网站开设数博会专题，推出数博会相关话题，阅读人次（播放量）累创新高，引发网民持续关注。

数博会已成为品牌价值大、业界认可度高的商贸合作平台之一。数博会拓宽了贵州团结友好的"朋友圈""伙伴群"，推动了多层次、多领域交流，加强数字经济和技术合作，创造了良好的外部发展环境，为经济发展注入新动能，许多业界知名企业从应邀参会变成了主动要求参会。戴尔、甲骨文、腾讯、神州数码、软通动力等知名企业利用数博会平台召开高端客户会和区域经理会，印度国家信息技术学院创始人主动组织数十家 IT 企业参会和交流，举办了中印 IT&DT 产业发展合作论坛，表达了优势互补、深度合作的强烈意愿。

二、数博八年·一路精彩

数博八年，可谓一路精彩。数博会一步一个脚印，用八年时间书写了内陆省份在数字新赛道上奋力拼搏创造出的一个个奇迹。依托数博会创造的新机遇，贵州不断在数字蓝海乘风破浪，在数字经济时代闯出了"中国数谷"的精彩新天地。如今，数博会不仅成为全球大数据业界的一个约定和时尚，更成为与会者汲取丰富营养、收获创新智慧的一种共识和追求。通过数博会平台，贵州敞开胸怀、拥抱世界，发出好声音、亮出新名片，大数据产业硕果累累，乘"云"而上。与时代同行，中国数博，一路精彩。

"2015·互联网＋时代的数据安全与发展"。2015 数博会以"'互联网＋'时代的数据安全与发展"为主题，引领全球新一轮科技革命和产业变革的时代潮流，契合我国经济发展新常态下创新驱动、转型升级的发展方向，体现贵州、贵阳发展大数据产业的信心、优势和成果。特别是通过活动共谋数据产业发展，以大合作分享时代机遇，以大平台推动创新升级，用大数据成就跨越梦想，具有重大而深远的意义。正因为这样，举办此次数博会得到了党中央、国务院的充分肯定，得到了国家有关部委的大力支持，得到了国内外业内精英、知名企业、专家学者的积极响应。2015 数博会得到了国家层面的高度关注，时任国务院总理李克强发来贺信，马凯副总理出席峰会开幕式并发表重要讲话，中央网信办正式行文确定数博会为国家级展会。

"2016·大数据开启智能时代"。2016 年，数博会升级为中国大数据产业峰会暨中国电子商务创新发展峰会，得到了党中央、国务院的高度重视和坚强领导。特别是时任国务院总理李克强在开幕式上的演讲，站在历史和未来的高度，积极把握时代潮流，深刻阐述了以互联网、大数据等为代表的新经济对经济社会发展的重要意义和深远影响，系统提出了推动新经济发展和传统产业转型升级，发展共享经济，通过简政放权放管结合培育发展大数据等信息网络产业，在开放和发展中实现信息安全等重大主张，引起了国际社会的热烈反响和广泛肯定。会议以"大数据开启智能时代"为主题，先后举行了总理与企业家对话会、开闭幕式、68 场专业论坛、17 个系列活动及贵阳大数据国际博览会、首届中国痛客大赛暨社会共治·企业信用痛点主题大赛、2016 中国国际电子信息创客大赛暨"云上贵州"大数据商业模式大赛，赢得了国内外对大数据发展的高度关注，进一步树立起领先领跑国家的良好形象。

"2017·数字经济引领新增长"。2017年，经党中央、国务院批准，数博会正式升格为国家级博览会——中国国际大数据产业博览会。大会以"数字经济引领新增长——开启数字化转型"为年度主题，围绕"同期两会、一展、一赛及系列活动"，举办了开幕式、高峰对话、电商峰会、专业论坛、专业展览、成果发布、商务签约、观摩交流等156项系列活动，国内外316家企业和机构参展、展览面积6万平方米，参加人员超过8.7万人。此外，启动了"数据华夏·创享未来"全国数据创新行活动，中国国际大数据挖掘大赛有近3000个项目团队报名，参赛人数超万人。安排了10条大数据产业观摩路线、28个产业观摩点，累计接待观摩考察近300场、5000余人次。整个活动规模、影响、成果较以往都有了新的提升。

"2018·数化万物 智在融合"。2018年，数博会以"数化万物 智在融合"为主题，围绕"同期两会、一展、一赛及系列活动"展开。习近平总书记发来贺信，中央政治局委员、全国人大常委会副委员长王晨同志出席会议，宣读贺信并发表重要讲话。习近平总书记的贺信为我们办好数博会、发展好大数据、服务国家战略指明了航向、提供了遵循。2018数博会共举办了开（闭）幕式、8场高端对话、65场专业论坛［其中数博会专场论坛56场、各市（州）和贵安新区分论坛9场］，以及40场成果发布、81场招商推介、278场商务考察等系列活动，招商引资签约项目199

个、签约金额 352.8 亿元，参会和观展人数超过 12 万人，国内外参展企业和机构达到 388 家，布展面积 6 万平方米，共展出超过 1000 项最新产品和技术与解决方案。人工智能全球大赛、"数博会之旅""数谷之夜"等主题活动精彩纷呈，51 项黑科技、百个大数据应用场景、十佳大数据应用案例等创新成果竞相发布。参会嘉宾一致认为，本届数博会彰显了数据之魅、智能之美、融合之道，在前三届大会的基础上，国际化、专业化、产业化、市场化水平明显提升，影响力越来越大，品牌知名度越来越高，数博会已成为全球大数据发展的风向标和业界具有权威性的国际性平台。

"2019·创新发展 数说未来"。2019 年数博会以"创新发展·数说未来"为年度主题，围绕"一会、一展、一发布、大赛及系列活动"展开。习近平总书记再次为数博会发来贺信。习近平总书记连续两年为数博会发来贺信，充分体现了总书记对贵州的特殊关怀，让我们倍感振奋、倍受鼓舞、倍增信心，为继续办好数博会和贵州发展好大数据产业注入了强大动力、指明了前进方向。中央政治局委员、全国人大常委会副委员长王晨同志出席会议，宣读了总书记贺信并发表重要讲话。2019 数博会共举办活动 162 场，其中高端对话 9 场，专业论坛和商业论坛 53 场，展馆活动 18 场，数博发布 26 场，大赛 6 场，系列活动 24 场，其他市（州）活动 26 场；参会和观展人数超过 12.5 万人，参会企业 4847 家，参展企业 448 家，布展面积 6 万平方米，共展出超过 1200 多项新产品、新技术和解决方案；签约项目 125 个、签约金额 1007.63 亿元。参会嘉宾一致认为，本届数博会引领了大数据融合创新发展的未来之路，开启了大数据时代携手构建人类命运共同体的探寻之旅。

"2020·数据创造价值，创新驱动未来"。2020年，数博会于5月至9月开展"永不落幕的数博会——2020全球传播行动"，以"数据创造价值，创新驱动未来"主题为主线，开展国际融媒传播，推出丰富系列活动。组织"永不落幕的数博会"2020网上数博会，是在统筹推进常态化疫情防控和经济社会发展的前提下，数博会在更深层次上拥抱数字化的全新尝试，已经成为业界展会的标志性事件，初步构建起大数据线上线下深度融合发展的竞争新优势。本届数博会共举办各类活动78场，其中数博投资人大会1场，数博发布52场，数博对话8场，数博访问10场，数博沙龙4场，其他系列活动3场，吸引专业观众81.33万人次。"数博2020全球传播行动"共吸引国内外超过2000家媒体（网站）参与。国内传播累计发稿逾16000条（次），国内累计阅读量（点击量）达48.03亿次。海外传播覆盖11个语种、200多个国家和地区的主流媒体，曝光人次超过18.8亿人次。活动充分展示了贵州省深入推进大数据战略行动的靓丽成果，持续向世界发出中国大数据发展的好声音。

"2021·数智变 物致新"。2021年数博会以"数智变 物致新"为年度主题，在常态化疫情防控条件下，秉持"简""精""实"的办会理念，坚持减规模不减质量、减活动不减特色，围绕"一会、一展、一发布、大赛及系列活动"展开，特点鲜明、亮点鲜明、成果丰硕，除举办开（闭）幕式及会见活动外，共举办了98场活动，其中高端对话7场，论坛19场，展馆活动20场，数博发布 31 场，大赛 2 场，系列活动 17 场，其他市（州）活动 2 场。23 个国家和地区 9567 名嘉宾参会，全球知名大数据、云计算、互联网、人工智能领域的 340 余名嘉宾参会发言，核心重要嘉宾 1181 人，观众 9.5 万人。布展面积 4 万平方米，线下参展企业 225 家，线上参展企业 324 家，线下线上共展出 800 余项新产品、新技术及解决方案。数博会国际性盛会、世界级平台的开放功能更加凸显，大数据发展风向标的业界地位更加巩固，发挥了高端平台的集聚作用。

"2022·抢数字新机 享数字价值"。2022 年中国国际大数据产业博览会在疫情防控形势复杂严峻情况下，首次全面创新线上办会模式，紧扣"抢数字新机 享数字价值"年度主题，简约、安全、精彩举办，凸显了数博会国际性盛会、世界级平台的重要地位，展示了加快建设数字经济发展创新区的贵州形象，发出了数字经济发展的中国声音。除开幕式外，举办了 8 场数谷论坛、8 场数博发布，发布科技成果 55 项、理论成果 7 项，线上参会嘉宾 150 人，线上参展企业 160 家，展出新产品、新技术和解决方案 1112 项。线上开幕式观看达 2762.26 万人次，数谷论坛和数博发布在线观看达 2418.24 万人次。全方位展现数博会作为全球大数据发展的风向标和业界最具国际性、权威性的平台形象，在数字经济领域持续发出中国声音、贡献中国方案、展现中国行动，促进全球大数据技术应用和数字经济产业发展。

三、数博会，让贵州在世界舞台熠熠生辉

让"中国数谷"的靓丽名片享誉世界。贵州大数据产业的发展是新时代贵州发展的一大奇迹，既为贵州的脱贫攻坚战提供智力、财力支持，更彻底撕掉贵州人千百年来头上的无形枷锁，贵州奇迹走出贵州，漫步全国，飞向世界。无论贵州人走到哪里，只要谈到家乡的发展，都可以骄傲地说"贵州的大数据产业领跑全国，欢迎到贵州做客"。大数据不仅加速了贵州走向世界的脚步，也让世界开始重新认识贵州，选择贵州。多年来，作为中国本土的世界级大数据产业博览会，数博会带给贵州的"东风"数不胜数，贵州通过数博会不断取长补短，在保驾护航数博会稳步前进的路上赢得了国家层面的大力支持。贵州乘着这些"东风"，大数据产业从无到有、数字经济发展风生水起。经过八年深耕，数博会不仅成了国内外顶尖大数据行业关注的焦点，更成了无数人津津乐道的话题，贵州俨然在数博会的带动下，一次次牵动人心，"中国数谷"的名片更加靓丽。

让世界聆听中国昂扬迈进的铿锵足音。数博会是一场以国家为东道主的重大展会，是国家行为、国际事件。数博会作为贵州的积极尝试、大胆创新，已成为宣贯我国大数据战略政策、展示国家大数据综合试验区建设成果、追踪大数据产业发展前沿和促进大数据产学研交流合作的一个"国家级"平台。贵州，因抢先布局大数战略而实现了后发赶超，实现了历史性突破，创造了发展奇迹，是新时代以来国家事业大踏步前进的一个历史缩影，也使得中国大数据战略的"贵州样板""中国方案"愈加明亮精彩。

数博会正在成为中国大数据发展的重要战略策源地，成为贡献中国智慧、提供中国方案的重要风向标。

与世界共享大数据时代盛宴的激烈碰撞。数博会不仅是贵州的，也是国家的，更是世界的。数博会已走过八年非凡历程，始终秉承"全球视野、国家高度、产业视角、企业立场"办会理念，积极探索数字经济时代国际合作新机制，为全球大数据发展提供中国方案，助推全球大数据技术应用和产业发展。数博会不仅见证了贵州大数据发展奇迹，见证了中国大数据战略发展的成功，更见证了全球大数据产业发展的壮阔历程，已逐步发展成为充满合作机遇、引领行业发展的国际性盛会和共商发展大计、共享最新成果的世界级平台，为推动全球大数据领域交流合作、促进数字经济发展做出了独特而卓越的贡献。数博会作为一个专业的、具有时代印记和全球影响力的权威平台，促进各个国家在大数据领域实现无障碍的沟通和交流，为世界各国顺应时代发展潮流、齐心协力应对挑战、开展全球性协作、共享大数据发展成果提供了重要的交流平台，为全球构建大数据产业发展的责任共同体、利益共同体与命运共同体贡献了贵州力量。可以说，数博会既是贵州链接国家战略、展示"中国方案"的"靓丽名片"，更是世界大数据产业领域碰撞思想、聚合资源的重要窗口。通过历届数博会，贵州已成为国际舞台上的一颗耀眼明珠，在数字经济时代浪潮中，散发着熠熠光辉。

第二节　数字中国指数

党的十九大以来，党中央、国务院围绕数字中国建设制定了一系列战略规划，相关部门扎实有力推动各项规划的实施落地，数字中国建设取得重大进展。"十四五"规划和 2035 年远景目标纲要提出"加快数字化发展，建设数字中国"，并就打造数字经济新优势、加快数字社会建设步伐、提高数字政府建设水平、营造良好数字生态做出了明确战略部署。基于此，以数字中国各领域建设发展评价，助力推动数字中国建设实现"数字蝶变"为主要目的的"数字中国指数"应运而生。

一、数字中国指数的发展历程

"十四五"时期，我国将走向数字经济与实体经济深度融合的大时代，数字化进程进一步转向深化应用、规范发展、普惠共享的新阶段。贵州向来重视大数据发展的成效评估和趋势把握，大力支持相关研究机构开展指数研究工作。贵州本地大数据领域的专业智库"大数据战略重点实验室"在指数研究方面做出了突出贡献。

大数据战略重点实验室发布的《大数据蓝皮书：中国大数据发展报告》持续聚焦大数据理论前沿、发展实践和成效评估，构建了全面、系统、科学、创新的研究体系，为数字中国指数的构建和创新发展奠定了坚实基础。"中国大数据发展报告"由大数据战略重点实验室自 2017 年首次编撰，是我国首套大数据蓝皮书，至 2022 年已连续出版六册。作为每届数博会期间对外发布的重要理论创新成果，大数据蓝皮书为大数据各领域研究发展提供了重要理论借鉴和路径支撑，也为政府的科学决策提供了重要参考，已成为研究大数据各领域发展水平，系统研判中国大数据发展形势的重要窗口。自 2017 年面世以来，大数据蓝皮书累计采集 517 个指标、万余条数据，通过指数构建与数据分析，客观反映国家、地区和城市大数据发展和建设的发展现状和特点，持续追踪大数据发展的变化和趋势，展示地区数字中国建设取得的成就和问题，为社会提供了全面、系统、深入的大数据全景观测"风向标"。

数字中国发展评估的目的之一，在于引起大数据决策者、研究者和实践者对于目前国内外大数据领域正在发生的关键性变化的关注。通过数字中国指数的研究和发布，引发人们对大数据领域热点、难点、焦点问题的关注和讨论，进而推进大数据发展、加快数字中国建设的进程。习近平总书记致 2019 年数博会贺信指出，要把握好数字化、网络化、智能化发展机遇，处理好大数据发展在法律、安全、政府治理等方面的挑战。围绕这个命题，大数据战略重点实验室自 2020 年开始启动大数据领域指数群监测研究，开启了用数据监测发展、以评估把脉形势的新探索。

2020 年，《大数据蓝皮书：中国大数据发展报告 No.4》发布并首次构建提出"数博指数"，亦称"贵阳指数"。"数博指数"遵循"以数据探寻规律，以规律促进决策"的宗旨，构建全球数字竞争力指数、大数据发展指数、大数据法治指数、大数据安全指数、大数据金融风险防控指数与治理科技指数等六大指数，初步建立我国大数据领域指数群，开启了用数据监测发展、科学评判形势的新时代。数博指数以数据价值链模型、价值链竞争模型、金融风险防控模型和治理科技理论模型等为基础，从国家、地区和城市等不同维度进行指数测评和数据分析，反映数字化转型、数据驱动发展、数据立法进程、数据安全防范、金融稳定态势和政府治理创新等方面的区域格局与影响因素。

2021 年，《大数据蓝皮书：中国大数据发展报告 No.5》发布，以 2020 年度首次构建的全球数字竞争力指数、大数据发展指数、大数据法治指数、大数据安全指数、大数据金融风险防控指数与治理科技指数六大评价指数群为基础，进一步聚焦大数据领域发展重点、热点和焦点，对评价体系进行创新优化与系统提升，形成"数典贵阳指数"。其所包含的六大指数既各有侧重，又形成一个有机整体，更加突出系统性、延续性、前瞻性，成为记录大数据发展进程、评测大数据发展现状、把脉大数据发展趋势的重要工具。

2022 年，《大数据蓝皮书：中国大数据发展报告 No.6》发布，构建形成全新的"数字中国指数（群）"。"数字中国指数（群）"是大数据战略重点实验室在业界大数据指数研究的理论体系和模型框架不断丰富和调整，以及技术方法和数据支撑不断进步的基础上，基于原有相关研究对已有理论模型与评价体系进行局部创新和系统更新的结果。其以数据价值链竞争理论模型、数字经济指数理论模型、数字社会指数理论模型、数字政府指数理论模型、数字法治指数理论模型为遵循，创新性构建了数字竞争力指数、数字经济指数、数字社会指数、数字政府指数、数字法治指数和数字安全指数六大指数，全面反映了数字科技创新、数字产业融合、数字社会重塑、数字政府建设、数字法治缔造与数字安全保护等方面的区域局势与发展成效。

二、数字中国指数的体系建构

数字竞争力指数。数字竞争力作为国家竞争力的重要组成部分，是评价国家或地区在数字化发展过程中，创造和保持竞争优势的基础和能力，以及凭此优势带动其他领域发展的能力。随着全球数字化转型的不断深入，数字竞争力的内涵也在不断融合和丰富。数字竞争力的优势不局限在数字技术本身，而在很大程度上体现在数字技术与其他领域的融合，以及数字创新驱动经济社会各方面的进步和变革。数字竞争力指数是基于数据价值链竞争理论模型构建而成，聚焦数字创新能力、数字产业能力、数字治理能力、数字服务能力、数字安全能力五个方面。其是以数字创新能力为基础，数字安全能力为保障，数字产业能力、数字治理能力和数字服务能力为核心的数字竞争力体系。旨在对国家或地区的数字化发展水平进行综合评估，深入分析各国或地区数字化发展的优势与不足，把脉全球数字化发展进程，为各国或地区全面提升数字竞争力提供有益参考。

数字经济指数。数字经济时代，国家或者地区的宏观经济增长逻辑、产业组织形式、企业组织形态、社会治理模式等多个维度均产生了革命性变化。总体看，呈现三个重要特征：数据引领、数据赋能和泛在普惠。基于这样的特点，可把数字经济发展的理论框架分为价值核心层、价值应用层和价值泛在层三个层次，具体对应数据价值化、数字产业化、产业数字化和治理生态化四个评价维度，可从数据要素资源的价值发现与增值放大的角度进行评估描述。数字经济指数即在对数字经济发展实践与特征规律进行综合研究的基础上，依托归纳构建的数字经济理论框架，聚焦数据价值化、数字产业化、产业数字化和治理生态化四个评价维度，并根据具体领域发展重点，匹配具有代表性和可持续性的指标，编制形成的综合性指数评价体系。数字经济指数的构建，旨在衡量和评估各地区在经济数字化转型发展过程中产生的竞争优势以及凭此优势带动其他领域发展的能力，为地区把握当地数字化发展的形势提供参考。

数字社会指数。数字化的发展趋势以及与之相伴的网络化和智能化的发展趋势一道，共同构成人类社会当代及未来发展的根本驱动力量。其全面而深刻的影响，无论是在城市和乡村的地域范围，还是在学校、家庭、社会组织以及社会生活的各个场景之中，都将进一步深化和拓展。基于此，数字社会评估可依据以数字服务普惠度、数字生活便捷度和数字城乡宜居度为三大支撑点的模型框架。数字社会指数理论模型的研究是以新一代数字技术与社会治理效能提升相关评价指标体系研究为理论基础，其研究过程是一种社会学理念与科学技术相互论证与相互结合的过程。数字社会指数即立足我国数字社会建设与发展实际，以数字服务普惠度、数字生活便捷度和数字城乡宜居度作为三大支撑点构建而成的综合性指数评价体系，重在从发展规模、应用成效、可持续发展能力等方面客观反映各地区数字社会建设发展效能。其与"十四五"规划对数字社会发展做出的全面部署，明确提出的"加快数字社会建设步伐""适应数字技术全面融入社会交往和日常生活新趋势，促进公共服务和社会运行方式创新，构筑全民畅享的数字生活"的要求，具有高度一致性，是一套符合新时代社会治理及经济社会发展要求的指数评价体系，可客观呈现我国社会数字化发展进程及趋势特点，更好检视描绘我国数字社会发展的美好图景。

数字政府指数。随着数字政府建设进程的加快，相关研究也越来越多，在数字政府发展评估情况方面，已有数家机构对此进行评估、排名，但都或多或少存在一些局限性。应注意，科学性、经济性、安全性、功能性和适应性等是在评估数字政府时着重需要考虑的。数字政府指数构建遵循理论先导原则，以治理现代化理论、新公共治理理论、技术治理理论三大理论为指导，构建数据驱动的数字政府指数框架，包括基础设施保障度、数据资源支撑度、数据应用融合度、政务服务完善度、治理效能提升度、社会公众满意度六个模块，以期全面呈现各地区数字政府建设进程，助力治理体系和治理能力现代化。数字政府指数即在主动拥抱新时代数字化发展浪潮，系统研判分析数字政府建设发展形势的要求下，以数字政府指数框架为基本支撑，构建形成的包含基础设施保障度、数据资源支撑度、数据应用融合度、政务服务完善度、治理效能提升度、社会公众满意度六大维度的指数评估体系，旨在客观呈现的地区数字政府建设进程及其成效，为地方政府数字化改革发展提供参考。数字政府已经成为中国战略的重要部分，成为服务人民的重要支撑，成为治理体系和治理能力现代化的重要动能。数字政府指数的创新实践，有助于我国创新治理理念、构建治理发展新格局，加快推进网络强国、数字中国建设。

数字法治指数。数字法治是在数字化时代背景下，新技术与立法、司法、行政执法、守法活动相结合的而使法治呈现动态运行过程的一种新的法治形态。主要包括网络法治、数据法治和人工智能法治等，相对于传统法治而言，数字法治的突出特征在于数字法治化和法治数字化，即数字活动需要法治，法治本身需要数字化。数字法治指数理论模型的研究以法治现代化与科学技术融合应用发展相关评价指标体系研究为理论基础，其模型的构建以法治现代化发展方向、相关政策支持、重大战略布局为导向，围绕数据立法、数字司法、数权保护三个维度构建而成。其中，数据立法是数字法治建设的力量源泉，是构建我国数字法治体系的关键所在。数字司法是数字法治建设的前沿阵地，是促进我国数字法治发展不可或缺的重要元素。数权保护是数字法治建设的重要支撑，是推动我国数字法治发展的重要力量。数字法治指数是在全面梳理数字法治进展与数字法治因素的基础上，基于数字法治指数理论模型的设计，从数据立法、数字司法和数权保护三个维度构建而成的指数评估体系。其是对某一地区数字法治状况在不同阶段总体发展水平和发展特点进行的综合描述和价值判断，是一个理论与实践、定性与定量相结合的评价体系。数字法治指数通过综合评测系统呈现各地区数字法治发展进程和趋势特点，可为各地区数字法治发展评估和改革创新工作提供有效参考，助力提升数字法治能力和水平。

数字安全指数。数字安全是数字时代下数字技术、数字产品、数字平台全面融入人类政治、经济、社会各领域过程中通过必要措施确保线上网络系统安全可靠运转、线下经济社会运行秩序稳定的状态，以及具备保障持续安全状态的能力。随着数字化、网络化、智能化的深入发展，安全领域正在超越传统网络安全范畴，向数字安全升级跃迁。数字安全事关全局，关乎国家的安全、战略和经济等。基于此，以数字安全评估为主要手段，系统研判数字安全态势变得尤为重要。按照发展的内生机制"投入－转化－产出－应用"来看，可以从安全制度、安全产业、安全能力和安全生态四个维度构建数字安全指数体系模型。其中，安全制度是数字安全的保障性条件；安全产业是数字安全价值得以变现的应用场景条件；安全能力是数字安全维护最为中坚的骨干性条件；安全生态是数字安全持续发展的功能性条件。数字安全指数指对某一地区在不同阶段的数字安全变动程度的综合描述和研究判断，是一个理论与实践、定性与定量相结合的评价体系。在全面梳理数字安全各领域发展重点的基础上，从安全制度、安全产业、安全能力、安全生态四个维度构建形成的指数评价体系，系统呈现各地区的数字安全状况及其发展趋势，旨在帮助相关地区了解自身数字安全发展态势，及时发现数字安全工作中存在的缺陷和问题，以便进行趋势预测和策略研究，为各地数字安全制度构建、产业布局、能力提升和生态建设提供有益参考。

三、数字中国指数的战略意义

引领创新的指数。人类社会正进入以大数据价值重构、创新驱动和赋能应用为标志的数字化发展新时代。这个新时代不仅意味着丰富的物质资源，快捷和多样化的信息服务，还包含区别于物质资源的数据价值发现和价值转换，以及由大数据带来的社会、经济和文化领域的深刻变革。在海量数据增长的背后，人类获取知识的能力正在重构。我们需要通过一系列大数据知识工程，深化大数据聚合及大数据创新知识服务，在更广泛的领域推动和引领大数据创新研究走向大知识应用，进一步增进大数据社会福祉。贯穿贵州大数据发展进程的一个重要经验，是以大数据理论创新引领制度创新、规则创新、标准创新、实践创新，推动大数据与经济社会深度融合。数字中国指数就是贵州大数据理论创新的重要成果之一。作为一个涉及多主体、多维度、多要素、多活动的复杂系统，数字中国指数是数字化测度理论体系和模型框架不断丰富和完善的重要创新突破。其为社会各界、各地区全面、系统、深入地了解数字中国各领域建设发展的现状、特点、趋势提供了一扇专业化窗口，是中国大数据发展的前沿创新实践。

把脉趋势的指数。面向"十四五"新发展阶段，新型网络建设、基础能力创新、数据价值凸显、信息技术赋能、数字规则重塑等新动能、新机遇加速孕育突破，我国大数据进一步迈向高质量发展阶段。但同时，也面临着国际化竞争实力仍然较弱、产业端融合深度不足、数据要素市场尚在探索、平台规范发展亟待加强、数据治理规则尚不健全等深层次问题，亟须在理论和实践的探索和学习中不断总结发展经验、把脉发展趋势、推进发展革新。数字中国指数群评估体系的建立，提供了一个观察和分析数字化各领域发展进程的角度和方法，有助于科学准确地呈现大数据发展各方面在整个经济社会运行过程中发生、发展的全过程，是认识运行状况、完善运行机制、消解决策盲区的重要依据，是指导政府运用大数据技术和大数据思维有效应对和解决不断变化、日益复杂的公共问题的新理念、新视角，是政策评价、量化评估大数据在各个领域创新应用的重要组成部分，成为新时代科学观测经济社会运行状况的重要机制。数字中国指数所包含的六大指数既各有侧重，又形成一个有机整体，具有系统性、延续性、前瞻性的特点，可以成为贵州、中国乃至世界大数据发展的一面镜子，在记录大数据发展历程的同时，把脉大数据发展的未来趋势。

树立风向的指数。过去几年，我国大数据实现了跨越式发展，数字基础日益坚实，各类行业融合应用逐步深入，生态体系日趋完善。"十四五"时期，我国走向数字经济与实体经济深度融合的大时代，数字化进程进一步转向深化应用、规范发展、普惠共享的新阶段。新阶段需要新引领，数字中国各领域亟须一套完整、系统、全面的评价标准体系与产业发展监测体系，用于指导政府、企业或其他组织的战略规划、运营发展与投资行为等。通过数字中国指数的研究和发布，可以吸引和推动人们对数字化各领域关键和核心问题的持续关注、讨论和创新，进而推进大数据发展、加快数字中国建设的进程。数字中国指数群是一个涉及多主体、多维度、多要素、多活动的复杂系统，反映数字化转型、数字经济发展、社会服务创新、政府治理创新、数据立法进程和数据安全防范等方面的区域格局与影响因素，已成为监测和记录数字化各领域发展的创新工具。根据数字中国指数每年研究推出的全面总结和反映国家、地区和城市数字化发展和建设进程现状、特点及趋势的年度研究报告，已经成为记录大数据发展进程、评测大数据发展现状、把脉大数据发展趋势的重要标尺，为我国的数字经济、数字社会、数字政府建设探索并提供了新型智库的解决方案。作为贵州大数据理论创新的重要成果，数字中国指数呈现了国内外数字化各领域的发展现状、趋势特征和未来方向，实现了一个标志性指数和一个标志性地区的完美对接。

第三节　中国数谷的国际化

作为国家内陆开放型经济试验区、"一带一路"及国际陆海贸易新通道的重要节点，推进对外开放合作，贵州的战略地位特殊。近年来，贵州依托试验区、数博会等大平台开展大数据国际合作交流，有效推进与有关国家在大数据相关的产业、技术、政策和应用以及安全标准等方面的交流与项目合作，取得了许多不菲成果，实现了资源、要素和信息的汇聚交融，催生出更多的新技术、新产业、新业态、新模式，为贵州的新发展提供了强大动力。

一、理论创新走向世界

智库是贵州大数据发展软实力的重要组成部分，创新理论的国际传播是贵州大数据走向世界的关键一招。贵州大力推进大数据创新理论的外译工作，使得"数字文明三部曲"等本土化创新理论的外文版得以顺利翻译与出版，在国际上广泛传播并引发强烈关注和讨论，抢占了行业领域话语权和制高点，发出了"贵州声音"，推动中国数谷不断迈向品牌化和国际化新阶段。

国际化翻译。大数据创新理论的外译过程综合考虑了原著的核心观点、理论主题，翻译机构的翻译水平，以及中外出版方的合作意愿，经过系统摸索与细致编审，"数字文明三部曲"等创新理论的外译工作取得了丰硕的成果。"块数据"系列外译成果。"块数据"系列著作建构的是以人为原点的数据社会学范式，块数据理论的学术生命一直延续着，受到海内外众多读者的认同，已经翻译成了英文版、日文版、韩文版等多种语言。"数权法"系列外译成果。数权的本质是共享权，是对数据的有效使用，是数据所有权的最终体现，对人类未来生活有着特殊的意义，《数权法》英文版、法文版、德文版、日文版、西文版等多语种版本都已经得到了翻译出版和海外推介。"主权区块链"系列外译成果。"主权区块链"系列是大数据战略重点实验室推出的重大理论创新成果，其影响力已经辐射全球，英文版、法文版、德文版等多语种版本基本覆盖全球主要国家和地区。《主权区块链 3.0》的中文版完成之后，也会翻译成多种语言，向世界出版发行。

国际化传播。"数字文明三部曲""数典"等大数据创新理论成果外译版一经问世就引起了海外各国的关注，吸引了国外主流媒体的纷纷报道，更引发了海外各界的讨论热潮，推动中国数谷的创新之声享誉世界，让中国智慧、让贵州大数据不仅在国内而且在国际上享有巨大的话语权和影响力。

《块数据 1.0~5.0》的出版获得了《欧洲侨报》、《国际日报》等海外媒体的报道。《欧洲侨报》认为，块数据将激活数据学与人工智能进行融合创新，并分别聚焦到自动驾驶、城市大脑、医疗影像、智能语音四大应用场景中。《国际日报》认为，激活数据学的提出，标志着大数据领域和人工智能领域研究取得了新突破，块数据理论跨越了又一个新的理论高度。

《数权法》中文简繁、英文、法文、德文版的出版，不仅在美国、日本、欧盟、非洲、中国港澳台地区迅速引发华文媒体关注，并且得到了韩国新华网、美国新闻网、海内外资讯、欧洲新闻网、华人头条、世界侨网、波兰网、澳大利亚澳华电视传媒、俄中传媒资讯网、意大利侨网、乌克兰中文网、埃中新闻网、加拿大共生国际传媒、日本华商网、迪拜新闻网、《西班牙新华报》、《中非日报》、香港新闻传媒网、《埃及中国周报》、新西兰乡音网等300余家华文媒体的报道，覆盖全球主要语言国家和地区。

《主权区块链1.0~2.0》中文简繁、英文、法文、德文版的发布，得到了美国《华商报》、《欧洲侨报》、韩国新华网、加拿大国际共生传媒、亚太新闻中心、意大利侨网、泰亚传媒等22家海外华文媒体的关注和报道，覆盖面大、影响力强。

国际化价值。大数据创新理论的外译本身就决定了贵州大数据不是局限于国内，而是放眼于全世界。在国际视野下翻译"数字文明三部曲"等创新成果，能够真正地让贵州大数据走出去、走稳健、走深入，对提升中国大数据的国际话语权和规则制定权、加快大数据知识的国际传播和普及应用、促进"一带一路"建设和构建人类命运共同体具有现实而深远的意义。

发出了中国数谷的声音。大数据时代，各国大数据理论不应是对立封闭的，而应该是开放对话的。中西方在进行大数据理论对话过程中，既有冲突也有融合。大数据创新理论的对外翻译就是对话的重要途径，是中国大数据理论走向世界的重要路径。"数字文明三部曲"外文版主动地、生动地、精确地描述了中国数谷大数据理论的先进性和适用性，其目的是促进数字文明造福人类的实践与行动，促进世界各国在大数据领域的平等交流与和谐共享。"数字文明三部曲"等成果的对外翻译和输出，实现了世界各国大数据理论的互补、互识与互证，发出了"中国数谷"的时代声音。

提升了国际传播效能。国际传播能力的强弱与翻译质量的高低有着同向关系，翻译质量越高，国际传播能力越强。翻译是大数据创新理论的"转换器"，能有效打通国际传播的"最后一公里"。相信很多人都以为，只要精通外语就可以做好翻译，由此就造成了译文与原意不符的情况，这会严重阻碍国际传播的效能。在"数字文明三部曲"等的翻译过程中，译者具有强烈的责任心，与大数据战略重点实验室紧密联系、多次沟通，在深刻理解了文中之意之后再进行翻译工作，做到了手中有书、心中有意，大大提升了大数据创新理论的国际传播效能。

提升了中国的国际话语权。大数据创新理论的对外翻译是中国大数据在全球数字化趋势下自我表达的重要手段，在传播和反映中国大数据发展实况的同时，往往还会塑造和影响译入语言国家的大数据理论范式。"数字文明三部曲"等成果是面向全球、面向未来的，应是中国大数据理论与国外大数据理论在相遇的情况下展开的多元学术交流，其对外翻译有助于呈现中国大数据发展历程中的成就和最新学术动态，有助于转变国际话语的偏见。因此，"数字文明三部曲"等成果外文版的发布，能有效促进大数据知识的国际传播，将极大提高中国在大数据领域的国际话语权。

二、数字"一带一路"

2017 年 5 月，习近平主席在首届"一带一路"国际合作高峰论坛开幕式上的演讲中指出，我们要坚持创新驱动发展，加强在数字经济、人工智能、纳米技术、量子计算机等前沿领域合作，推动大数据、云计算、智慧城市建设，连接成 21 世纪的"数字丝绸之路"。贵州是"一带一路"在西部重要的陆海连接线，是西部陆海新通道的重要节点，也是中欧班列和中老铁路的衔接点。积极参与"一带一路"建设，是贵州畅通对内对外开放通道，加强与其他地区和国家资金、技术、人才、信息、货物互联互通，推动形成全方位、多层次、宽领域的全面开放新格局，推动内陆开放型经济试验区建设提挡升级的强力支撑和重大机遇。贵州通过深度对接和融入"一带一路"，大力建设"数字丝路"跨境数据枢纽港、贵阳国际数字服务贸易港、国际合作公共服务平台、国际人才交流中心新等，贵州正以"再出发"的雄心、"大开放"的魄力构筑全面开放新格局。

中国（贵州）"数字丝路"跨境数据枢纽港。2017 年数博会上，中国（贵州）"数字丝路"跨境数据枢纽港正式宣告启动建设。经过历时一年的论证、策划和组织，2018 年 5 月 15 日，由四家企业合资 1 亿元成立的数字丝路跨境数据枢纽港有限公司正式揭牌成立，公司定位为平台型信息科技型公司，肩负"一带一路"数字枢纽港建设的重要使命，按照平台共建、数据共享、应用对接、市场共赢的原则，负责数据港与"一带一路"沿线国家的数据项目合作。中国（贵州）"数字丝路"跨境数据枢纽港以贵阳贵安核心区，服务"一带一路"沿线国家，通过打造信息采集、数据存储、技术开发、语言互译四大支撑体系，建成市场化、规范化的数据平台和数据存储与数据处理基地，为"一带一路"沿线国家提供涵盖经贸合作、产业投资、基础设施、能源资源、环境保护、人文交流等多领域、全方位的专业化服务，实现大数据的跨境汇聚共享、安全存储加工和优质增值服务。中国（贵州）"数字丝路"跨境数据枢纽港的建设，在我国与"一带一路"沿线国家之间架起了合作的桥梁，为加深大数据领域交流合作铺就了新路径，开辟了新空间。枢纽港的建设，不仅是贵州大数据产业走向国际化的核心动力，更是国家建设"数字丝路"的战略需要。此外，借助中国（贵州）"数字丝路"跨境数据枢纽港建设，贵州积极推动本土大数据企业"走出去"，走向"一带一路"，为全球数字化发展贡献"贵州力量"。

国际数字服务贸易港。2020 年 8 月，国务院同意将贵阳和贵安新区列为全国全面深化服务贸易创新发展试点。同年 12 月，贵阳市人民政府办公厅印发《贵阳市全面深化服务贸易创新发展试点实施方案》提出，紧密结合"中国数谷"建设，聚焦大数据的产业化应用和融合，以大数据支撑服务贸易数字化进程，以服务的交易、交付和创新为主线全面构建"国际数字服务贸易港"，辐射和带动贵州省服务贸易高质量发展，打造"大数据＋服务贸易"的贵阳模式。当前，贵阳正以推动服务贸易高质量发展为目标，全面推进服务贸易创新发展试点相关工作，在建立服务贸易管理体制、扩大对外开放、完善政策体系、健全促进机制、创新发展模式、优化监管制度等方面先行先试，探索适应服务贸易创新发展的体制机制、开放路径和政策措施，打造服务贸易创新发展新高地，推动服务贸易创新发展先行示范，积极探索新路径、开发新模式、积累新经验。随着数字服务贸易港建设进程不断推进，贵阳"国际数字服务贸易港"的基本架构以及以"大数据＋"为主要特征的特色化发展路径已基本成形，通过不断完善数字化基础设施，建设数字服务贸易交易平台以及推进体制创新等，多点开花、特色鲜明、错位发展、亮点纷呈的服务贸易创新发展总体布局将逐渐建成。

贵州伯克利大数据创新研究中心。贵州伯克利大数据创新研究中心（以下简称"GBIC"）成立于2016年9月，设立于贵州省贵阳国家高新技术产业开发区，同时在美国加州伯克利大学设有分支机构。GBIC是中国首个民生大数据分析研究中心，由贵阳市人民政府、美国加州大学伯克利分校、工业和信息化部电子第一研究所合作建成，旨在通过搭建数据平台、提升创新能力及培养数据科学人才，改善国民健康、增进民生福祉和提升政府治理能力。根据GBIC发展计划，其研究重点主要聚焦在大数据政府治理、产业应用及民生服务等领域，将围绕产、学、研、用、孵、培等方面开展深度合作，为提升服务民生效率和政府治理能力提供智力支撑。GBIC建立以来，组建了"学龄儿童大数据分析研究实验室"和"老人大数据分析研究实验室",致力于分析研究留守儿童教育成长和老人健康问题。在扶贫、教育、健康、旅游等民生福利领域开展变革性创新研究,特别是针对困难群体,GBIC 通过多项可持续发展的研究项目,从解决区域性问题出发,研究制定有利于全国推广的可行性方案。同时,GBIC 与美国加州大学社会利益信息技术研究中心(CITRIS)开展深入合作,加速创新与成果转化,共同探索二十一世纪前沿技术方法及企业发展促进方案,从而加快向政策与实践的转化,促进企业独立快速发展。

贵阳国家高新区国际合作促进中心。2016 年 11 月,为加快推进国际化进程,全面提升国际化水平,贵阳国家高新区国际合作促进中心正式设立,中心的设立旨在进一步加大外资企业引进力度,扩大对外开放水平。其主要职责包括组织、协调实施高新区"走出去、引进来"战略,指导和管理境外项目合作、经济合作、人才交流等对外投资和国际交流合作业务,负责境外直接投资招商引资项目的洽谈、引进及相关工作等。目前,贵阳国家高新区国际合作促进中心分别在海外设立了贵阳高新(硅谷)创新中心、贵阳高新(莫斯科)创新中心、贵阳高新(特拉维夫)创新中心等大数据创新中心,开展宣传推介、交流洽谈、创新孵化、企业服务等工作,为辖区企业"走出去"奠定基础。苹果、英特尔、IBM、微软、甲骨文等一批国际知名企业纷至沓来。贵阳国家高新区通过抢抓机遇,加快优化开放大环境、建设开放大通道、构筑开放大平台,积极推进国际人才、技术、资本、数据等创新资源加速聚集,借力不断扩大国际化合作,加速与世界的共融互通，全力打造开放发展新高地，实现了在这场一开始就影响世界的信息产业革命进程中勇立潮头，大数据国际合作风生水起，为"中国数谷"带来无限前景。

云上贵州（班加罗尔）大数据协同创新中心。2017 年 11 月，云上贵州（班加罗尔）大数据协同创新中心在印度班加罗尔正式挂牌运营，旨在打造人力资源丰富、技术研发力量雄厚的开放式、生态型平台，通过与当地企业紧密合作，建立共赢、可持续发展的战略合作伙伴关系，实现创新技术、创新成果的落地应用和商业价值转化。班加罗尔是全球著名的信息技术中心，拥有丰富的软件信息服务资源和 IT 人力资源。借助当地优势，创新中心与印度全国软件及服务协会、印度国家信息学院等机构开展四个方面的合作：一是围绕大数据产业开展核心技术、数据分析、建模开发等方面开展研究；二是与数字经济产业融合，根据国内信息化需求，提供智力资源和技术支撑；三是开展 IT 人员培训，引进印度信息化高端人才到贵州开展培训，部分省内高端人才也将去印度深度学习、合作；四是将印度信息化产品优秀的解决方案引入中国，部署到云上贵州平台。云上贵州公司充分利用协同创新中心的品牌效应与资源优势，建立中印双方企业互访和信息交互平台，吸引一批优质合作项目落地贵州。同时，借助苹果 iCloud、华为软件云等代表性项目经验，创新中心与印度政府及相关企业开展专题合作，挖掘更多具有"一带一路"影响力的国际合作项目，助力贵州省实现数字经济与产业深度融合与多赢发展。

中国国际大数据挖掘大赛。大赛由挖掘赛（主要涵盖利用数据分析来寻找事物间模式和趋势的项目或方案）、应用赛（涵盖与数字经济领域相关的项目，涉及硬件、软件的技术项目和商业模式的创新项目）及系列分支赛组成，旨在通过数据开放共享，吸引全球先进技术及人才，开展数据深度挖掘，释放更多数据价值，积聚大数据发展实用资源，加速数字经济新业态形成。2017年，中国国际大数据挖掘大赛吸引了全球 19 个国家和地区的12646 支项目团队，50000 多人参赛，项目覆盖政务、医疗、交通、金融、教育等多领域。赛事还启动了云上贵州寻苗行动，集结了 121 个优质项目落户贵州，涵盖大数据、互联网＋、人工智能、VR（AR，MR）、云计算、共享经济等重点领域，将进一步促进贵州大数据产业的发展。

中国国际大数据融合创新·人工智能全球大赛。大赛由中国国际大数据产业博览会组委会（数博会组委会）主办，与中国人工智能产业创新联盟、英特尔（中国）有限公司及戴尔（中国）有限公司、腾讯云计算（北京）有限责任公司等相关合作伙伴达成战略合作，贵州省大数据发展管理局、贵阳市人民政府作为支持单位，由贵阳块数据城市建设有限公司承办。旨在通过加强与国内外人工智能领军企业合作，招募优秀创新发展团队，搭建国际化人工智能交流平台，推动大数据融合创新生态圈建设，为推动互联网、大数据、人工智能和实体经济深度融合注入新动能。2018 年，首届中国国际大数据融合创新·人工智能全球大赛应运而生，大赛历时 4 个多月，横跨 15 个国家和地区，搭建起人工智能交流和应用落地的平台，在国内外一炮打响。作为一项国家级、国际化赛事，2019 年 2 月，该项赛事整装出发，设立特拉维夫、法兰克福、北京、深圳、成都、武汉六大赛区，共收到来自全球的1100多个优秀的人工智能项目，近百名产、学、研、投领域的顶级专家、投资人全程参与，掀起了一股人工智能的热潮。

中国－东盟大数据产业人才培养创新论坛。中国－东盟大数据产业人才培养创新论坛积极响应"一带一路"倡议大方针，旨在通过分享中国高职院校与东盟"一带一路"国家高职院校大数据产业产教融合、协同创新理念与实践经验，携手创建中国－东盟大数据产业教育共同体，创新大数据产业人才培养模式，推动大数据产业与职业教育产教融合，促进数字经济快速发展，探索建立与东盟、"一带一路"各国在大数据研究、应用、产学研融合、技能教育与认证等方面更广泛的交流与合作渠道，进一步推动并落实大数据产业人才培养合作项目，着力打造产教深度融合，形成长效合作机制，拓展中国高职院校和东盟各国高职院校间的交流合作平台，凝练大数据产业人才培养合作特色与亮点，共同策划大数据产业创新发展蓝图。

全球数据中心产教联盟。在2021年中国－东盟大数据产业人才培养创新论坛上，全球数据中心产教联盟揭牌成立。与会者充分交流分享了中国高职院校与东盟国家高职院校在大数据产业产教融合、协同创新理念与实践经验，详细探讨高职院校如何高效开展产教融合、校企合作，如何实现专业设置与产业需求对接、课程内容与职业标准对接、教学过程与生产过程对接、毕业证书与职业资格证书对接、职业教育与终身学习对接等核心议题。全球数据中心产教联盟旨在共同推动大数据产业创新发展蓝图，实施人才培养先行行动。各方表示将共同探索建立与东盟"一带一路"各国在大数据研究、应用、产学研融合、技能教育与认证等方面更广泛的交流与合作渠道，实施人才培养先行行动，推动大数据产业与职业教育产教融合，持续为大数据产业输送高质量技术技能型人才，迎接大数据产业创新发展的美好明天。

三、数字命运共同体

近年来，中国数字经济发展势头强劲，逐步成为国民经济的关键力量，也已成为世界数字经济和产业发展的发动机。2021年12月22日，《共建数字命运共同体倡议》在2021世界数字经济论坛上正式发布，引发国际社会舆论关注。这是在全球数字经济出现分歧，治理局面日益复杂的形势下，中国尝试为全球数字经济提供建设性方案的积极努力。作为负责任的大国，中国希望与其他倡议发起国，一同为数字经济的全球发展，勾画"治理蓝图"，共建数字命运共同体。贵州是首个国家大数据综合试验区，"领跑者"将率先跑进"无人区"，要为国家和各地区提供大数据创新发展的规律和经验总结，共同努力形成真正切实可行、大家都能够接受的新规则体系，为全球制定数字经济规则体系做出贵州贡献。未来，中国将为世界各国数字产业发展提供有益借鉴，并以大国之责任携手世界各国共建数字命运共同体，为全球数字经济治理做出贡献。

创新驱动路上"最励志的省",向世界贡献新时代后发地区绿色崛起的"贵州智慧"。"守好发展和生态两条底线",是贵州推动经济社会发展的根本遵循。这两条底线的核心,是实现贵州从"美而穷"到"美而富"的飞跃。这个飞跃的实现,是靠创新驱动发展。而大数据正是创新的引爆器,或者说是新一轮科技革命和产业变革交叉融合的引爆点,可以从根本上实现"生态美、百姓富"的目标。依靠发展大数据,贵州走出了一条不同于东部、有别于西部的发展新路。这条新路的本质,就是创新驱动发展,数据驱动创新。贵州抢抓机遇,将大数据与生态文明建设两张"名片"巧妙融合,坚守"绿水青山就是金山银山"的理念,在绿色效益、能源消费、资源利用、节能减排等方面全面发力,大力发展大数据产业、旅游业和大健康产业,引导产业结构逐步向节能、低耗、低污染方向转型升级,建成一批绿色化、循环化产业园区,以绿色赋能推动经济高质量发展,走出了一条独具特色的绿色崛起新路。

大数据和绿色相结合,被视为新的工业革命。地处中国西南腹地的贵州,绿色是高质量发展的底色,"绿水青山就是金山银山"的精彩画卷正在徐徐展开。最新数据显示,贵州通过大力推动数字产业化、产业数字化,数字经济占比达34%。通过大力推进生态产业化、产业生态化,绿色经济占地区生产总值比重达到45%。从生态发展来看,2021年,贵州省森林覆盖率达62.12%,中心城市空气质量优良天数比率达98%以上,主要河流出境断面水质优良率保持100%,环境保护和生态建设成绩亮眼,绿色和数字经济成为贵州最大的发展优势。守住绿色底色,共绘大数据战略新蓝图，贵州正携两张金字招牌，以"论干结合"航向数字经济和绿色发展新蓝海，诠释新时代的"中国数谷"故事，发出更多"贵州之声"，向世界贡献更多后发地区绿色崛起的"贵州智慧"。

数字中国建设路上的"探险家"，向世界提供新征程上乘"云"数字未来的"贵州方案"。为数字中国建设探索新经验、闯出新路子，是贵州在新征程必须完成的重大使命。2021 年春节前夕，习近平总书记亲临贵州视察，站在全国大局的高度对贵州赋予"四新"的使命责任，要求贵州在实施数字经济战略上抢新机。国务院印发的《关于支持贵州在新时代西部大开发上闯新路的意见》中，更是赋予了贵州"数字经济发展创新区"的战略定位。同时，该文件指明了"深入实施数字经济战略，强化科技创新支撑，激活数据要素潜能，推动数字经济与实体经济融合发展，为产业转型升级和数字中国建设探索经验"的方向路径，为贵州全力发展数字经济提供了强大动力。贵州省第十三次党代会强调，要着力建设数字经济发展创新区，为产业转型升级和数字中国建设探索经验，充分彰显了新征程上贵州主动拥抱数字经济星辰大海的博大胸怀和责任担当。

数字中国建设要顺势而为，也要乘势而上。面向未来，贵州正奋力打造大数据发展的 2.0 升级版，主动积极为数字中国建设探索新经验、闯出新路子。2016 年，贵州通过建设首个国家大数据综合试验区，抢抓大数据发展先机，打造了大数据发展的 1.0 版，形成了大数据辐射带动和示范引领效应，为新征程数字经济创新发展奠定了坚实基础。当前，贵州通过建设首个数字经济发展创新区，与时俱进打造大数据发展的 2.0 升级版，大力推进数字产业创新、数字融合创新、数字基建创新、数字治理创新、数字生态创新，着力打造数据中心、智能终端、数据应用三大产业集群，以及全国数据融合创新示范高地、算力高地和数据治理高地，深入实施"万企融合"大赋能行动，推动数字经济和实体经济深度融合，用新动能推动更大新发展。贵州奋力"在实施数字经济战略上抢新机"正是抢抓时代发展机遇、贯彻新发展理念、推动高质量发展的必然之举，向世界展示数字经济时代乘"云"数字未来的"贵州方案"。

数字丝绸之路上的战略枢纽，向世界彰显新格局下数字命运共同体构建的"贵州担当"。数字命运共同体承继和拓展了人类命运共同体的核心理念与实践，有助于完善数字丝绸之路的顶层设计。数字技术与互联网媒介的深度融合，促使数字空间中不同群体、个体间实现前所未有的连接，在工具技术意义上实现了"命运共同体"，这就为人类命运共同体提供了新的构建路径。促进全球在数字领域的合作，构建数字丝绸之路是"一带一路"倡议的重要内容。数字命运共同体理念为数字丝绸之路的推进奠定了价值基础，有助于完善数字丝绸之路的顶层设计。作为首个国家大数据综合试验区、"一带一路"的重要节点，贵州既具有大数据综合试验区的政策优势、"一带一路"重要节点的交通优势，又具有先行发展、深耕大数据积累下来的数据资源优势，占据天时、地利、人和，"中国数谷"已经成为数字丝绸之路上的一颗耀眼明珠。

奋力打造成为"数字丝绸之路"的战略枢纽，在数字命运共同体构建中展现贵州担当和作为。贵州积极利用数字产业发展和超大型数据中心优势，积极融入"数字丝绸之路"，建设国际数字服务贸易港、国际服务贸易数据港，深化与"一带一路"沿线国家地区数字领域合作，积极参与构建"数字丝绸之路"制度框架与数字治理体系，促进数字技术规则的国际融合与对接，开展跨境数据中心整合、跨境数据资源应用、跨境数据要素流通、跨境数据产业集聚、国际数据流动标准制定等跨界合作。运用数博会、生态文明贵阳国际论坛、中国－东盟教育交流周等平台，贵州与国际各国交流分享大数据产业发展理念及创新成果，推动各方在大数据产业和数字经济领域务实合作，进一步拓展了贵州对外开放的合作空间，更好地服务构建"一带一路"对外开放格局，促进数字命运共同体构建。数字命运共同体是现代信息技术与"一带一路"倡议交织融合的崭新内涵和时代命题，数字丝路建设的贵州实践，在塑造中国话语体系、展示中国形象，传播中国声音、讲好中国故事的历史使命中，生动展示了新格局下促进共享共荣的"贵州担当"。

后　记

　　数谷崛起必有数谷智库，大数据战略重点实验室是贵阳市人民政府和北京市科学技术委员会共建的中国大数据发展新型高端智库。2015 年 5 月，大数据战略重点实验室研究出版了《创新驱动力：中国数谷的崛起》理论专著，首次系统阐述了贵阳打造"中国数谷"的战略定位，全面深入地解读并揭示了贵阳以大数据为创新驱动力实现创新、转型、成长的奥秘。2017 年 11 月 22 日，《中共贵阳市委 贵阳市人民政府关于加快建成"中国数谷"的实施意见》（筑党发〔2017〕25 号）印发，标志着"中国数谷"成为贵阳城市建设的战略品牌。2018 年 5 月，大数据战略重点实验室研究出版了《中国数谷（第一版）》，讲述了贵州贵阳如何在生态保护与经济发展"两难的抉择"中探索出一条"双赢的新路"，总结了贵阳以大数据为引领走出了一条不同于东部、有别于西部其他省区市的可持续发展新路。2020 年 7 月，大数据战略重点实验室研究出版《中国数谷（第二版）》，是贵州贵阳深入实施大数据战略的行动纪实和中国大数据实践创新的样本指南，不仅为贵阳擘画了一幅大数据发展升级版的宏伟蓝图，更为"数字中国"建设提供了可资借鉴的"贵阳方案"。2021 年 5 月，《中国数谷》（英文版）在 2021 中国国际大数据产业博览会上发布，由英国 Propolingo Publishing 出版公司出版，推动中国数谷建设目标迈向品牌化和国际化的新阶段，助力中国大数据实践创新的理念和声音向世界传递和传播。

"中国数谷"系列丛书是贵州深入实施大数据战略的行动纪实和数字中国实践创新的样本指南。该系列丛书从研究到出版，突出引领性、示范性和落地性，对贵州作为首个国家大数据综合试验区，在大数据探索实践过程中具有推广意义和示范价值的标志性成果进行系统总结和深入解读，为全国乃至全球大数据产业高质量发展贡献贵州智慧，为正在探索创新之路的城市、地区乃至国家提供可借鉴、可复制、可推广的经验。该系列丛书的出版，展示了贵州作为首个国家大数据综合试验区的责任担当，为国家大数据战略实施探寻经验、形成试验区的辐射带动和示范引领效应奠定了坚实的基础，彰显贵州发展大数据的文化软实力和品牌竞争力。

大数据战略重点实验室将持续推动"中国数谷"系列专著的研究编写，续写贵州贵阳朝着中国数谷目标不断迈进、推动数字贵州建设的新篇章，为数字中国建设提供更多更好的实现路径和解决方案。在本书的编写过程中，大数据战略重点实验室汇聚了一批专家学者、政策研究者和实践者，对《中国数谷3.0》进行了讨论交流、深度研究和集中撰写。在本书的研编过程中，连玉明教授提出总体思路和框架结构，宋希贤细化了提纲和梳理了观点，主要由连玉明、宋青、龙荣远、宋希贤、陈雅娴、程茹、杨婷、陈贝、熊灵犀、杨洲、钟新敏、吴钰鑫负责撰写，宋希贤对本书做了最后统稿。在本书编写过程中，相关单位和部门提出了许多富有建设性的意见和建议，丰富了书稿的系统性、思想性和实践性。此外，机械工业出版社的领导对本书的出版给予了高度肯定和大力支持，组织多名编辑精心编校、精心设计，保证了本书的顺利出版。在此一并表示衷心的感谢！

在研究和编著本书的过程中，我们尽力搜集最新文献、吸纳最新观点，以丰富本书的思想和内容。尽管如此，由于力所不逮和认知局限，加之编写内容涉及众多领域，难免有疏漏之处，特别是对引用的文献资料及其出处如有挂一漏万，恳请读者批评指正。

大数据战略重点实验室

2023 年 3 月　于贵阳